우리말
어원으로 배우는
일본어
단어 Ⅱ

우리말
어원으로 배우는
일본어
단어 Ⅱ

초판 1쇄 발행 2025년 9월 12일
지은이 한창화
펴낸곳 (주)에스제이더블유인터내셔널
펴낸이 양홍걸 조순정

주소 서울시 영등포구 영신로166 705 북플레이트
구입 문의 02)2014-8151
고객센터 02)6409-0878

ISBN 979-11-7550-006-8 13730

이 책은 저작권법에 따라 보호받는 저작물이므로 무단복제와 무단전재를 금합니다.
이 책 내용의 전부 또는 일부를 이용하려면 반드시
저작권자와 (주)에스제이더블유인터내셔널의 서면 동의를 받아야 합니다.

북플레이트는 작가가 주인이 되어 직접 기획하고 책을 만드는, 작가가 주인공이 되는
공간입니다.
책을 만드는 일에 동참하실 작가님들을 모집합니다.
www.bookplate.co.kr

우리말 어원으로 배우는 일본어 단어 Ⅱ

한창화 지음

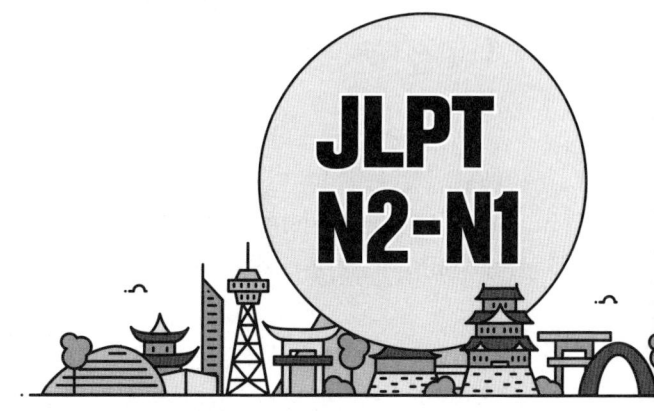

JLPT N2-N1

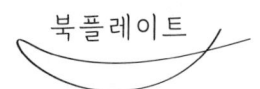

북플레이트

머리말

　이 책은 일본 한자의 훈독 단어를 우리말 어원으로 풀이한 단어집이다. 구성은 「우리말 어원으로 배우는 일본어 단어 Ⅰ」(일본어 능력시험 JLPT N5~N3), 「우리말 어원으로 배우는 일본어 단어 Ⅱ」(일본어 능력시험 JLPT N2~N1)으로 되어 있다. 그리고 제1권 권말에는 상용한자(음독)가 첨부되어 있다.

　이 책을 쓴 목적은 일본어 공부를 쉽고 효율적으로 할 수 있도록 하기 위함이다. 일본 한자의 훈독은 순수 일본어인 「야마토 고토바」(大和言葉, 和語)를 말하는데, 이 말은 일찍이 우리말에서 건너간 말이고 약간 형태만 바뀌었을 뿐이다. 이유는 우리말과 일본어의 발음수 차이 때문이다. 발음수가 적은 일본어(112개)로 발음수가 많은 우리말(실제 발음수 1,096개)을 표기하려니 우리말을 충분히 제대로 표기하지 못하고 약간의 변형이 일어나는 것이다.

　필자는 많은 일본어 단어를 분석해 본 결과 우리말이 일본어로 바뀔 때 나타나는 일정한 규칙이 있음을 알게 되었고, 이것을 활용하여 일본어 단어를 우리말 어원으로 풀이하였다. 머리말 뒤에 수록된 「일본어 뿌리」를 잘 읽고 학습에 임하면 이해하는데 어려움이 없을 것으로 생각한다.

　영어 학습에 있어서 "공신들은 영어 단어를 암기하지 않는다, 이해한다"라는 말이 있다. 영어와 달리, 일본어는 뿌리가 우리말이기 때문에 일본어 단어의 우리말 어원을 알고, 일본어로 바뀌는 과정을 이해하면 되기 때문에 굳이 일본어 단어를 암기하려고 하지 않아도 된다. 한가지 예를 들면, 「てら」(寺, 절)의 어원이 우리말 「뎔」(절의 옛말)이고, 「변화과정」(뎔 → 델 → 데라 → てら)을 알면 굳이 단어를 암기하려고 에너지를 사용할 필요가 없을 것이다. 아마 이 단어는 오래오래 머릿속에 남아 있을 것이다. 뿐만 아니라, 일본어 공부를 통

해서 우리말의 또 다른 발견이라는 희열도 느낄 수 있으리라 생각한다. 이제 일본어 공부는 이 책을 통하여 충분히 자신감을 가질 수 있고, 효율적인 학습을 통해 빠른 기간내에 목표로 하는 수준에 도달할 수 있을 것으로 기대한다.

언어의 역사가 오래되고 말도 변하는 것이라, 어원 설명에 있어 우리말 대응이 미흡한 것도 있을 수 있는데 이런 부분은 앞으로 계속 보완해 나가고자 하니 넓은 마음으로 이해해 주실 것을 당부 드린다. 어원 설명에 있어 정설(定說)이 없을 때에는 여러 설이 분분한 것이 어원설의 특징이기도 하다.

끝으로, 이 책으로 일본어 공부에 자신감도 가지고 가볍고 즐거운 마음으로 일본어 공부에 매진하여 짧은 기간내에 소기의 목표를 달성할 수 있기를 진심으로 바라는 바이다.

2025년 9월   저자 한창화

일러두기

1. 단어의 배열은 「あいうえお」 순으로 하였다.

2. 어원을 분석하는 데 있어, 일본어 발음 표기는 다음과 같이 하였다.
   · か는 「가」, き는 「기」, く는 「구」, け는 「게」, こ는 「고」, た는 「다」, と는 「도」로 표기하는 것을 원칙으로 하였다.
   · つ는 우리말에서 여러 개의 음가를 가지는데 「드, 즈, 쓰, 츠, 뜨」 등으로 표기하였다.
   · 나머지 '가나'(かな)는 소리나는 대로 표기하였다.

3. 참고한 일본 서적은 아래와 같다.
   岩波古語辞典, 古典基礎語辞典(大野すすむ), 日本語源大辞典(小学館), 日本語源広辞典(増井金典著), 日本語と朝鮮語の起源(塚元 勲).

4. 이 책에서는 단어가 가진 대표적인 의미만 취급하였으므로, 단어의 여러 의미를 알고자 하면 일반사전을 참고해 주시기 바란다.

5. 고어와 현대어에 있어서 단지 표기 차이에 불과한 것은 현대어를 우선하였다.

6. 쉬어 가는 곳에 표제어와 일부 중복되는 단어가 있지만 단어의 뉘앙스를 살리기 위해 그대로 두었다.

7. 방언은 표준국어대사전, 고려대 한국어대사전을 우선하였다.

仮名(かな)

ひらがな

	あ행	か행	さ행	た행	な행	は행	ま행	や행	ら행	わ행
あ단	あ a	か ka	さ sa	た ta	な na	は ha	ま ma	や ya	ら ra	わ wa
い단	い i	き ki	し si	ち ti	に ni	ひ hi	み mi		り ri	を wo
う단	う u	く ku	す su	つ tu	ぬ nu	ふ hu	む mu	ゆ yu	る ru	ん n
え단	え e	け ke	せ se	て te	ね ne	へ he	め me		れ re	
お단	お o	こ ko	そ so	と to	の no	ほ ho	も mo	よ yo	ろ ro	

かたかな

	ア행	カ행	サ행	タ행	ナ행	ハ행	マ행	ヤ행	ラ행	ワ행
ア단	ア	カ	サ	タ	ナ	ハ	マ	ヤ	ラ	ワ
イ단	イ	キ	シ	チ	ニ	ヒ	ミ		リ	ヲ
ウ단	ウ	ク	ス	ツ	ヌ	フ	ム	ユ	ル	ン
エ단	エ	ケ	セ	テ	ネ	ヘ	メ		レ	
オ단	オ	コ	ソ	ト	ノ	ホ	モ	ヨ	ロ	

일본어의 뿌리

I. 한민족의 일본 열도 이주

일본의 역사는 구석기 시대부터 신석기 시대인 조몬(繩文) 시대(13,000년전), 야요이(弥生) 시대, 그리고 역사 시대로 들어가는데 우리 민족의 이동과 관련이 깊은 것이 야요이 시대와 역사 시대인 고분(古墳) 시대이다.

1. 야요이(弥生) 시대(BC.4세기 ~ AD.3세기)

BC. 4세기경 「청동기 문화, 철기문화, 벼농사 문화」를 가진 한국인이 지리적으로 가장 가까운 일본 큐슈(九州)의 북부 지역에 배로 바다를 건너 이주를 한다. 이때부터 벼농사로 식량확보가 가능해지면서 인구가 급속하게 증가하고, 세토나이카이(瀨戶內海)를 통해 킨키(近畿) 지역으로 야요이 문화가 확장되면서 일본 고대국가를 만드는 밑거름이 된다. 큐슈대학에 야요이(弥生) 시대 인골이 약 5,000구 있는데 유전자가 현대 한국인의 유전자와 거의 동일하다는 것이 밝혀졌다(일본은 토질이 알칼리성이라 잘 보존됨).

일본인의 조상으로 조몬인과 야요이인이 있는데, 조몬인은 원주민으로 기기 작고 얼굴이 둥근형인데 비하여, 야요이인은 키가 크고 얼굴은 장방형으로 한국인의 특징과 비슷하다. 사람이 이동하면 문물(文物)과 함께 말(言語)도 이동하게 된다.

2. 고분(古墳) 시대(3세기 말 ~ 7세기 말)

야마토(大和) 시대라고도 한다. 3세기 말부터 「가야인(伽耶人)」들이 신라와 백제의 압박으로 대마도를 거쳐 대거 규슈로 이주를 한다. 일본 열도로의 이주는 백제 멸망시(678년) 까지 계속된다. 고분 시대에 빠른 기간내에 강력한 고대 국가를 건설하는 데에는 가야인들이 기마 민족으로 빠른 이동 수단과 철제 무기를 가지고 있었기 때문이다. 일본에서는 바다를 건너온 사람을 도래인(渡來人)이라 부르고 있다. 우리 민족의 이동과 관련이 있는 시대는 야요이 시대, 고분 시대이고 이들이 사용했던 말이 일본어의 뿌리가 된 것이다.

II. 한일(韓日) 언어 비교

우리말과 일본어의 가장 큰 차이는 우리말은 음소(音素) 문자이고, 일본어는 음절(音節) 문자라는 점이다. 음소문자는 적은 수의 자음과 모음을 조합하여 수많은 음절을 만들어 낼 수 있다. 한글에서 만들 수 있는 음절수는 만개가 넘는다(초성 19개 × 중성 21개 × 종성 28개 = 11,172).

이중 식별이 가능한 발음수가 1,096개라고 한다. 일본어의 발음수는 112개이다.

그리고, 한자(漢字) 발음수는 우리말이 461개, 일본어는 300개(이중에서 순수음독 발음수는 271개) 이다. 일본의 음독 발음수는 우리보다 190개나 적기 때문에 우리처럼 한자가 하나의 발음을 가질 수 없고, 복수의 발음을 가지는 한자가 많다. 일본어 한자 음독(音読) 학습이 번거로운 이유가 여기에 있다.

언어구분	우리말(한글)	일본어(가나)
언어구분	음소(音素) 문자	음절(音節) 문자
성립시기	1443년 창제(반포 1446년)	9세기 말에서 10세기 무렵의 헤이안(平安) 시대
발음수	1,096개(모음수 21개)	112개(모음수 9개)
한자발음수	461개(한음절)	300개(장단음 구분, 요음,두음절)

(주1) 일본어 발음수(112개) : 청음 44, 탁음 20, 반탁음 5, 요음 42, 발음(撥音) 1.
(주2) 복수의 음독 발음을 가진 일본 한자(漢字) : 상용한자 2,136자중 약 250여개.
동음이의어(同音異議語)가 많다.

Ⅲ. 우리말이 일본어로 바뀔 때 일어나는 현상(법칙)

1. 음성모음의 양성모음화

일본어에는 음성모음인 「ㅓ, ㅕ, ㅡ」 발음이 없어, 양성모음이나 중성모음으로 바뀐다.

(1) 섬(島) : 『섬〉서마〉시마〉しま』. (ㅓ → ㅣ)

(2) 서울 : ソウル. (ㅓ → ㅗ)

(3) ゆう(夕) : 저녁
   어원은 「저녁」의 「녁」
   『녁〉뉵〉육〉유욱〉유우〉ゆう』
   ① ㅕ → ㅠ
   ② ㄴ → ㅇ(우리의 'ㄴ 두음법칙'과 유사)

2. 청음화(淸音化) 현상

순수 일본어를 「야마토 고토바」(大和言葉, 한자 훈독)라고 하는데 원칙적으로 어두(語頭)에 탁음·반탁음이 오지 않고 청음(淸音)이 온다. 따라서, 우리말이 일본어로 바뀔 때 이 원칙에 따라 탁음·반탁음이 청음(淸音)으로 바뀐다.

(1) 밭 : 『밭〉바타〉하타〉はた(畑, 밭)』
   [탁음 바(ば) → 청음 하(は)]

(2) 뺨 : 『뺨〉뽐〉뾰〉뽀오〉호오〉ほお(頰)』
   [반탁음 뽀(ぽ) → 청음 호(ほ)]

(3) すくない(少ない) : 적다
   어원은 「적다」(어간은 적)
   『적〉저구〉즈구〉즈쿠〉すく』. [탁음 ず → 청음 す]

「すく + ない(정도가 심하다는 뜻)」

「すくない」 : 적다

(4) はえる(生える) : (초목의 싹이나 가지 등이) 나오다.

어원은 「패다」(어간은 패)

「패다」는 곡식의 이삭 따위가 나오다.

『패 〉 파이 〉 파에 〉 하에 〉 はえ』. [반탁음 파(ぱ) → 청음 하(は)]

「はえ + る(동사·접미어)」

「はえる」 : (초목의 싹이나 가지 등이) 나오다

※ 청음화(淸音化)는 우리말이 일본어로 바뀔 때 광범위하게 일어나고 있으며, 어두(語頭)만이 어중(語中)에서도 일어나기도 한다.

3. 종성 ㄹ의 변화

우리말 종성 「ㄹ」이 일본어로 바뀔 때, 자음은 「ㄱ, ㅁ, ㅅ, ㅈ, ㅊ, ㄷ」로 바뀌고, 모음 「ㅏ, ㅣ, ㅜ, ㅗ, ㅡ, ㅔ」 등이 붙는다. 종성에 「ㄹ」이 들어간 우리말은, 한 음절의 일본어로 표기가 불가하고, 「두 음절」로 표기된다.

(1) 쓰다(쓸) : 쓸 〉 쓰가 〉 つか 〉 つか·う(使う. 쓰다, 사용하다)

['쓸'의 종성 ㄹ이 ㄱ으로 바뀌고, 모음 ㅏ가 첨가되어 '가'로 됨]

(2) 별 : 별 〉 볼 〉 볼 〉 보시 〉 호시 〉 ほし(星, 별)

['볼'의 종성 ㄹ이 ㅅ으로 바뀌고, 모음 ㅣ가 첨가되어 '시'가 됨]

(3) 벌 : 벌 〉 발 〉 바치 〉 하치 〉 はち(蜂, 벌)

['발'의 종성 ㄹ이 ㅊ으로 바뀌고, 모음 ㅣ가 첨가되어 '치'가 됨]

(4) 날(것) : 날 〉 나마 〉 なま(生, 가공하지 않음)

['날'의 종성 ㄹ이 ㅁ으로 바뀌고, 모음 ㅏ가 첨가되어 '마'가 됨]

※ 종성에 「ㄹ」이 들어간 우리말은 「두 음절」의 일본어로 표기된다.
　- 술술 : するする
　- 닭발 : タッパル
　- 일(一) : いち, 팔(八) : はち

〔종성 ㄹ 변화〕

구분	단어	첨가모음
ㄹ → ㄱ	쓰다(쓸) : 쓸 〉 <u>쓰가</u> 〉 つか 〉 つかう (使う, 쓰다, 사용하다) 짜다(짤) : 짤 〉 <u>짜구</u> 〉 쯔구 〉 つく 〉 つくる (作る, 만들다) 달(山) : 달 〉 <u>다가</u> 〉 たか 〉 たかい (高い, 높다) 술 : 술 〉 살 〉 <u>사게</u> 〉 さけ (酒, 술)	ㅏ ㅜ ㅏ ㅔ
ㄹ → ㅁ	날(것) : 날 〉 <u>나마</u> 〉 なま (生) 서리 : 서리 〉 설 〉 실 〉 <u>시모</u> 〉 しも (霜) 칼(카락) : 칼 〉 <u>카미</u> 〉 かみ (髮, 머리털)	ㅏ ㅗ ㅣ
ㄹ → ㅅ	별 : 별 〉 볼 〉 볼 〉 <u>보시</u> 〉 호시 〉 ほし (星) 발(:) : 발 〉 <u>바시</u> 〉 하시 〉 はし (橋, 다리)	ㅣ ㅣ
ㄹ → ㅈ	갉다 : 갉 〉 갈 〉 <u>가지</u> 〉 かじ 〉 かじる (齧る) 줄(힘줄) : 줄 〉 <u>주지</u> 〉 즈지 〉 ス지 〉 すじ (筋. 힘줄, 근육)	ㅣ ㅣ
ㄹ → ㅊ	벌 : 벌 〉 발 〉 <u>바치</u> 〉 하치 〉 はち (蜂, 벌)	ㅣ
ㄹ → ㄷ	풀다 : 풀 〉 <u>푸도</u> 〉 포도 〉 호도 〉 ほど 〉 ほどく (解く, 풀다)	ㅗ
ㄹ → ㄹ	뎔(寺, 절) : 뎔 〉 <u>델</u> 〉 <u>데라</u> 〉 てら	ㅏ

4. 촉음 음가(音價)

구분	예	발음	촉음 발음
っ + か행	サッカー	삭카	ㄱ(ㅋ)
っ + さ행	きっさてん	킷사텐	ㅅ
っ + た행	なっとう	낟또	ㄷ
っ + ぱ행	いっぱい	입빠이	ㅂ

(1) 종성이 있는 우리말의 일본어 표기

우리말	일본어 표기
① 목, 못, 몬, 몹	もっ
② 폭, 폿, 폰, 폽	ぽっ

① 「목, 못, 몬, 몹」을 일본어로 표기하면 촉음 「もっ」으로, 「목, 못, 몬, 몹」은 일본어에서 같은 발음이 된다. [목포(木浦) - モッポ]
② 「폭, 폿, 폰, 폽」을 일본어로 표기하면 촉음 「ぽっ」으로, 「폭, 폿, 폰, 폽」은 일본어에서 같은 발음이 된다.

(2) 단어 예
[はば(幅) : 폭, 너비]
어원은 「폭」
『폭 〉폽 〉팝 〉파바 〉하바 〉はば』. [반탁음 파(ぱ) → 청음 하(は)]
「はば」: 폭, 너비

* 「폭, 폽」을 일본어로 표기하면 촉음 「ぽっ」으로, 「폭, 폽」은 일본어에서 같은 발음임

(3) 「일본어 종성(終聲) 자음」은 촉음(っ), 발음(撥音, ん) 밖에 없어, 촉음이 우리말 종성 자음에서 여러 개의 음가(音價)를 가지게 된다. 한글에서 종성에 올 수 있는 기본 자음은 14개다.

5. 순음(脣音, 입술소리) 「ㅂ, ㅁ」의 상호 변화

우리말이 일본어로 바뀔 때 「ㅂ」음이 「ㅁ」음으로 바뀌는 말이 있고, 반대로 「ㅁ」음이 「ㅂ」음으로 바뀌는 말이 있다.

편의상 「ㅂ」음이 「ㅁ」음으로 바뀌는 것을 「bmw 변화」, 「ㅁ」음이 「ㅂ」음으로 바뀌는 것을 「bmw 후진 변화」라 한다. [b는 ㅂ, m은 ㅁ, w은 word(말)]
 * bmw는 자동차의 이름을 딴 것임.

(1) 「ㅂ」음이 「ㅁ」음으로 바뀌는 말 (bmw 변화)

　① ぬま(沼) : 늪
　　어원은 「늪」
　　『늪 〉 눕 〉 누바 〉 누마 〉 ぬま』.(ㅂ → ㅁ)
　　「ぬま」: 늪

　② 冷たい(つめたい) : 차갑다, 냉정하다
　　어원은 「찹다」(어간은 찹)
　　『찹 〉 차바 〉 츠바 〉 츠배 〉 츠매 〉 つめ』.(ㅂ → ㅁ)
　　「つめ + -たい(그러한 상태임을 나타냄)」
　　「つめたい」: 차갑다, 냉정하다

　③ 爪(つめ) : 손톱, 발톱
　　어원은 손톱의 「톱」
　　『톱 〉 토배 〉 토매 〉 또매 〉 쯔매 〉 つめ』.(ㅂ → ㅁ)
　　「つめ」: 손톱, 발톱

　④ 亀(かめ) : 거북
　　어원은 「거북」
　　『거북 〉 가북 〉 가부 〉 가배 〉 가매 〉 かめ』.(ㅂ → ㅁ)
　　「かめ」: 거북

(2) 「ㅁ」음이 「ㅂ」음으로 바뀌는 말 (bmw 후진 변화)

　① へび(蛇) : 뱀
　　『뱀 〉 배미 〉 해미 〉 해비 〉 へび』.(ㅁ → ㅂ)

　② 唾(つば) : 침
　　어원은 「춤」(침의 방언)
　　『춤 〉 츰 〉 츠마 〉 츠바 〉 つば』.(ㅁ → ㅂ)
　　「つば」: 침

③ 窪(くぼ) : 움푹 팸, 구덩이
  어원은 「구멍」
  『구멍 〉 구머 〉 구모 〉 구보 〉 くぼ』.(ㅁ → ㅂ)
  「くぼ」 : 움푹 팸, 구덩이

※ 나라(奈良), 헤이안(平安) 시대에는 「ㅂ」음이 「ㅁ」음으로 바뀌는 경향이 있었고, 가마쿠라(鎌倉) 시대 이후에는 「ㅁ」음이 「ㅂ」음으로 바뀌는 경향이 있다.

6. 직음화(直音化)

直音(ちょくおん)은 요음(拗音, きゃ), 촉음(促音, きっ), 발음(撥音, ん) 이외의 가나(仮名) 한 자로 표시되는 음을 말한다. 순수 일본어인 「야마토 고토바」(大和言葉)는 직음으로 표기된다.

(1) 照る(てる) : 비치다, 빛나다
  어원은 「죄다」(어간은 죄)
  「죄다」는 '빛이 들어 비치다'.
  『죄 〉 ちぇ 〉 て』.(요음 ちぇ → 직음 て)
  「て + る(동사·접미어)」
  「てる」 : 비치다, 빛나다

(2) 耐える(たえる) : 견디다, 참다
  어원은 「참다」(어간은 참)
  『참 〉 창 〉 차에 〉 ちゃえ 〉 たえ』.(요음 ちゃ → 직음 た)
  「たえ + る(동사·접미어)」
  「たえる」 : 참다, 견디다
   * ん 음가는 ㄴ, ㅁ, ㅇ

(3) たずねる(訪ねる) : 찾다, 방문하다
  어원은 「찾다」(어간은 찾)
  『찾 〉 차즈 〉 ちゃず 〉 たず』.(요음 ちゃ → 직음 た)

「たず + ねる(동사를 만듦)」
「たずねる」: 찾다, 방문하다

7. 문어형(文語形) → 구어형(口語形)

(1) 하1단화
  (예) たぶ → たべる(食べる, 먹다)
   「ハ」행 「エ」단으로 바뀌어 「하1단화」가 됨

(2) 상1단화
  (예) つく → つきる(尽きる. 다하다, 끝나다)
   「カ」행 「イ」단으로 바뀌어 「상1단화」가 됨

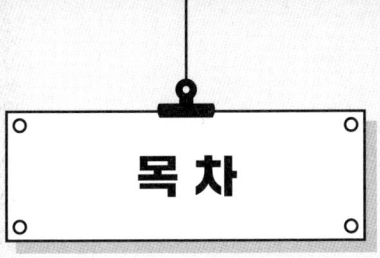

목 차

머리말 · 4
일러두기 · 6
일본어의 뿌리 · 8

N2

1. あいにく(生憎) : 공교로운 모양, 형편이 나쁘게 된 모양, 공교롭게도 [미울 증(憎)] · 52
2. あおぐ(扇ぐ) : 부채질하다, 부치다 [부채 선(扇)] · 52
3. あきれる(呆れる) : 놀라다, 어이없다, 기막히다 [부채 선(呆)] · 52
4. あくまで(飽く迄) : 어디까지나, 철저하게, 끝까지 · 53
5. あくる(明くる) : 다음의, 이듬, 이튿 [밝은 명(明)] · 53
6. あせる(焦る) : 초조해하다, 안달하다, 애타하다 [탈 초(焦)] · 54
7. あたる(当たる) : 맞다, 당하다 [마땅 당(当)] · 54
8. あつかましい(厚かましい) : 뻔뻔스럽다, 철면피하다 [두터울 후(厚)] · 55
9. あと(跡) : 자취, 흔적 [발자취 적(跡)] · 55
10. あな(穴, 孔) : 구멍 [구멍 혈(穴)] · 55
11. あぶる(炙る) : 불에 쬐어 굽다 [구울 자(炙)] · 56
12. あまる(余る) : 남다, 넘치다 [남을 여(余)] · 56
13. あむ(編む) : 엮다, 편찬하다, 짜다 [엮을 편(編)] · 56
14. あやうい(危うい) : 위태하다, 위험하다 [위태할 위(危)] · 57
15. あやす : 어린아이를 어르다, 달래다 · 57
16. あらい(荒い) : 거칠다, 거칠고 사납다 [거칠 황(荒)] · 57
17. あらすじ(粗筋) : 대충의 줄거리, 개요 [거칠 조(粗)] · 58
18. あらそう(争う) : 다투다, 싸우다 [다툴 쟁(争)] · 58
19. あらためる(改める) : 고치다, 변경하다, 개선하다, 새롭게 하다 [고칠 개(改)] · 59
20. あらわす〔著(わ)す〕: 저술하다 [나타날 저(著)] · 59

21. あれる(荒れる) : 거칠어지다 [거칠 황(荒)] · 59
22. あわい(淡い) : 연하다, 진하지 않다 [묽을 담(淡)] · 60
23. あわれ(哀れ, 憐れ) : 불쌍함, 가련함 [슬플 애(哀)] · 60
24. あわただしい(慌ただしい) : 분주하다, 경황없다, 어수선하다 [어리둥절할 황(慌)] · 60
25. いき(粋) : 세련되고 운치와 매력이 있음 [순수할 수(粋)] · 61
26. いずみ(泉) : 샘, 샘물 [샘 천(泉)] · 61
27. いたる(至る, 到る) : 이르다, 도달하다 [이를 지(至)] · 62
28. いね(稲) : 벼 [벼 도(稲)] · 62
29. いばる(威張る) : 뽐내다, 거만하게 굴다 [위엄 위(威)] · 62
30. いる(煎る, 炒る) : 볶다, 지지다 [볶을 초(炒)] · 63
31. うえる(飢える) : 굶주리다, 주리다 [주릴 기(飢)] · 63
32. うお(魚) : 물고기, 생선 [물고기 어(魚)] · 64
33. うしなう(失う) : 잃다, 잃어버리다 [잃을 실(失)] · 64
34. うずく(疼く) : 쑤시다, 통증을 느끼다 [아플 동(疼)] · 65
35. うたがう(疑う) : 의심하다 [의심할 의(疑)] · 65
36. うちあわせ(打ち合わせ) : 미리 상의함, 협의 · 65
37. うったえる(訴える) : 소송하다, 고소하다 [호소할 소(訴)] · 65
38. うなじ(項) : 목덜미 [항목 항(項)] · 66
39. うなずく(頷く, 肯く) : 수긍하다, 고개를 끄덕이다 [끄덕일 암(頷)] · 66
40. うなる(唸る) : 웅웅 소리가 나다, 신음하다 [신음할 점(唸)] · 66
41. うばう(奪う) : 빼앗다 [빼앗을 탈(奪)] · 67
42. うやまう(敬う) : 존경하다, 숭상하다 [공경 경(敬)] · 67
43. うらなう(占う) : 점치다 [점칠 점(占)] · 67
44. うらむ(怨む) : 원망하다 [원망할 원(怨)] · 68

> **쉬어 가는 곳(1)** 수(数) · 69

45. うらやむ(羨む) : 부러워하다, 샘하다 [부러워할 선(羨)] · 70
46. えがく(描く, 画く) : 그리다, 묘사하나 [그릴 묘(描)] · 70
47. えさ(餌) : 모이, 먹이 [미끼 이(餌)] · 70
48. えらい(偉い) : 훌륭하다, 위대하다 [훌륭할 위(偉)] · 71
49. おおう(覆う) : 덮다, 씌우다 [덮을 부(覆)] · 71
50. おか(丘·岡) : 언덕, 작은 산 [언덕 구(丘)] · 71
51. おかす(侵す) : 침범하다 [침노할 침(侵)] · 72
52. おかず(御数, 御菜) : 반찬, 부식 · 72
53. おがむ(拝む) : 공손히 절하다, 배례하다 [절 배(拝)] · 72
54. おぎなう(補う) : 보충하다, 보상하다 [기울 보(補)] · 73

55. おさめる(治める) : 다스리다, 통치하다 [다스릴 치(治)] · 73
56. おしい(惜しい) : 아깝다; 아쉽다 [아낄 석(惜)] · 73
57. おそれる(恐れる) : 두려워하다 [두려울 공(恐)] · 74
58. おだやか(穏やか) : 온화함, 편안함 [편안할 온(穩)] · 74
59. おつむ : 머리(おつむり, 御つむり의 준말) · 75
60. おとる(劣る) : 못하다, 뒤떨어지다 [못할 렬(劣)] · 75
61. おびる(帯びる) : 띠다(띠를 두르다), 머금다 [띠 대(帶)] · 75
62. おぼれる(溺れる) : 빠지다, 물에 빠지다, 탐닉하다 [빠질 닉(溺)] · 76
63. おや(親) : 어버이, 부모 [친할 친(親)] · 76
64. おやつ(御八つ) : 오후의 간식 [여덟 팔(八)] · 77
65. おろす(卸す) : 도매하다 [풀 사(卸)] · 77
66. かい(貝) : 조개 [조개 패(貝)] · 77
67. かえる(替える·換える) ; 바꾸다, 갈다 [바꿀 체(替)] · 77
68. かおる(香る) : 향기가 나다, 좋은 냄새가 풍기다 [향기 향(香)] · 78
69. かおる(抱える(かかえる) : 껴안다, 끼다 [안을 포(抱)] · 78
70. かかわる(係わる) : 관계되다, 관계가 있다 [맬 계(係)] · 78
71. かぎる(限る) : 제한하다, 한정하다 [한할 한(限)] · 79
72. かく(掻く) : 긁다 [긁을 소(搔)] · 79
73. かぐ(嗅ぐ) : 냄새 맡다 [맡을 후(嗅)] · 79
74. かげ(陰) : 그늘, 햇볕·불빛에 가려진 곳 [그늘 음(陰)] · 80
75. かげ(影) : 그림자 [그림자 영(影)] · 80
76. かご(籠) : 바구니 [대바구니 롱(籠)] · 80
77. かしら(頭) : 두목, 머리 [머리 두(頭)] · 81
78. かじる(齧る) : 갉다, 베어 먹다 [물 설(齧)] · 81
79. かず(数) : 수 [셀 수(數)] · 81
80. かた(型) : 본, 골, 거푸집, 형식, 틀 [모형 형(型)] · 82
81. かたな(刀) : 외날의 칼, 도검류의 총칭 [칼 도(刀)] · 82
82. かたまり固まり) : 덩어리, 뭉치 [굳을 고(固)] · 82
83. かたむく傾く) : 기울다, 한쪽으로 쏠리다 [기울 경(傾)] · 83
84. かたる語る) : 말하다, 이야기하다 [말씀 어(語)] · 83
85. かなう叶う) : 희망대로 되다, 이루어지다 [맞을 협(叶)] · 84

쉬어 가는 곳(2) 「섣달과 그믐」 이야기 · 85

86. かねる(兼ねる) : 겸하다, ...하기 어렵다 [겸할 겸(兼)] · 86
87. かぶ(株) : 그루터기, 그루, 포기 [그루 주(株)] · 86
88. かま(釜) : 솥 [가마 부(釜)] · 87

89. かま(窯) : 가마(도자기 등을 구워내는 시설) [가마 요(窯)] · 87
90. かまう(構う) : 관계하다, 상대하다 [얽을 구(構)] · 87
91. かみ(上) : 위, 위쪽, 상류 [위 상(上)] · 88
92. かみなり(雷) : 천둥, 우뢰 [우뢰 뢰(雷)] · 88
93. から(殼) : 껍질, 허물 [껍질 각(殼)] · 88
94. がら(柄) : 몸집, 무늬, 성질, 상태 [자루 병(柄)] · 89
95. からかう(揶揄う) : 놀리다, 조롱하다 [야유할 야(揶)] · 89
96. かる(刈る) : 베다, 깎다 [벨 예(刈)] · 89
97. かわ(皮) : 가죽, 껍질, 표면 [가죽 피(皮)] · 90
98. かわ(革) : 무두질한 가죽 [가죽 혁(革)] · 90
99. かわく(渴く) : 목이 마르다 [목마를 갈(渴)] · 90
100. かわら(瓦) : 기와 [기와 와(瓦)] · 90
101. きし(岸) : 물가, 벼랑, 낭떠러지 [언덕 안(岸)] · 91
102. きっぱり : 딱 잘라, 단호히 · 91
103. きよい(淸い) : 맑다, 깨끗하다 [맑을 청(淸)] · 91
104. きらう(嫌う) : 싫어하다, 좋아하지 않다 [싫어할 혐(嫌)] · 92
105. きり(霧) : 안개 [안개 무(霧)] · 92
106. くう(食う) : 먹다 [먹을 식(食)] · 93
107. くぎ(釘) : 못 [못 정(釘)] · 93
108. くさり(鎖) : 사슬, 잇는 것 [쇄사슬 쇄(鎖)] · 93
109. くし(串) : 꼬치 [곶 곶(串)] · 94
110. くし(櫛) : 빗 [빗 즐(櫛)] · 94
111. くず(屑) : 쓰레기, 부스러기 [가루 설(屑)] · 94
112. くずれる(崩れる) : 무너지다, 붕괴하다, 날씨가 궂어지다 [무너질 붕(崩)] · 95
113. くだ(管) : 관, 대롱. 속이 빈 둥근 막대 [대롱 관(管)] · 95
114. くだく(碎く) : 부수다, 깨뜨리다 [부술 쇄(碎)] · 95
115. くどい(諄い) : 장황하다, 끈덕지다, 집요하다 [타이를 순(諄)] · 96
116. くむ(汲む) : 푸다, 퍼올리다 [물길을 급(汲)] · 96
117. くむ(組む) : 짜다, 조직하다 [짤 조(組)] · 96
118. くやむ(悔(や)む) : 후회하다, 뉘우치다 [뉘우칠 회(悔)] · 97
119. くるう(狂う) : 미치다, 이상해지다 [미칠 광(狂)] · 97
120. くろ(黑) : 검정 [검을 흑(黑)] · 97
121. くわえる(銜える) : (입에) 물다; 이 사이에 가볍게 끼우다 [재갈 함(銜)] · 98
122. けずる(削る) : 깎다, 삭감하다 [깎을 삭(削)] · 98
123. こえる(越える) : 넘다, 건너다 [넘을 월(越)] · 98

124. こえる(肥える) : 살이 찌다, 비옥해지다 [살찔 비(肥)] · 99
125. こおる(凍る) : 얼다 [얼 동(凍)] · 99
126. こがる(焦がる) : 불에 그슬려지다, 검게 눋다, 타다 [탈 초(焦)] · 100
> 쉬어 가는 곳(3) 일본 3경(日本三景) · 101
127. こぐ(漕ぐ) : (노)젓다, 이리저리 헤치며 가다 [배로 실어 나를 조(漕)] · 102
128. こしらえる(拵える) : 만들다, 제조하다 [의거할 존(拵)] · 102
129. ことなる(異なる) : 다르다, 같지 않다 [다를 이(異)] · 102
130. ことに(殊に) : 각별히, 특히 [다를 수(殊)] · 103
131. こな, こ(粉) : 가루, 분말, 밀가루 [가루 분(粉)] · 103
132. こらえる(堪える) : 참다, 견디다 [견딜 감(堪)] · 103
133. まくら(枕) : 베개 [베개 침(枕)] · 104
134. さか, さけ(酒) : 술 [술 주(酒)] · 104
135. さかい(境, 界) : 경계, 갈림길 [지경 경(境)] · 104
136. さからう(逆らう) : 거스르다, 거역하다 [거스를 역(逆)] · 105
137. さかのぼる(遡る) : 거슬러 올라가다, 소급하다 [거스를 소(遡)] · 105
138. さぐる(探る·捜る) : 뒤지다, 더듬어 찾다 [찾을 탐(探)] · 105
139. ささえる(支える) : 버티다, 떠받치다 [지탱할 지(支)] · 106
140. ささやく(囁く) : 속삭이다, 소곤거리다 [소근거릴 섭(囁)] · 106
141. さじ(匙) : 숟가락 [숟가락 시(匙)] · 106
142. さす(刺す) : 찌르다 [찌를 자(刺)] · 106
143. さす(射す) : 비치다 [쏠 사(射)] · 107
144. さす(指す) : 가리키다 [가리킬 지(指)] · 107
145. さすが(遉, 流石) : 그렇다고는 하나, 과연, 자타가 공인할 정도의 [엿볼 정(遉)] · 107
146. さっそく(早速) : 곧, 즉시, 바로 · 108
147. さびる(錆びる) : 녹슬다 [자세할 창(錆)] · 108
148. さまたげる(妨げる) : 방해하다, 지장을 주다 [방해할 방(妨)] · 108
149. さらに(更に) : 그 위에, 더욱더, 다시 한번, 거듭 [도둑 도(盗)] · 109
150. さわやか(爽やか) : 상쾌한 모양 [시원할 상(爽)] · 109
151. しか(鹿) : 사슴 [사슴 록(鹿)] · 109
152. しかくい : 네모지다 · 110
153. じきに(直に) : 곧, 금방, 바로 [곧을 직(直)] · 110
154. しきりに(頻りに) : 자꾸만, 계속적으로, 끊임없이 [자주 빈(頻)] · 110
155. しく(敷く) : 깔다, 밑에 펴다 [펼 부(敷)] · 111
156. しげる(茂る·繁る) : 무성하다, 우거지다 [무성할 무(茂)] · 111
157. しっぽ(尻尾) : 꼬리 [꽁무니 고(尻)] · 112

158. しばしば(数·屢) : 자주, 여러 번, 누차, 종종 [여러 루(屢)] · 112
159. しびれる(痺れる) : 저리다 [마땅 당(当)] · 112
160. しぼむ(萎む) : 시들다, 오므라지다 [시들 위(萎)] · 113
161. しぼる(絞る) : 짜다, 물기를 빼다 [목맬 교(絞)] · 113
162. しめる(占める) : 차지하다, 점유하다 [점령할 점(占)] · 113
163. しめる(湿る) : 축축해지다 [축축할 습(濕)] · 114
164. しも(霜) : 서리 [서리 상(霜)] · 114
165. しも(下) : 아래, 하류 [아래 하(下)] · 114
166. しゃべる(喋る) : 지껄이다, 말하다 [재재거릴 첩(喋)] · 115
167. しゃれ(洒落) : 익살, 깔끔하고 재치가 있음, 멋부림 [洒落는 취음자] · 115
168. しり(尻) : 엉덩이, 뒤, 뒤쪽, 끝 [꽁무니 고(尻)] · 116
(쉬어 가는 곳(4)) 일본에 눈이 많이 오는 이유 · 117
169. しる(汁) : 즙, 국 [즙 즙(汁)] · 118
170. しろ(城) : 성 [성 성(城)] · 118
171. しろうと(素人) : 비전문가, 아마추어 [본디 소(素)] · 118
172. しわ(皺) : 주름 [주름 추(皺)] · 119
173. す(巣) : 새.곤충의 집, 소굴 [새집 소(巣)] · 119
174. すえ(末) : 끝, 마지막 [끝 말(末)] · 119
175. すがた(姿) : 모양, 모습 [모양 자(姿)] · 119
176. すき(透き) : 틈, 빈틈, 짬 [사무칠 투(透)] · 120
177. すぎ(杉) : 삼나무 [삼나무 삼(杉)] · 120
178. すぐれる(優れる, 勝れる) : 뛰어나다, 우수하다 [뛰어날 우(優)] · 120
179. すじ(筋) : 줄기, 줄거리, 힘줄, 근육 [힘줄 근(筋)] · 121
180. すず(鈴) : 방울 [방울 령(鈴)] · 121
181. すずめ(雀) : 참새 [참새 작(雀)] · 121
182. すっきり : 산뜻한 모양, 세련된 모양, 말끔한 모양 · 121
183. すべて(総て·全て) : 전부, 모두, 전체, 모조리 [다 총(総)] · 122
184. すまない(済まない) : 미안하다 [건널 제(済)] · 122
185. すみ(炭) : 숯 [숯 탄(炭)] · 122
186. すまない(相撲(すもう) : 씨름 [서로 상(相)] · 123
187. ずらり : 즐비하게, 죽 · 123
188. すまない 狡い(ずるい) : 교활하다 [교활할 교(狡)] · 123
189. ずれる : 벗어나다, 어긋나다 · 124
190. せまる(迫る) : 다가오다, 박두하다 [닥칠 박(迫)] · 124
191. せめる(責める) : 비난하다, 괴롭히다 [꾸짖을 책(責)] · 124

192. せめる(攻める) : 공격하다 [칠 공(攻)] • 125
193. せりふ(台詞) : 대사, 틀에 박힌 말 • 125
194. そる(剃る) : 박박 깎다, 면도하다 [머리털 깎을 체(剃)] • 125
195. それる(逸れる) : 빗나가다, 벗어나다 [달아날 일(逸)] • 126
196. たがい(互い) : 서로, 쌍방 [서로 호(互)] • 126
197. たがやす(耕す) : (논밭을) 갈다 [밭 갈 경(耕)] • 126
198. たき(滝) : 폭포, 급류 [여울 랑(滝)] • 127
199. たく(焚く) : 불을 때다, 불을 피우다 [불사를 분(焚)] • 127
200. たく(炊く) : 밥을 짓다 [불 땔 취(炊)] • 128
201. たくわえる(蓄える, 貯える) : 저축하다, 저장하다 [모을 축(蓄)] • 128
202. たたかう(戦う) : 싸우다, 전쟁하다 [싸움 전(戦)] • 128
203. ただす(正す) : 바르게 하다, 바로잡다, 밝히다 [바를 정(正)] • 129
204. ただちに(直ちに) : 즉각, 바로, 직접 [곧을 직(直)] • 129
205. たちまち(忽ち) : 곧, 금세, 갑자기 [갑자기 홀(忽)] • 129
206. たとえる(例える) : 예를 들다, 비유하다 [법식 례(例)] • 130
207. たに(谷, 渓) : 산골짜기, 골 [골 곡(谷)] • 130
208. たぬき(狸) : 너구리 [삵 리(狸)] • 130
209. たば(束) : 다발, 뭉치 [묶을 속(束)] • 131
210. たびたび(度度) : 여러 번, 자주 [법도 도(度)] • 131

 쉬어 가는 곳(5) 「해거름」과 「해걸음」 • 132

211. だまる(黙る) : 말을 하지 않다, 가만히 있다 [묵묵할 묵(黙)] • 133
212. ためす(試す) : 시험하다 [시험 시(試)] • 133
213. ためらう(躊躇う) : 주저하다, 망설이다 [머뭇거릴 주(躊)] • 133
214. たより(便り) : 소식, 편지 [편할 편(便)] • 133
215. たよる(頼る·便る) : 의지하다, 의존하다 [의뢰할 뢰(頼)] • 134
216. たらい(盥) : 대야 [대야 관(盥)] • 134
217. ちかう(誓う) : 맹세하다 [맹세할 서(誓)] • 134
218. ちぎる(契る) : 장래를 굳게 약속하다 [맺을 계(契)] • 135
219. ちぢむ(縮む) : 주름이 지다, 오그라들다, 줄어들다 [줄일 축(縮)] • 135
220. ちなみに(因みに) : 덧붙여서, 이와 관련하여 [인할 인(因)] • 135
221. ついでに(序でに) : (…하는) 김에 [차례 서(序)] • 136
222. つえ(杖) : 지팡이 [지팡이 장(杖)] • 136
223. つきる(尽きる) : 다하다, 끝나다 [다할 진(尽)] • 136
224. つく(突く) : 찌르다 [갑자기 돌(突)] • 137
225. つな(綱) : 밧줄 [벼리 강(綱)] • 137

226. つづみ(鼓) : 장구, 북, 가죽으로 싼 타악기의 총칭 [북 고(鼓)] · 138
227. つねる(抓る) : 꼬집다 [긁을 조(抓)] · 138
228. つの(角) : 뿔 [뿔 각(角)] · 138
229. つば, つばき(唾) : 침 [침 타(唾)] · 139
230. つばさ(翼) : 날개, 비행기 날개 [날개 익(翼)] · 139
231. つばめ(燕) : 제비 [제비 연(燕)] · 139
232. つぶ(粒) : 낱알, 둥글고 작은 것 [낱알 립(粒)] · 140
233. つまずく(躓く) : 발이 걸려 넘어지다, 발이 무엇에 채이다 [넘어질 지(躓)] · 140
234. つみ(罪) : 죄 [허물 죄(罪), 죄 죄(罪)] · 140
235. つめる(詰める) : 채우다, (빈 곳을) 채워 넣다 [물을 힐(詰)] · 141
236. つや(艶) : 윤기, 광택 [고울 염(艶)] · 141
237. つる(吊る) : 달다, 드리우다 [조상할 조(吊)] · 141
238. てる(照る) : 비치다, 빛나다 [비출 조(照)] · 141
239. とうげ(峠) : 고개, 산마루 [고개 상(峠)] · 142
240. とうどり(頭取) : 우두머리, 은행장 [머리 두(頭)] · 142
241. とがる(尖る) : 뾰족해지다 [뾰족할 첨(尖)] · 143
242. ととのえる(整える) : 정돈하다, 조정하다 [가지런할 정(整)] · 143
243. とぶ(跳ぶ) : 뛰다, 도약하다 [뛸 도(跳)] · 143
244. とも(共) : 함께 [함께 공(共)] · 144
245. ともなう(伴う) : 따라가다, 동반하다 [짝 반(伴)] · 144
246. なお(猶·尚) : 역시, 더구나 [오히려 상(尚)] · 144
247. ながめる(眺める) : 바라보다, 전망하다 [바라볼 조(眺)] · 144
248. なぐさめる(慰める) : 위로하다, 달래다 [위로할 위(慰)] · 145
249. なぐる(殴る, 撲る) : 세게 때리다 [때릴 구(殴)] · 145
250. なぞ(謎) : 수수께끼, 넌지시 말하여 깨닫게 함 [수수께끼 미(謎)] · 145
251. なつかしい(懐かしい) : 그립다 [품을 회(懐)] · 146
252. なでる(撫でる) : 어루만지다, 쓰다듬다 [어루만질 무(撫)] · 146
쉬어 가는 곳(6) 「미소(味噌, みそ) 이야기」 · 147
253. なわ(縄) : 새끼, 줄, 포승 [노끈 승(縄)] · 148
254. にがす(逃がす) : 놓아주다, 놓치다 [도망할 도(逃)] · 148
255. にこにこ : 싱글벙글, 생긋생긋 · 148
256. にごる(濁る) : 탁하게 되다, 흐려지다 [흐릴 탁(濁)] · 149
257. にじ(虹) : 무지개 [무지개 홍(虹)] · 149
258. にぶい(鈍い) : 둔하다, 무디다 [무딜 둔(鈍)] · 149
259. にわか(俄) : 갑작스러운 모양 [아까 아(俄)] · 150

260. ぬう(縫う) : 꿰매다, 누비다, 바느질하다 [꿰맬 봉(縫)] • 150
261. ね(根) : 뿌리, 근본, 천성 [뿌리 근(根)] • 150
262. ねらう(狙う) : 노리다, 겨루다 [엿볼 저(狙)] • 151
263. のがす(逃す) : 놓치다 [도암할 도(逃)] • 151
264. のき(軒) : 처마 [집 헌(軒)] • 151
265. のぞく(覗く) : 엿보다, 들여다보다 [엿볼 사(覗)] • 152
266. のち(後) : 뒤, 후 [뒤 후(後)] • 152
267. のべる(述べる) : 말하다, 진술하다 [펼 술(述)] • 152
268. のろい(鈍い) : 느리다 [둔할 둔(鈍)] • 153
269. のんき(呑気) : 느긋한 모양, 만사태평 [삼킬 탄(呑)] • 153
270. ば(場) : 장소 [장소 장(場)] • 153
271. はい(灰) : 재 [재 회(灰)] • 154
272. はえる(生える) : (초목의 싹이나 가지 등이) 나오다 [날 생(生)] • 154
273. はか(墓) : 묘, 뫼, 무덤 [무덤 묘(墓)] • 154
274. はかる(量る·測る) : (무게, 길이 등) 재다 [헤아릴 량(量)] • 155
275. ばか(馬鹿) : 어리석음, 바보, 멍청이 • 155
276. はく(吐く) : 토하다, 뱉다 [토할 토(吐)] • 156
277. はさみ(鋏) : 가위 [집게 협(鋏)] • 156
278. はし(端) : ① 끝, 가 ② 시초, 처 음 [끝 단(端)] • 156
279. はじめる(始める, 初める) : 시작하다 [비로소 시(始)] • 157
280. はた(旗) : 기, 깃발 [깃발 기(旗)] • 157
281. はた(機) : 베틀 [틀 기(機)] • 158
282. はだ(肌, 膚) : 피부 [살가죽 기(肌)] • 158
283. はだか(裸) : 알몸, 맨몸 [벗을 라(裸)] • 158
284. はち(鉢) : 사발, 화분 [바리때 발(鉢)] • 159
285. はつ(初) : 첫 [접두사] [처음 초(初)] • 159
286. はで(派手) : 화려한 모양 [갈래 파(派)] • 160
287. はと(鳩) : 비둘기 [비둘기 구(鳩)] • 160
288. はなす(放す) : 놓아주다, 놓다 [놓을 방(放)] • 160
289. はなはだしい(甚だしい) : 심하다, 대단하다 [심할 심(甚)] • 161
290. はなれる(離れる) : 떨어지다, 붙어 있던 것이 따로 떨어지다 [떠날 리(離)] • 161
291. はねる(跳ねる) : 뛰다, 뛰어오르다 [뛸 도(跳)] • 161
292. はぶく(省く) : 생략하다, 없애다 [덜 생(省)] • 162
293. はやる(流行る) : 유행하다 [흐를 류(流)] • 162

쉬어 가는 곳(7) 연상암기 • 164

294. ひざ(膝) : 무릎 [무릎 슬(膝)] · 165
295. ひさしい(久しい) : 오래다, 오래간만이다 [오랠 구(久)] · 165
296. ひざし(日差し) : 햇살, 햇볕 · 165
297. ひじ(肘, 臂) : 팔꿈치 [팔꿈치 주(肘)] · 166
298. ひたい(額) : 이마 [이마 액(額)] · 166
299. ひとしい(等しい) : 같다, 똑같다 [무리 등(等)] · 166
300. ひとみ(瞳) : 눈동자 [눈동자 동(瞳)] · 167
301. ひとりでに(独りでに) : 저절로, 제물로, 자연히 [홀로 독(独)] · 167
302. ひねる(捻る) : 비틀다, 돌리다, 뒤틀다(=ねじる) [비틀 념(捻)] · 167
303. ひびく(響く) : 울려 퍼지다 [울릴 향(響)] · 168
304. ひら(平) : 평평함, 보통 [평평할 평(平)] · 168
305. ふえ(笛) : 피리 [피리 적(笛)] · 169
306. ふくむ(含む) : 포함하다, 함유하다 [머금을 함(含)] · 169
307. ふくろ(袋·嚢) : 주머니 [자루 대(袋)] · 169
308. ふさぐ(塞ぐ) : 막다 [막힐 색(塞)] · 170
309. ふざける(巫山戯る) : 희롱거리다, 장난치다, 농하다 [무당 무(巫)] · 170
310. ふし(節) : 마디 [마디 절(節)] · 170
311. ふせぐ(防ぐ) : 막다, 방지하다 [막을 방(防)] · 171
312. ぶた(豚) : 돼지 [돼지 돈(豚)] · 171
313. ふぶき(吹雪) : 눈보라 [눈 설(雪)] · 171
314. ふもと(麓) : (산)기슭(비탈진 곳의 아랫부분) [산기슭 록(麓)] · 172
315. ふれる(触れる) : 접촉하다, 닿다, 언급하다 [닿을 촉(触)] · 172
316. へこむ(凹む) : 움푹 패다, 꺼지다 [오목할 요(凹)] · 173
317. へそ(臍) : 배꼽 [배꼽 제(臍)] · 173
318. へだてる(隔てる) : 사이를 떼다, 멀리하다 [사이뜰 격(隔)] · 173
319. へび(蛇) : 뱀 [뱀 사(蛇)] · 174
320. ほうる(放る) : 멀리 내던지다, 집어치우다 [놓을 방(放)] · 174
321. ほえる(吠える) : (짐승) 짓다, 고함지르다 [짖을 폐(吠)] · 174
322. ほお(頬) : 뺨, 볼 [뺨 협(頬)] · 175
323. ほがらか(朗らか) : 쾌활(명랑)한 모양, (날씨가) 쾌청한 모양 [밝을 랑(朗)] · 175
324. ほたる(蛍) : 반딧불이 [반딧불이 형(蛍)] · 175
325. ほとけ(仏) : 부처 [부처 불(仏)] · 176
326. ほのお(炎) : 불꽃, 불길 [불꽃 염(炎)] · 176
327. ほる(掘る) : 파다 [팔 굴(掘)] · 176
328. ぼろ : 넝마, 누더기, 낡은 것 · 177

329. わびる(詫びる) : 빌다, 사죄하다 [고할 하(詫)] • 177
330. まく(撒く) : 뿌리다, 살포하다 [뿌릴 살(撒)] • 177
331. まくら(枕) : 베개 [베개 침(枕)] • 178
332. まったく(全く·完く) : 완전히, 아주, 전적으로, 전혀 [온전할 전(全)] • 178
333. まっとうする(全うする) : 완수하다, 다하다 [온전할 전(全)] • 178
334. まぶた(瞼) : 눈꺼풀 [눈꺼풀 검(瞼)] • 179

쉬어 가는 곳(8) 연상암기 • 180

335. まれ(稀) : 드묾, 희소함 [드물 희(稀)] • 181
336. み(実) : 열매, 과실 [열매 실(実)] • 181
337. みさき(岬·崎) : 갑, 곶 [곶 갑(岬)] • 181
338. みじめ(惨め) : 비참함, 참혹함 [참혹할 참(惨)] • 182
339. みずから(自ら) : 몸소 [스스로 자(自)] • 182
340. みだれる(乱れる) : 어지러워지다, 흐트러지다 [어지러울 란(乱)] • 182
341. みちる(満ちる, 充ちる) : 차다, 그득 차다 [찰 만(満)] • 182
342. みつ(蜜) : 꿀 [꿀 밀(蜜)] • 183
343. みっともない : 꼴사납다, 보기 흉하다 • 183
344. みとめる(認める) : 인정하다, 좋게 평가하다 [알 인(認)] • 184
345. みやこ(都, 京) : 서울, 수도 [도읍 도(都)] • 184
346. むかう(向かう) : 향하다, 면하다, 대하다 [향할 향(向)] • 184
347. むぎ(麦) : 보리, 밀, 귀리 등의 총칭 [보리 맥(麦)] • 185
348. むく(剝く) : 벗기다, 까다 [벗길 박(剝)] • 185
349. むこ(婿) : 사위, 신랑 [사위 서(婿)] • 185
350. むすめ(娘) : 딸 [여자 낭(娘)] • 186
351. むら, むれ(群) : 무리, 떼 [무리 군(群)] • 186
352. むらさき(紫) : 보라색 [자줏빛 자(紫)] • 187
353. め(芽) : 싹 [싹 아(芽)] • 187
354. めぐまれる(恵まれる) : 혜택받다 [은혜 혜(恵)] • 187
355. めぐる(巡る) : 돌다, 둘러싸다, 여기저기 들르다 [돌 순(巡)] • 188
356. めでたい : 경사스럽다, 축하(祝賀)할 만하다 • 188
357. もうける(儲ける) : 벌다, 이익을 보다 [쌓을 저(儲)] • 189
358. もぐら : 두더지 • 189
359. もぐる(潜る) : 잠수하다, 기어들다, 숨어들다 [잠길 잠(潜)] • 189
360. もたれる(凭れる) : 기대다, 의지하다, 먹은 것이 소화되지 않고 위에 남다 [기댈 빙(凭)] • 190
361. もちいる(用いる) : 쓰다, 사용하다 [쓸 용(用)] • 190
362. もっとも(尤も) : 지당함, 그렇다고는 하지만 [더욱 우(尤)] • 190

363. もとめる(求める) : 바라다, 요구하다 [구할 구(求)] · 191
364. もむ(揉む) : 비비다, 문질러 비비대다, 문대다 [주무를 유(揉)] · 191
365. やがて : 얼마 안 있어, 머지않아, 곧, 이윽고 · 191
366. やすい(易い) : 쉽다, …하는 경향이 있다 [쉬울 이(易)] · 192
367. やど(宿) : 사는 집, 숙소 [잘 숙(宿)] · 192
368. やとう(雇う) : 고용하다 [품 팔 고(雇)] · 192
369. やね(屋根) : 지붕 · 193
370. ゆずる(譲る) : 양보하다, 양도하다, 물려주다 [사양할 양(譲)] · 193
371. ゆたか(豊か) : 풍족함, 풍부함 [풍성할 풍(豊)] · 194
372. ようやく(漸く) : 겨우, 간신히 [점진할 점(漸)] · 194
373. よそ(余所, 他所) : 딴 곳, 남의 집 [남을 여(余)] · 195
374. よめ(嫁) : 며느리, 신혼여성 [시집갈 가(嫁)] · 195
375. わき(脇) : 겨드랑이, 옆 [겨드랑이 협(脇)] · 195
쉬어 가는 곳(9) 연상암기 · 196
376. わく(涌く, 湧く) : 솟다, 샘솟다 [물 솟을 용(涌)] · 197
377. わこうど(若人) : 젊은이, 청년 [같을 약(若)] · 197
378. わずか(僅か) : 얼마 안 되는 모양, 조금, 불과 [겨우 근(僅)] · 197
379. わた(綿) : 솜, 목화 [솜 면(綿)] · 198
380. わに(鰐) : 악어 [악어 악(鰐)] · 198
381. われわれ(我我·吾吾) : 우리들 · 198

382. あえぐ(喘ぐ) : 헐떡이다, 괴로워하다 [숨찰 천(喘)] · 200
383. あえる(和える) : 무치다, 버무리다 [화할 화(和)] · 200
384. あおぐ(仰ぐ) : 우러러보다, 치켜들다 [우러를 앙(仰)] · 200
385. あか(垢) : 때, 더러움 [때 구(垢)] · 200
386. あかつき(暁) : 새벽 [새벽 효(暁)] · 201
387. あがなう(購う) : 구입하다, 사들이다 [살 구(購)] · 201
388. あがめる(崇める) : 숭상하다, 우러러 받들다 [높을 숭(崇)] · 201
389. あきなう(商う) : 장사하다 [장사 상(商)] · 202
390. あけぼの(曙) : 새벽 [새벽 서(曙)] · 202
391. あさ(麻) : 삼, 모시 등의 총칭 [삼 마(麻)] · 202

392. あざ(痣) : 피부의 반점 [사마귀 지(痣)] · 203
393. あざける(嘲る) : 비웃다, 조소하다 [비웃을 조(嘲)] · 203
394. あざなう(糾う) : (새끼를) 꼬다. = なう(綯う) [꼴 규(糾)] · 203
395. あさむ(浅む) : 경멸하다, 멸시하다, 의외의 일에 놀라다 [얕을 천(浅)] · 203
396. あざむく(欺く) : 속이다, 착각시키다 [속일 기(欺)] · 204
397. あざやか(鮮やか) : 선명함, 또렷함 [고울 선(鮮)] · 204
398. あさり(浅蜊) : 바지락 · 204
399. あさる(漁る) : 찾아다니다, 여기저기 구하러 다니다 [고기 잡을 어(漁)] · 205
400. あし(悪し) : 나쁘다, 좋지 않다, 악하다 [악할 악(悪)] · 205
401. あし(脚) : 다리 [다리 각(脚)] · 206
402. あし(蘆·芦·葦) : 갈대 [갈대 로(蘆)] · 206
403. あしらう(遇う) : 다루다, 응대하다 [만날 우(遇)] · 206
404. あせる(褪せる) : (빛깔이) 바래다, 퇴색하다, 쇠해지다 [바랠 퇴(褪)] · 207
405. あだ(徒) : 헛됨 [무리 도(徒)] · 207
406. あたい(値) : 값어치, 가치 [값 치(値)] · 207
407. あたかも(恰も) : 마치, 흡사 [흡사할 흡(恰)] · 208
408. あっけ(呆気) : 놀라서 기가 막힘 · 208
409. あっけない : 싱겁다, 맥(어이) 없다 · 208
410. あつらえる(誂える) : 맞추다, 주문하다 [꾈 조(誂)] · 209
411. あでやか(艶やか) : 품위 있게 고운 모양 [고울 염(艶)] · 209
412. あてる(宛てる) : 앞으로 보내다 [완연할 완(宛)] · 210
413. あどけない : 순진하고 귀엽다; 천진난만하다 · 210
414. あなどる(侮る) : 깔보다, 경시하다 [업신여길 모(侮)] · 211
415. あばく(暴く, 発く) : 파헤치다, 폭로하다 [사나울 폭(暴)] · 211
416. あひる(家鴨) : 집오리 [집 가(家)] · 211
417. あほう(阿呆) : 바보, 천치 · 212
418. あまえる(甘える) : 응석부리다 [달 감(甘)] · 212
419. あまねく(普く) : 널리, 빠짐없이 [넓을 보(普)] · 212
420. あや(文, 綾) : 무늬, 멋진 표현 [비단 릉(綾)] · 212
421. あやつる(操る) : 조종하다, (뒤에서 인형을) 놀리다 [잡을 조(操)] · 213
422. あやまる(誤る) : 잘못하다, 실수하다 [그르칠 오(誤)] · 213
423. あゆ(鮎·香魚) : 은어 [매기 점(鮎)] · 213
424. あゆむ(歩む) : (한 보 한 보) 나아가다, 걷다 [걸음 보(歩)] · 214
425. あら(粗) : 흠, 결점, 살이 붙은 뼈 [거칠 조(粗)] · 214
426. あら-(荒) : 거친, 난폭한, 황폐한 [거칠 황(荒)] · 214

427. あら-(新) : 신, 새(로운) [새 신(新)] · 214

쉬어 가는 곳(10) 채소 이름 · 216

428. あらかじめ(予め) : 미리, 사전에 [미리 예(予)] · 217
429. あらし(嵐) : 폭풍, 폭풍 우 [남기 람(嵐)] · 217
430. あられ(霰) : 싸라기눈 [싸라기눈 산(霰)] · 217
431. いえる(癒える) : 낫다, 아물다 [병 나을 유(癒)] · 218
432. いかだ(筏) : 떼, 뗏목 [뗏목 벌(筏)] · 218
433. いかめしい(厳めしい) : 위엄이 있다, 엄중하다 [엄할 엄(厳)] · 218
434. いかる(怒る) : 성내다, 화내다 [성낼 노(怒)] · 219
435. いきどおる(憤る) : 분개하다, 성내다 [분할 분(憤)] · 219
436. いくさ(戦) : 전쟁 [싸울 전(戦)] · 219
437. いこう(憩う) : 푹 쉬다, 휴식하다 [쉴 게(憩)] · 220
438. いさぎよい(潔い) : 미련 없이 깨끗하다 [깨끗할 결(潔)] · 220
439. いざなう(誘う) : 꾀다, 권하다 [꾈 유(誘)] · 220
440. いさむ(勇む) : 용기가 용솟음치다, 기운이 솟다 [날쌜 용(勇)] · 221
441. いざよう(猶予う) : 주저하다, 망설이다, 일렁이다 · 221
442. いさりび(漁り火) : 어화(漁火) [고기 잡을 어(漁)] · 221
443. いしずえ(礎) : 주춧돌, 초석 [주춧돌 초(礎)] · 222
444. いじらしい : 애처롭다 · 222
445. いじる(弄る) : 주무르다, 만지작거리다 [희롱할 롱(弄)] · 222
446. いそしむ(勤しむ) : 힘쓰다, 부지런히 노력하다 [부지런할 근(勤)] · 223
447. いだく(抱く) : (껴)안다, 보듬다, 품다 [안을 포(抱)] · 223
448. いたむ(悼む) : 애도하다, 슬퍼하다 [슬퍼할 도(悼)] · 224
449. いたわる(労る) : 친절하게 돌보다, 위로하다 [일할 로(労)] · 224
450. いち(市) : 저자, 시장 [저자 시(市)] · 224
451. いちご(苺, 莓) : 딸기 [딸기 매(苺)] · 225
452. いちじるしい(著しい) : 현저하다, 두드러지다 [나타날 저(著)] · 225
453. いつくしむ(慈しむ) : 불쌍히 여기다, 사랑하다, 귀여워하다 [사랑 자(慈)] · 225
454. いつわる(偽る) : 거짓말하다, 속이다 [거짓 위(偽)] · 226
455. いてる(凍てる) : 얼다, 얼어붙다 [얼 동(凍)] · 226
456. いでゆ(出湯, 温泉) : 온천 · 226
457. いとう(厭う) : 싫어하다 [싫어할 염(厭)] · 227
458. いとけない(幼い, 稚い) : 어리다, 순진하다 [어릴 유(幼)] · 227
459. いとしい(愛しい) : 사랑스럽다, 귀엽다 [사랑 애(愛)] · 228
460. いとなむ(営む) : 일하다, 경영하다 [경영할 영(営)] · 228

461. いとま(暇) : 틈, 짬, 쉼 [겨를 가(暇)] · 228
462. いどむ(挑む) : 도전하다, 덤벼들다 [돋울 도(挑)] · 229
463. いなむ(否む) : 거절하다, 부정하다 [아닐 부(否)] · 229
464. いばら(茨, 荊, 棘) : 가시나무, (식물의) 가시 [가시나무 형(荊)] · 229
465. いびき(鼾) : 코골이 [코 고는 소리 한(鼾)] · 229
466. いぶかしい(訝しい) : 의심(의아)스럽다, 수상쩍다 [맞이할 아(訝)] · 230
467. いましめる(戒める) : 경고하다, 경계를 강화하다 [경계할 계(戒)] · 230
468. いまだ(未だ) : 아직, 이때까지 [아닐 미(未)] · 231
469. いむ(忌む) : 꺼리다, 미워하고 싫어하다 [꺼릴 기(忌)] · 231
470. いやしい(卑しい) : 천하다 [낮을 비(卑)] · 231
471. いら(刺・苛) : (초목이나 물고기 지느러미의) 가시 [찌를 자(刺)] · 232
472. いらだつ(苛立つ) : 초조해하다, 애가 타다 [가혹할 가(苛)] · 232

> **쉬어 가는 곳(11)** 田을 두고 서로 다른 해석 · 233

473. いる(射る) : 쏘다 [쏠 사(射)] · 234
474. いわく(曰く) : 가라사대, 왈 [가로 왈(曰)] · 234
475. ういういしい(初初しい) : 앳되다, 어리고 숫되다, 순진하다 [처음 초(初)] · 234
476. うがつ(穿つ) : (구멍을) 뚫다 [뚫을 천(穿)] · 234
477. うす(臼) : 절구, 맷돌 [절구 구(臼)] · 235
478. うず(渦) : 소용돌이 [소용돌이 와(渦)] · 235
479. うずくまる(蹲る) : 웅크리다, 쭈그리고 앉다 [쭈그릴 준(蹲)] · 236
480. うずめる(埋める) : 묻다, 파묻다, 매장하다 [묻을 매(埋)] · 236
481. うせる(失せる) : 없어지다, 사라지다 [잃을 실(失)] · 237
482. うたたね(うたた寝) : 선잠, 얕은 잠 · 237
483. うちわ(団扇) : 부채 · 237
484. うつむく(俯く) : 머리를 숙이다, 고개를 숙이다 [구부릴 부(俯)] · 238
485. うつろ(空ろ・虚ろ) : 속이 텅 빔, 얼빠진 모양 [빌 공(空)] · 238
486. うとむ(疎む) : 싫어하다, 멀리하다 [성길 소(疎)] · 238
487. うながす(促す) : 재촉하다, 독촉하다 [재촉할 촉(促)] · 239
488. うなぎ(鰻) : 뱀장어, 장어 [장어 만(鰻)] · 239
489. うぬぼれる(己惚れる, 自惚れる) : (실력 이상으로) 자부하다, 자만하다 · 240
490. うねる : 꾸불꾸불하다, 물결치다 · 240
491. うめく(呻く) : 신음하다, 감탄하여 소리내다 [읊조릴 신(呻)] · 240
492. うら(浦) : 후미(물가가 휘어서 굽어진 곳), 해변 [개 포(浦)] · 241
493. うららか(麗らか) : 화창한 모양, 명랑한 모양 [고울 려(麗)] · 241
494. うららか瓜(うり) : 오이, 참외 등 박과 식물의 총칭 [오이 과(瓜)] · 241

495. うるし(漆) : 옻나무, 옻(칠) [옻 칠(漆)] · 242
496. うるむ(潤む) : 물기를 띠다, 물기가 어리다 [불을 윤(潤)] · 242
497. うるおう(潤う) : 습기를 띠다, 축축해지다, 윤택해지다 [불을 윤(潤)] · 242
498. うるわしい(麗しい, 美しい) : 아름답다, 예쁘다 [고울 려(麗)] · 243
499. うれる(熟れる) : 익다, 여물다 [익을 숙(熟)] · 243
500. うろこ鱗) : 비늘 [비늘 린(鱗)] · 243
501. うろたえる(狼狽える) : 당황하다, 어둥대다, 서성거리다 · 243
502. うろつく(彷徨く) : 헤매다, 방황하다, 서성거리다 · 244
503. えぐる(抉る) : 에다, 도려내다 [도려낼 결(抉)] · 244
504. えにし(縁) : 인연, 특히 남녀간의 인연 [인연 연(縁)] · 245
505. えび(海老) : 새우 [바다 해(海)] · 245
506. える(獲る) : 사냥이나 고기잡이해서 동물을 잡다, 쟁취하다 [얻을 획(獲)] · 245
507. える(選る) : 고르다, 뽑다 [가릴 선(選)] · 246
508. お(尾) : 꼬리 [꼬리 미(尾)] · 246
509. おいる(老いる) : 늙다, 나이를 먹다 [늙을 로(老)] · 246
510. おう(負う) : 지다, 짊어지다, 업다 [질 부(負)] · 246
511. おおやけ(公) : 공, 정부 [공평할 공(公)] · 247
512. おごそか(厳か) : 엄숙함 [엄할 엄(厳)] · 247
513. おこたる(怠る) : 게으름을 피우다, 태만히 하다 [게으를 태(怠)] · 247
514. おごる(驕る·傲る) : 거만하다, 교만하다 [교만할 교(驕)] · 248
515. おじる(怖じる) : 무서워하다, 두려워하다 [두려워할 포(怖)] · 248
516. おそう(襲う) : 습격하다, 덮치다 [엄습할 습(襲)] · 248
517. おそくとも(遅くとも) : 늦어도 [더딜 지(遅)] · 249

> 쉬어 가는 곳(12) 「설」의 어원 · 250

518. おだてる(煽てる) : 치켜세우다, 부추기다 [부채질할 선(煽)] · 252
519. おっかない : 무섭나, 누렵다 · 252
520. おとしめる(貶める) : 폄하다, 깎아내리다, 얕보다 [낮출 폄(貶)] · 252
521. おどす(脅す) : 으르다, 위협하다, 협박하다 [위협할 협(脅)] · 253
522. おとずれる(訪れる) : 방문하다, 찾다, 찾아오다 [찾을 방(訪)] · 253
523. おとろえる(衰える) : 쇠하다, 쇠퇴하다 [쇠할 쇠(衰)] · 253
524. おに(鬼) : 귀신 [귀신 귀(鬼)] · 254
525. おのずから(自ら) : 저절로, 자연히, 스스로 [스스로 자(自)] · 254
526. おびえる(怯える, 脅える) : 겁내다, 무서워하다 [겁낼 겁(怯)] · 254
527. おびただしい(夥しい) : (수량이) 매우 많다 [많을 과(夥)] · 255
528. おび(帯) : (허리에 두르는) 띠, 띠 모양의 것 [띠 대(帯)] · 255

529. おぶう(負ぶう) : (아기를) 업다 [질 부(負)] · 255
530. おぼろ(朧) : 몽롱한 모양, 희미한 모양, 아련함 [흐릿할 롱(朧)] · 256
531. おもねる(阿る) : 아첨하다, 알랑거리다 [언덕 아(阿)] · 256
532. おもはゆい(面映ゆい) : 낯간지럽다, 부끄럽다 [낯 면(面)] · 256
533. おもむき(趣) : 재미, 정취, 멋, 느낌, 의도, 취지 [뜻 취(趣)] · 257
534. おもむく(赴く, 趣く) : 향하여 가다 [나아갈 부(赴)] · 257
535. おやじ(親父) : 아버지, 직장의 책임자·가게 주인 · 257
536. およぶ(及ぶ) : 미치다, 달하다, 이르다 [미칠 급(及)] · 257
537. おり(檻) : 우리, 감방 [난간 함(檻)] · 258
538. おる(織る) : 짜다 [짤 직(織)] · 258
539. おろか(愚か) : 어리석음, 바보스러움, 모자람 [어리석을 우(愚)] · 258
540. おろそか(疎か) : 소홀함 [성길 소(疎)] · 259
541. かい(甲斐) : 보람, 값어치 · 259
542. かいこ(蚕) : 누에 [누에 잠(蚕)] · 259
543. かかげる(掲げる) : 내걸다, 게양하다 [높이 들 게(掲)] · 260
544. かかし : 허수아비 · 260
545. かかす(欠かす) : 빠뜨리다, 거르다, 결하다 [이지러질 결(欠)] · 260
546. かかと(踵) : 발뒤꿈치, 신뒤축 [발꿈치 종(踵)] · 261
547. かがむ(屈む) : 구부러지다, 굽다 [굽힐 굴(屈)] · 261
548. かき(柿) : 감, 감나무 [감 시(柿)] · 261
549. かき(垣) : 울타리, 담 [담 원(垣)] · 262
550. かぐわしい(香しい·芳しい) : 향기롭다 [향기 향(香)] · 262
551. がけ(崖) : 절벽, 벼랑 [벼랑 애(崖)] · 263
552. かこう(囲う) : 에워싸다, 둘러싸다 [에워쌀 위(囲)] · 263
553. かこつ(託つ) : 핑계 삼다, 탓하다 [부탁할 탁(託)] · 263
554. かささぎ(鵲) : 까치 [까치 작(鵲)] · 264
555. かさばる(嵩張る) : 부피가 커지다 [높은 산 숭(嵩)] · 264
556. かしぐ(傾ぐ) : 기울다, 기울어지다 [기울 경(傾)] · 265
557. かす(滓) : 앙금, 찌꺼기 [찌꺼기 재(滓)] · 265
558. かすか(幽か) : 희미함, 어렴풋함 [그윽할 유(幽)] · 266
559. かすむ(霞む) : 안개가 끼다, 희미해지다 [노을 하(霞)] · 266
560. かた(片) : 한쪽, 중심에서 벗어나 한쪽에 치우침 [조각 편(片)] · 266
561. かたい(難い) : 어렵다, 힘들다 [어려울 난(難)] · 267
562. かたげる(傾げる) : 기울이다 [기울 경(傾)] · 267

쉬어 가는 곳(13) 「이불」의 「불」은 진짜 불(火)이다 · 268

563. かたわら(傍ら) : 곁, 옆, …함과 동시에 [곁 방(傍)] · 269
564. かつえる(餓える, 飢える) : 굶주리다 [주릴 아(餓)] · 269
565. かつお(鰹) : 가다랑어 [가물치 견(鰹)] · 269
566. かつぐ(担ぐ) : 메다, 짊어지다 [멜 담(担)] · 269
567. かつて(嘗て, 曾て) : 일찍이, 예전부터 [맛볼 상(嘗)] · 270
568. かつら(鬘) : 다리, 가발 [머리 장식 만(鬘)] · 270
569. かて(糧) : 양식, 식량 [양식 량(糧)] · 271
570. かなた(彼方) : 저쪽, 저편 [저 피(彼)] · 271
571. かなでる(奏でる) : 연주하다 [아뢸 주(奏)] · 271
572. かなめ(要) : 가장 중요한 점·부분·인물, 사북 [요긴할 요(要)] · 272
573. かに(蟹) : (바다의) 게 [게 해(蟹)] · 272
574. かねて(予て) : 미리, 전부터, 진작부터 [미리 예(予)] · 272
575. かばう(庇う) : 감싸다, 비호하다 [덮을 비(庇)] · 273
576. かぶさる(被さる) : 덮이다, 씌워지다 [입을 피(被)] · 273
577. かぶと(兜) : 투구 [투구 두(兜)] · 273
578. かまえる(構える) : 꾸미다, 자세를 취하다 [얽을 구(構)] · 274
579. かめ(瓶·甕) : 꽃병, 독, 항아리 [병 병(瓶)] · 274
580. かめ(亀) : 거북 [거북 귀(亀)] · 274
581. かもす(醸す) : 빚다, 양조하다 [빚을 양(醸)] · 274
582. かもめ(鴎) : 갈매기 [갈매기 구(鴎)] · 275
583. かゆ(粥) : 죽, 카유 [죽 죽(粥)] · 275
584. からむ(絡む) : 휘감기다, 얽히다 [이을 락(絡)] · 275
585. かり(雁) : 기러기 [기러기 안(雁)] · 276
586. かれる(嗄れる) : 목이 쉬다 [잠길 사(嗄)] · 276
587. かろやか(軽やか) : 발랄하고 경쾌함 [가벼울 경(軽)] · 276
588. かんがみる(鑑みる) : 거울삼아 비추어 보다 [거울 감(鑑)] · 276
589. きざす(兆す) : 징조가 보이다 [조 조(兆)] · 277
590. きじ(雉) : 꿩 [꿩 시(雉)] · 277
591. きしむ(軋む) : 삐걱거리다 [삐걱거릴 알(軋)] · 278
592. きずく(築く) : 쌓다, 쌓아올리다 [쌓을 축(築)] · 278
593. きずな(絆) : 끊기 어려운 정, 인연 [얽어 맬 반(絆)] · 279
594. きそう(競う) : 다투다, 경쟁하다, 겨루다 [다툴 경(競)] · 279
595. きたえる(鍛える) : 단련하다, 맹렬히 훈련하다 [쇠 불릴 단(鍛)] · 279
596. きつね(狐) : 여우 [여우 호(狐)] · 280
597. きのこ(菌, 茸) : 버섯(= たけ) [버섯 균(菌)] · 280

598. きび(黍·稷) : 기장, 수수 [기장 서(黍)] · 280
599. くまで(くま手) : 갈퀴 · 281
600. きも(肝) : 간 [간 간(肝)] · 281
601. きらめく(煌めく) : 빛나다, 번쩍이다 [빛날 황(煌)] · 281
602. くき(茎) : (풀 등의) 줄기 [줄기 경(茎)] · 282
603. くぐつ(傀儡) : 꼭두각시 · 282
604. くくる(括る) : 한데 묶다, 끝맺다 [묶을 괄(括)] · 282
605. くぐる(潜る) : 잠수하다, (몸을 구부려) 빠져나가다, (밑으로) 통과하다 [무자맥질할 잠(潜)] · 283
606. -ぐさ(種) : (동사 연용형에 붙어서) …재료, …거리 [씨 종(種)] · 283
607. くしくも(奇しくも) : 이상하게도, 기묘하게도 [기특할 기(奇)] · 284

쉬어 가는 곳(14) 도리이(とりい, 鳥居) · 285

608. くじく(挫く) : 삐다, (기세를) 꺾다 [꺾을 좌(挫)] · 286
609. くじら(鯨) : 고래 [고래 경(鯨)] · 286
610. くず(葛) : 칡 [칡 갈(葛)] · 287
611. くすべる(燻べる) : 그슬리다 [연기 낄 훈(燻)] · 287
612. くそ(糞) : 대변 [똥 분(糞)] · 287
613. くちずさむ(口ずさむ) : 읊조리다, 흥얼거리다 [입 구(口)] · 288
614. くちる(朽ちる) : 썩다 [썩을 후(朽)] · 288
615. くつがえる(覆る) : 뒤집히다, 전복되다 [뒤집힐 복(覆)] · 289
616. くねる(曲る) : 구부러지다 [굽을 곡(曲)] · 289
617. くびす(踵) : 발뒤꿈치(= かかと) [발꿈치 종(踵)] · 289
618. くぼ(窪) : 움푹 팸, 구덩이 [웅덩이 와(窪)] · 290
619. くま(熊) : 곰 [곰 웅(熊)] · 290
620. くまなく(隈無く) : 구석구석까지, 빠짐없이 [굽이 외(隈)] · 290
621. くら(鞍) : 안장 [안장 안(鞍)] · 290
622. くら(倉, 蔵, 庫) : 곳간, 곳집, 창고 [곳집 창(倉)] · 291
623. くりや(厨) : 주방 [부엌 주(厨)] · 291
624. くる剜る) : 후벼 파다, 속을 도려내다 [가를 고(剜)] · 291
625. くるみ(包み) : 휘감아 쌈, 싼 것, 보따리 [쌀 포(包)] · 292
626. くわ(桑) : 뽕나무 [뽕나무 상(桑)] · 292
627. くわだてる(企てる) : 기도하다, 계획하다 [꾀할 기(企)] · 292
628. けなす(貶す) : 폄하하다, 깎아내리다, 헐뜯다 [낮출 폄(貶)] · 293
629. けだもの, けもの(獣) : 짐승 [짐승 수(獣)] · 293
630. けち : 인색함, 쩨쩨함, 또 그런 사람 · 293
631. こう(請う, 乞う) : 청하다, 기원하다 [청할 청(請)] · 293

632. こうばしい(香ばしい) : 향기롭다, (음식을 굽거나 볶는 냄새가) 구수하다 [향기 향(香)] · 294
633. こうむる(被る, 蒙る) : 행위·은혜 등을 입다, 피해를 당하다 [입을 피(被)] · 294
634. こがれる(焦がれる) : 연모하다, 애타게 그리다, 몹시 동경하다 [탈 초(焦)] · 294
635. こけ(苔) : 이끼 [이끼 태(苔)] · 295
636. こける(倒ける, 転ける) : 넘어지다 [넘어질 도(倒)] · 295
637. こじれる(拗れる) : 악화되다, 뒤틀리다 [우길 요(拗)] · 295
638. こす(漉す) : 거르다, 여과하다 [거를 록(漉)] · 296
639. こすい(狡い) : 교활하다, 간사하다 [교활할 교(狡)] · 296
640. こぞる(挙る) : 모두 다 모이다 [들 거(挙)] · 296
641. こたえる(堪える) : 참다, 견디다 [견딜 감(堪)] · 297
642. こだわる(拘る) : 구애되다 [잡을 구(拘)] · 297
643. こつこつ(矻矻) : 꾸준히, 꾸준히 노력하는 모양 [돌 골(矻)] · 297
644. ごつごつ : 울퉁불퉁하고 딱딱한 모양, 거친 모양 · 298
645. ことごとく(悉く) : 전부, 모두, 모조리 [다 실(悉)] · 298
646. ことほぐ(寿ぐ, 言祝ぐ) : = ことぶく. 축하하는 말을 하다, 축복하다 [목숨 수(寿)] · 298
647. ごとし(如し) : 같다, 비슷하다 [같을 여(如)] · 299
648. ことわり(理) : 도리, 조리, 이유 [다스릴 리(理)] · 299
649. こなす(熟す) : 잘게 부수다, 소화시키다, 익숙하게 다루다 [익을 숙(熟)] · 299
650. こねる(捏ねる) : 반죽하다, 이기다, 개다 [꾸밀 날(捏)] · 300
651. こびる(媚びる) : 아양 떨다, 교태 부리다 [아첨할 미(媚)] · 300
652. こぶ(瘤) : 혹 [혹 류(瘤)] · 300

쉬어 가는 곳(15) 「물」이야기 · 301

653. こぶし(拳) : 주먹 [주먹 권(拳)] · 302
654. こま(駒) : 망아지 [망아지 구(駒)] · 302
655. ごまかす(誤魔化す) : 속이다, 얼버무리다 · 302
656. こもる(籠る) : 틀어박히다, 두문불출하다 [대바구니 롱(籠)] · 302
657. こよみ(暦) : 달력 [책력 력(暦)] · 303
658. こらしめる(懲らしめる) : 징계하다, 응징하다 [징계할 징(懲)] · 303
659. こり(梱) : 포장한 짐, 고리 [문지방 곤(梱)] · 304
660. こる(凝る) : 엉기다, 응고하다, 열중하다 [엉길 응(凝)] · 304
661. ころも(衣) : 옷, 승려의 옷 [옷 의(衣)] · 305
662. こわい(強い·剛い) : 질기다, 딱딱하다, 세다 [강할 강(剛)] · 305
663. はぐくむ(育む) : 기르다, 새끼를 품어 기르다 [기를 육(育)] · 305
664. さいなむ(苛む) : 꾸짖다, 책망하다 [가혹할 가(苛)] · 306
665. さえぎる(遮る) : 막다, 차단하다 [막을 차(遮)] · 306

666. さえずる(囀る) : 지저귀다, 재잘대다 [지저귈 전(囀)] · 306
667. さえる(冴える) : 선명하다, 산뜻하다 [얼 호(冴)] · 306
668. さお(竿) : 가늘고 긴 막대기, 장대(長대, 긴 대나무) [낚싯대 간(竿)] · 307
669. さかえる(栄える) : 번영하다 [영화 영(栄)] · 307
670. さかしい(賢しい) : 영리하다, 현명하다 [어질 현(賢)] · 308
671. さかる(盛る) : 번창하다 [성할 성(盛)] · 308
672. さく(裂く) : 찢다, 쪼개다, 가르다 [찢을 렬(裂)] · 309
673. さげすむ(蔑む) : 깔보다, 업신여기다 [업신여길 멸(蔑)] · 309
674. さざえ(栄螺) : 소라 [소라 라(螺)] · 309
675. ささげる(捧げる) : 바치다, 받들어 올리다 [받들 봉(捧)] · 310
676. さずける(授ける) : (윗사람이 아랫사람에게) 주다, 하사하다 [줄 수(授)] · 310
677. さすらう(流離う) : 방랑하다, 떠돌다, 유랑하다 [흐를 류(流)] · 310
678. さする(摩る, 擦る) : 가볍게 문지르다, 어루만지다 [문지를 마(摩)] · 311
679. さだめる(定める) : 정하다, 결정하다 [정할 정(定)] · 311
680. さち(幸) : 행복, 행운, 자연에서 얻은 음식 [다행 행(幸)] · 311
681. さとい(聡い) : 총명하다 [귀 밝을 총(聡)] · 312
682. さとす(諭す) : 잘 타이르다 [깨우칠 유(諭)] · 312
683. さとる(悟る·覚る) : 깨닫다, 터득하다 [깨달을 오(悟)] · 312
684. さば(鯖) : 고등어 [청어 청(鯖)] · 313
685. さばく(裁く) : 재판하다, 중재하다 [마를 재(裁)] · 313
686. さばく(捌く) : 도구를 잘 다루다, 복잡한 일을 적절히 처리하다, 칼로 분리(해체)하다 [깨뜨릴 팔(捌)] · 313
687. さむらい(侍) : 무사 [모실 시(侍)] · 314
688. さめ(鮫) : 상어 [상어 교(鮫)] · 314
689. さや(鞘) : 칼집 [칼집 초(鞘)] · 314
690. さらう(攫う) : 채다, 날치기하다, 휩쓸다 [움킬 확(攫)] · 315
691. さらう(浚う, 渫う) : 준설하다, 쳐내다 [파낼 설(渫)] · 315
692. さらす(晒す) : 햇볕에 쬐다, 바래다 [쬘 쇄(晒)] · 315
693. さわ(沢) : 풀이 나 있는 저습지(低濕地) [못 택(澤)] · 316
694. さわる(障る) : 방해가 되다 [막을 장(障)] · 316
695. しいたげる(虐げる) : 학대하다 [모질 학(虐)] · 316
696. しいる(強いる) : 강요하다 [강할 강(強)] · 317
697. しおれる(萎れる) : 시들다, 풀이 죽다 [시들 위(萎)] · 317
698. しがみつく(しがみ付く) : 달라붙다, 매달리다 [깨물 교(嚙)] · 317
699. しかめる(顰める) : 찡그리다, 찌푸리다 [찡그릴 빈(顰)] · 318

쉬어 가는 곳(16) 지명 이야기 「시미즈」(清水, しみず)・319

700. しくじる : 실패하다, 실수하다・320
701. しぐれ(時雨) : (늦가을부터 초겨울에 걸쳐 오는) 한 차례 지나가는 비 [비 우(雨)]・320
702. しずく(滴) : 물방울 [물방울 적(滴)]・320
703. したう(慕う) : 연모하다, 사모하다, 뒤를 좇다 [그릴 모(慕)]・321
704. したたか(強か, 健か) : 대단히 강한 모양, 세게 [강할 강(強)]・321
705. しとやか(淑やか) : 정숙함, 얌전함 [맑을 숙(淑)]・321
706. しなう(撓う) : (탄력이 있어 부러지지 않고) 휘다, 휘어지다 [휠 요(撓)]・322
707. しなやか(嫋か) : 낭창낭창함, 자늑자늑함, 나긋나긋함 [예쁠 뇨(嫋)]・322
708. しにせ(老舗) : 노포, 대대로 내려온 유명한 가게 [가게 포(舗)]・322
709. しのぐ(凌ぐ) : 참고 견디어 내다 [얼음 릉(凌)]・323
710. しのぶ(忍ぶ) : ① 참다, ② 숨기다, 남의 눈을 피하다 [참을 인(忍)]・323
711. しのぶ(偲ぶ) : 그리워하다, 연모하다 [책선할 시(偲)]・323
712. しば(芝) : 잔디 [지초 지(芝)]・324
713. しぶい(渋い) : 떫다, 떠름하다 [껄끄러울 삽(渋)]・324
714. しぶく(重吹く) : 물보라치다, 비바람치다・325
715. しぶとい : 고집이 세다, 완고하다, 끈질기다・325
716. しみる(凍みる) : 얼어붙다, 얼어붙을 정도로 차다 [얼 동(凍)]・325
717. しみる(染みる) : 스며들다, 배다 [물들 염(染)]・326
718. じめじめ : 습기가 많은 모양, 축축이, 질퍽질퍽・326
719. しょっちゅう(初中) : 늘, 언제나, 부단히・326
720. じゃれる(戯れる) : 재롱부리다, 장난하다 [희롱할 희(戯)]・327
721. しらける(白ける) : 바래서 허예지다, 퇴색하다, 흥·분위기가 깨지다 [흰 백(白)]・327
722. しらげる(白げる, 精げる) : 쓿다, 정미하다 [흰 백(白)]・327
723. しりぞく(退く) : 물러나다, 후퇴하다 [물러날 퇴(退)]・328
724. しるす(記す) : 적다, 쓰다 [기록할 기(記)]・328
725. じれる(焦れる) : 초조해하다, 안달이 나다 [탈 초(焦)]・328
726. じわじわ : 천천히 조금씩 확실하게 사물이 신행되는 모양・328
727. しんどい : 힘이 들다, 지치다・329
728. すえる(据える) : 붙박다, 설치하다 [근거 거(据)]・329
729. すえる(饐える) : (음식물이 상해) 쉬다, 시큼해지다 [쉴 의(饐)]・329
730. すかす(透かす) : 틈새를 만들다, 성기게 하다 [통할 투(透)]・329
731. すがすがしい(清清しい) : 상쾌하다, 시원하다 [맑을 청(清)]・330
732. すかる(縋る) : 매달리다, 의지하다, 기대다 [매달 추(縋)]・330
733. すくう(掬う) : 떠내다, 건져 올리다 [움킬 국(掬)]・330

734. すこやか(健やか) : 튼튼함, 건강함 [튼튼할 건(健)] • 331
735. すさぶ(荒ぶ) : = すさむ. 거칠어지다, 삭막하다 [거칠 황(荒)] • 331
736. すさまじい(凄まじい) : 무섭다, 무시무시하다, 굉장하다 [쓸쓸할 처(凄)] • 331
737. すすぐ(濯ぐ) : 씻다, 헹구다 [씻을 탁(濯)] • 332
738. すそ(裾) : 옷자락, 산기슭 [자락 거(裾)] • 332
739. すだれ(簾) : 발 [발 렴(簾)] • 332
740. すたれる(廃れる) : 쓰이지 않게 되다, 스러지다, 소용없게 되다 [무너질 폐(廃)] • 333
741. すなどる(漁る) : 물고기나 조개를 잡다 [고기 잡을 어(漁)] • 333
742. すね(脛) : 정강이(무릎 아래에서 앞뼈가 있는 부분) [정강이 경(脛)] • 334
743. すべ(術) : 방법, 수단 [재주 술(術)] • 334
744. すみやか(速やか) : 빠름, 신속 [빠를 속(速)] • 334
745. すみれ(菫) : 제비꽃 [제비꽃 근(菫)] • 335

쉬어 가는 곳(17) 지명(地名) 이야기 「あびこ」(我孫子) • 336

746. せがむ : 조르다, 졸라대다 • 337
747. せき(堰) : = いせき. 보(洑), 봇둑 [둑 언(堰)] • 337
748. せつない(切ない) : 애달프다, 애절하다 [끊을 절(切)] • 337
749. せみ(蟬) : 매미 [매미 선(蟬)] • 338
750. せる(競る) : 다투다, 경쟁하다 [겨룰 경(競)] • 338
751. せわしい(忙しい) : 바쁘다, 틈이 없다 [바쁠 망(忙)] • 338
752. そう(沿う) : 따르다, 좇다 [따를 연(沿)] • 339
753. そえる(添える) : 첨부하다, 붙이다 [더할 첨(添)] • 339
754. そぐう(適う) : 어울리다, 걸맞다 [맞을 적(適)] • 339
755. さげる(提げる) : (손에) 들다 [끌 제(提)] • 340
756. そこなう(損なう) : 손상하다, 파손하다 [덜 손(損)] • 340
757. そしる(謗る) : 비난하다, 비방하다 [헐뜯을 방(謗)] • 340
758. そそぐ(雪ぐ) : 씻다, 설욕하다, 헹구다 [눈 설(雪)] • 341
759. そそのかす(唆す) : 꼬드기다, 부추기다 [부추길 사(唆)] • 341
760. そそる : 돋우다, 자아내다 • 341
761. ぞっと : 춥거나 무서워서 소름이 끼치는 모양, 오싹, 섬뜩 • 342
762. そねむ(嫉む) : 시기하다, 질투하다 [미워할 질(嫉)] • 342
763. その(園) : 동산, 정원, 뜰 [동산 원(園)] • 342
764. そばだつ(峙つ·聳つ) : 높이(우뚝) 솟다 [언덕 치(峙)] • 342
765. そびえる(聳える) : 솟다, 우뚝 솟다 [솟을 용(聳)] • 343
766. そぼつ(濡つ) : 촉촉히 젖다, 촉촉히 내리다 [적실 유(濡)] • 343
767. そむく(背く) : 등지다, 등을 돌리다 [등 배(背)] • 344

768. そめる(染める) : 물들이다, 염색하다 [물들일 염(染)] • 344
769. -そめる(初める) : …하기 시작하다, 처음으로 …하다 [처음 초(初)] • 344
770. そよかぜ(そよ風, 微風) : 산들바람, 미풍 • 344
771. そらす(逸らす) : 딴 데로 돌리다, 빗나가게 하다 [달아날 일(逸)] • 345
772. そり(橇) : 썰매 [썰매 교(橇)] • 345
773. そる(反る) : 휘다, 뒤로 젖혀지다 [돌이킬 반(反)] • 345
774. そわそわしい : 안절부절못하다, 뒤숭숭하다 • 346
775. たいらげる(平らげる) : 평정하다, (속어) 모조리 먹어 치우다 [평평할 평(平)] • 346
776. たえる(絶える) : 끊어지다, 끝나다, 떨어지다, 없어지다 [끊을 절(絶)] • 346
777. たえる(耐える) : 견디다, 참다 [견딜 내(耐)] • 347
778. たおやか : 숙부드러운 모양, 단아하고 얌전한 모양 • 347
779. たがう(違う) : 틀리다, 어긋나다 [어긋날 위(違)] • 347
780. たぐい(類い) : 같은 부류, 유례 [무리 류(類)] • 348
781. たくましい(逞しい) : 몸이 억세 보이다, 강하다, 씩씩하다 [쾌할 령(逞)] • 348
782. たくむ(巧む) : 꾸미다, 고안하다, 꾀하다 [공교할 교(巧)] • 348
783. たこ(蛸) : 문어 [갈거미 소(蛸)] • 348
784. たこ(凧) : 연(鳶) [연 궤(凧)] • 349
785. たしなむ(嗜む) : 즐기다, 취미를 붙이다 [즐길 기(嗜)] • 349
786. たずさわる(携わる) : 관계하다, 종사하다 [이끌 휴(携)] • 349
787. だだ(駄駄) : 떼, 응석 • 350
788. たたえる(称える) : 칭찬하다, 찬양하다 [일컬을 칭(称)] • 350
789. たたえる(湛える) : (얼굴에) 띠다, 가득 채우다 [괼 담(湛)] • 350
790. たたずむ(佇む) : 잠시 멈추어 서다, 서성거리다, 배회하다 [우두커니 설 저(佇)] • 351
791. ただよう(漂う) : 떠돌다, 표류하다 [떠돌 표(漂)] • 351

쉬어 가는 곳(18) 빈대떡 이야기 • 353

792. たたり(祟り) : 재앙, 응보, (뒤)탈 [빌미 수(祟)] • 354
793. たて(盾) : 방패 [방패 순(盾)] • 354
794. たどる(辿る) : 더듬다, 더듬어 찾다 [천천히 걸을 천(辿)] • 354
795. たばしる(迸る·迸る) : 세차게 흩날리다 [흩어져 달아날 병(迸)] • 355
796. たまる(堪る) : 참다, 견디다 [견딜 감(堪)] • 355
797. たみ(民) : 백성 [백성 민(民)] • 355
798. ためる(矯める) : 굽은 것을 곧게 하다, 바로 잡다 [바로잡을 교(矯)] • 356
799. たもつ(保つ) : 가지다, 지니다, 지키다 [지킬 보(保)] • 356
800. たもと(袂) : 소맷자락, 옆 [소매 몌(袂)] • 357
801. たゆむ(弛む) : 방심하다 [늦출 이(弛)] • 357

802. たる(樽) : (술·간장 등을 넣어 두는) 나무 통 [술통 준(樽)] · 357
803. だるい(怠い·懶い) : (피로나 병 등으로) 나른하다, 노곤하다 [게으를 태(怠)] · 358
804. たるむ(弛む) : 느슨해지다, (밑으로) 늘어지다 [늦출 이(弛)] · 358
805. たれる(垂れる) : 드리워지다, 떨어지다, 늘어뜨리다, 드리우다 [드리울 수(垂)] · 358
806. たわむれる(戯れる) : 놀다, 장난치다, 시시덕거리다 [희롱할 희(戯)] · 359
807. ちなむ(因む) : 연관되다, 관련되다, 친하게 교제하다 [인할 인(因)] · 359
808. ちまた(巷) : 길이 갈리는 곳, 번화한 거리 [거리 항(巷)] · 359
809. ちり(塵) : 먼지, 티끌 [티끌 진(塵)] · 360
810. ついえる(費える) : 줄다, 적어지다, 허비되다 [쓸 비(費)] · 360
811. ついばむ(啄む) : 쪼아 먹다 [쫄 탁(啄)] · 360
812. つえはしら(杖柱) : 지팡이와 기둥, 크게 의지가 되는 사람 · 361
813. つか(柄) : 손잡이, 칼자루, 붓대 [자루 병(柄)] · 361
814. つか(束) : 약간, 조금(네 손가락으로 쥔 정도의 길이) [묶을 속(束)] · 361
815. つか(塚) : 총, 흙 무더기, 둔덕 [무덤 총(塚)] · 361
816. つがう(番う) : 짝이 되다 [차례 번(番)] · 362
817. つかえる(仕える·事える) : 시중들다, 봉사하다, 섬기다 [섬길 사(仕)] · 362
818. つがえる(番える) : 둘을 서로 맞추다, 화살을 시위에 메기다 [차례 번(番)] · 363
819. つかねる(束ねる) : 다발로 묶다, (팔짱) 끼다 [묶을 속(束)] · 363
820. つかる(浸かる) : 잠기다 [잠길 침(浸)] · 363
821. つぐ(接ぐ) : 이어 붙이다, 접목하다 [이을 접(接)] · 364
822. つくす[尽(く)す] : 다하다, 진력하다 [다할 진(尽)] · 364
823. つぐなう(償う) : 갚다, 보상하다, 죄나 잘못을 씻다 [갚을 상(償)] · 364
824. つくろう(繕う) : 고치다, 수선하다 [기울 선(繕)] · 365
825. つくねる(捏ねる) : (손으로) 빚어 둥글게 하다, 빚다 [꾸밀 날(捏)] · 365
826. つげる(告げる) : 고하다, 알리다 [알릴 고(告)] · 365
827. つごもり(晦) : (음력으로) 월말, 그믐 [그믐 회(晦)] · 366
828. つた(蔦) : 담쟁이덩굴 [담쟁이 조(蔦)] · 366
829. つたない(拙い) : 서투르다 [옹졸할 졸(拙)] · 366
830. つちかう(培う) : 북주다, 배토하다, 기르다, 배양하다 [북 돋울 배(培)] · 367
831. つつ(筒) : 통, 총신, 포신 [대통 통(筒)] · 367
832. つつしむ(慎む) : 삼가다, 조심하다 [삼갈 신(慎)] · 367
833. つつみ(堤) : 제방, 둑 [둑 제(堤)] · 368
834. つづみ(鼓) : 장구, 북, 타악기의 총칭 [북 고(鼓)] · 368
835. つづめる(約める) : 줄이다, 짧게 하다, 요약하다 [맺을 약(約)] · 368
836. つづる(綴る) : 철하다, 깁다 [꿰멜 철(綴)] · 369

쉬어 가는 곳(19) 　**연상암기 1** · 370

837. つどう(集う) : 모이다, 회합하다, 집회하다 [모을 집(集)] · 371
838. つとに(夙に) : 아침 일찍, 일찍 [이를 숙(夙)] · 371
839. つなぐ(繋ぐ) : 매다, 잇다, 연결하다 [맬 계(繋)] · 371
840. つなみ(津波) : (지진) 해일 [나루 진(津)] · 372
841. つのる(募る) : ①점점 심해지다, ②모집하다 [모을 모(募)] · 372
842. つばき(椿) : 동백나무 [참죽나무 춘(椿)] · 372
843. つぶやく(呟く) : 중얼거리다 [소리 현(呟)] · 373
844. つぶら(円ら) : 둥근 모양 [둥글 원(円)] · 373
845. つぶる(瞑る) : 눈을 감다 (= つむる) [감을 명(瞑)] · 373
846. つぼ(壺) : 단지, 항아리 [병 호(壺)] · 373
847. つぼ(坪) : 평(땅의 면적) [들 평(坪)] · 374
848. つぼみ(蕾) : 꽃봉오리 [꽃봉오리 뢰(蕾)] · 374
849. つぼむ(窄む) : 오므라지다, 좁아지다 [좁을 착(窄)] · 374
850. つましい(倹しい) : 검소하다, 알뜰하다 [검소할 검(倹)] · 375
851. つまむ(摘む) : 집다, 집어먹다, 요약하다 [딸 적(摘)] · 375
852. つむ(摘む) : 뜯다, 따다 [딸 적(摘)] · 376
853. つむぐ(紡ぐ) : (목화·고치로) 실을 뽑다, 잣다 [길쌈 방(紡)] · 376
854. つむり(頭) : 머리 [머리 두(頭)] · 376
855. つゆ(露) : 이슬 [이슬 로(露)] · 376
856. つら(面) : 얼굴, 낯짝, 표면 [낯 면(面)] · 377
857. つらなる(連なる) : 줄지어 있다 [잇닿을 련(連)] · 377
858. つらなる貫く(つらぬく) : 꿰뚫다, 관통하다 [꿸 관(貫)] · 378
859. つらら(氷柱) : 고드름 [얼음 빙(氷)] · 378
860. つる(蔓) : 덩굴, 넝쿨 [덩굴 만(蔓)] · 378
861. つるべ : 두레박(줄을 길게 달아 우물물을 퍼 올리는 데 쓰는 도구) · 378
862. でこ(凸) : 불거짐, 불거진 것, 튀어나온 이마 [볼록할 철(凸)] · 379
863. とう(問う) : 묻다 [물을 문(問)] · 379
864. とうとい(尊い·貴い) : 소중하다, 귀중하다, 높다, 고귀하다 [높을 존(尊)] · 380
865. どうやら : 그럭저럭, 간신히, 어쩐지, 어딘지, 아무래도, 아마 · 380
866. とが(科·咎) : 허물, 잘못 [허물 구(咎)] · 380
867. とがめる(咎める) : 나무라다, 책망하다, 비난하다 [허물 구(咎)] · 381
868. とき(鴇) : 따오기 [능에 보(鴇)] · 381
869. ときおり(時折) : 때때로, 가끔 [때 시(時)] · 381
870. ときめく : 가슴이 두근거리다 · 381

871. とぐ(研ぐ, 磨ぐ) : 갈다 [갈 연(研), 갈 마(磨)] · 382
872. とげ(刺, 棘) : 가시 [찌를 자(刺)] · 382
873. とげる(遂げる) : 이루다, 성취하다 [이룰 수(遂)] · 382
874. とこ(床) : 잠자리, 마루, 바닥 [평상 상(床)] · 383
875. とつぐ(嫁ぐ) : 시집가다, 출가하다 [시집갈 가(嫁)] · 383
876. どっぷり : 듬뿍, 담뿍 · 384
877. ととのえる(整える) : 정돈하다, 다듬다, 조정하다 [가지런할 정(整)] · 384
878. とどこおる(滞る) : 정체하다, 막히다 [막힐 체(滞)] · 384
879. とどろく(轟く) : 울려 퍼지다 [울릴 굉(轟)] · 384
880. となえる(唱える) : 외치다, 소리 높여 부르다 [노래 창(唱)] · 385
881. との(殿) : 아내가 남편을 부르는 말, 영주, 귀인에 대한 높임말 [전각 전(殿)] · 385

쉬어 가는 곳(20) 연상암기 2 · 386

882. とびら(扉) : 문, 문짝 [사립문 비(扉)] · 387
883. とぼしい(乏しい) : 모자라다, 부족하다 [모자랄 핍(乏)] · 387
884. とみ(富) : 부, 재산 [부유할 부(富)] · 387
885. とみに(頓に) : 갑자기 [조아릴 돈(頓)] · 388
886. とむらう(弔う) : 조상(조문)하다, 애도하다 [조상할 조(弔)] · 388
887. ともす(点す, 灯) : =とぼす. 등불을 켜다, 불을 켜다 [등 등(灯)] · 388
888. どもる(吃る) : 말을 더듬다 [말 더듬을 흘(吃)] · 389
889. どよめく(響めく) : (소리가) 울려퍼지다, 와글와글 떠들어대다 [울릴 향(響)] · 389
890. とろける(蕩ける) : 녹다, 황홀해지다 [방탕할 탕(蕩)] · 389
891. なう(綯う) : (새끼 등) 꼬다 [새끼 꼴 도(綯)] · 390
892. なえる(萎える) : 쇠약해지다, 시들다 [마를 위(萎)] · 390
893. なぎさ(渚, 汀) : (물결이 밀려오는) 물가 [= みぎわ], 둔치 [물가 저(渚)] · 390
894. なぐ(薙ぐ) : (낫으로 풀 등을) 옆으로 후려 쳐 쓰러뜨리다 [깎을 체(薙)] · 390
895. なぐ(和ぐ) : 평온해지다, 가라앉다 [화할 화(和)] · 391
896. なげく(嘆く·歎く) : 슬퍼하다, 한숨짓다 [탄식할 탄(嘆)] · 391
897. なごむ(和む) : 누그러지다, 온화해지다 [화할 화(和)] · 391
898. なごり(名残) : 지난 뒤에도 그 영향이 아직 남음, 자취 · 392
899. なさけない(情けない) : 한심(寒心)하다, 무정하다 [뜻 정(淀)] · 392
900. なし(梨) : 배 [배나무 리(梨)] · 392
901. なじむ(馴染む) : 친숙해지다, 익숙해지다 [길들일 순(馴)] · 393
902. なじる(詰る) : 힐책하다, 따지다 [물을 힐(詰)] · 393
903. なた(鉈) : 일종의 손도끼(장작 따위를 쪼개는 데 쓰는, 짤막하고 두꺼우며 폭이 넓은 날이 있는 연장) [짧은 창 사(鉈)] · 393

904. なだ(灘) : 육지에서 멀고 파도가 센 바다, 여울 [여울 탄(灘)] · 394
905. なだめる(宥める) : 달래다 [너그러울 유(宥)] · 394
906. なつく(懐く) : 따르다, 친해지다 [품을 회(懐)] · 394
907. なびく(靡く) : 옆으로 휘어지다, 나부끼다 [쓰러질 미(靡)] · 395
908. なぶる(嬲る) : 남을 괴롭히고 재미있어하다 [희롱할 뇨(嬲)] · 395
909. なまり(鉛) : 납 [납 연(鉛)] · 395
910. なまる(訛る) : 사투리 발음을 하다 [그릇될 와(訛)] · 396
911. なめらか(滑らか) : 매끄러운 모양, 매끈매끈한 모양 [미끄러울 활(滑)] · 396
912. なめる(嘗める) : 핥다, 맛보다 [맛볼 상(嘗)] · 396
913. ならす(均す) : 고르게 하다, 고르다 [고를 균(均)] · 396
914. にい(新) : (명사 앞에 와서) 새⋯ [새 신(新)] · 397
915. にぎにぎしい(賑賑しい) : 매우 번성하다, (들떠) 북적북적하다 [구휼할 진(賑)] · 397
916. にしき(錦) : 비단 [비단 금(錦)] · 398
917. にじむ(滲む) : 번지다, 스미다, 배다 [스며들 삼(滲)] · 398
918. になう(担う) : 짊어지다, 메다 [멜 담(担)] · 398
919. にらむ(睨む) : 노려보다, 쏘아보다 [곁눈질할 예(睨)] · 399
920. にわか(俄) : 갑작스러운 모양, 곧, 즉시, 당장 [아까 아(俄)] · 399
921. ぬか(糠) : 겨, 쌀겨 [겨 강(糠)] · 399
922. ぬかずく(額突く) : 부복하다, 조아리다, 공손히 절하다 · 399
923. ぬくい(温い) : 따뜻하다, 따스하다 [따실 온(温)] · 400
924. ぬし(主) : 주인, 임자 [주인 주(主)] · 400

쉬어 가는 곳(21) 연상암기 3 · 402

925. ぬま(沼) : 늪 [못 소(沼)] · 403
926. ねうち(値打ち) : 값어치 [값 치(値)] · 403
927. ねぎらう(労う) : (노고에 대해) 치하하고 위로하다 [일할 로(労)] · 403
928. ねばる(粘る) . 질 딜라붙다, 끈녁시게 버티다 [붙을 점(粘)] · 404
929. ねる(練る) : 이기다, 반죽하다 [익힐 련(練)] · 404
930. のぞむ(臨む) : 면(面)하다, 향하다, 당면하다 [임할 림(臨)] · 404
931. のどか(長閑) : 편안하고 한가로운 모양 [한가할 한(閑)] · 405
932. ののしる(罵る) : 욕을 퍼부으며 떠들다, 떠들어 대다 [꾸짖을 매(罵)] · 405
933. のみ(蚤) : 벼룩 [벼룩 조(蚤)] · 405
934. のめる : 앞으로 기울어지다 · 406
935. のる(宣る) : 선언하다, 말하다 [베풀 선(宣)] · 406
936. のろう(呪う) : 저주하다 [빌 주(呪)] · 406
937. はい(肺) : 허파 [허파 폐(肺)] · 406

938. はう(這う) : 기다, 붙어서 뻗어 가다 [이 저(這)] · 407
939. はえ(蠅) : 파리 [파리 승(蠅)] · 407
940. はえる(映える) : 빛나다, 비치다 [비칠 영(映)] · 407
941. はかどる(捗る, 果取る) : 진척되다 [거둘 보(捗)] · 408
942. はかない(儚い) : 덧없다, 무상하다, 헛되다 [어두울 몽(儚)] · 408
943. はく(履く) : (신발 등을) 신다 [밟을 리(履)] · 408
944. はぐ(剝ぐ) : 벗기다 [벗길 박(剝)] · 409
945. はぐれる(逸れる) : 일행과 떨어지다, 일행을 놓치다 [편안할 일(逸)] · 409
946. はげむ(励む) : 힘쓰다, 열중하다 [힘쓸 려(励)] · 409
947. ばける(化ける) : 바뀌다, 둔갑하다 [될 화(化)] · 410
948. はじ(恥) : 부끄러움, 수치 [부끄러울 치(恥)] · 410
949. はじく(弾く) : 튀기다, 퉁기다 [탄알 탄(弾)] · 410
950. はしゃぐ(燥ぐ) : ① 까불며 떠들다. ② 마르다, 건조하다 [마를 조(燥)] · 411
951. はた(端) : 가, 가장자리, 끝 [끝 단(端)] · 411
952. はだし(跣, 裸足) : 맨발, 도저히 따라 가지 못함 [맨발 선(跣)] · 412
953. はたす(果す) : 다하다, 완수하다 [실과 과(果)] · 412
954. はっと : 퍼뜩, 문득 · 412
955. はてる(果てる) : 끝나다, 목숨이 다하다 [실과 과(果)] · 412
956. ばてる : 지치다, 녹초가 되다, 뻗다 · 413
957. はなびら(花びら) : 꽃잎, 꽃잎 하나 [꽃 화(花)] · 413
958. はばたく(羽ばたく) : 날개치다, 홰치다 [깃 우(羽)] · 414
959. はばむ(阻む) : 방해하다, 저지하다 [막힐 조(阻)] · 414
960. はま(浜) : 해변의 모래밭, 해변의 평지 [물가 빈(浜)] · 414
961. はらす(晴らす) : 풀다, 해소시키다 [갤 청(晴)] · 415
962. はらむ(妊む) : 임신하다, 품다 [임신할 임(妊)] · 415
963. はる(貼る) : 붙이다 [붙일 첩(貼)] · 416
964. はるか(遥か) : 아득하게 먼 모양, 아득히, 몹시 차이가 있는 모양(훨씬) [멀 요(遥)] · 416
965. はるばる(遥遥) : 아득히 먼 모양 [멀 요(遥)] · 416
966. はれる(腫れる) : 붓다 [종기 종(腫)] · 416
967. ばれる : 발각되다, 탄로 나다 · 417
968. ひいき(贔屓·贔負) : 후원함, 후원자 [힘쓸 비(贔)] · 417
969. ひいでる(秀でる) : 빼어나다, 뛰어나다 [빼어날 수(秀)] · 417
970. ひかえる(控える) : 잡아끌다, 대기하다, 삼가다 [당길 공(控)] · 418

쉬어 가는 곳(22) 연상암기 4 · 419

971. ひがむ(僻む) : 비뚤어지게 생각하다, 곡해하다 [궁벽할 벽(僻)] · 420

972. ひきいる(率いる) : 거느리다, 이끌다, 인솔하다 [거느릴 솔(率)] · 420
973. ひずむ(歪む) : 비뚤어지다, 일그러지다, 뒤틀리다 [기울 왜(歪)] · 420
974. ひそか(密か) : 가만히 몰래 함 [빽빽할 밀(密)] · 421
975. ひそむ(潜む) : 숨다, 잠재하다 [무자맥질할 잠(潜)] · 421
976. ひたす(浸す) : 담그다, 잠그다 [잠길 침(浸)] · 421
977. ひたすら(只管) : 오로지, 그저, 일념(一念)으로, 한결같이 · 422
978. ひな(雛) : 날짐승의 새끼, 병아리 [병아리 추(雛)] · 422
979. ひな(鄙) : 시골, 촌 [더러울 비(鄙)] · 422
980. ひなた(日向) : 양지, 양달 [날 일(日)] · 423
981. ひめ(姫) : 여성에 대한 미칭 [여자 희(姫)] · 423
982. ひめる(秘める) : 숨기다 [숨길 비(秘)] · 423
983. ひら(平) : 평평함, 보통 [평평할 평(平)] · 424
984. ひらめく(閃く) : 번뜩이다, 순간적으로 번쩍이다 [번쩍일 섬(閃)] · 424
985. ひるがえる(翻る) : 갑자기 바뀌다, 뒤집히다 [날 번(翻)] · 424
986. ひるむ(怯む) : 기가 죽다, 질리다, 겁먹다 [겁낼 겁(怯)] · 425
987. ひれ(鰭) : 지느러미 [지느러미 기(鰭)] · 425
988. ふく(噴く) : 뿜어 나오다, 내뿜다 [뿜을 분(噴)] · 425
989. ふぐ(河豚) : 복어 [물 하(河)] · 426
990. ふくれる(膨れる·脹れる) : 부풀다, 불룩해지다 [부풀 팽(膨)] · 426
991. ふけ : 비듬 · 426
992. ふける(耽る) : 탐닉하다, 빠지다 [즐길 탐(耽)] · 427
993. ふさ(房, 総) : 술, 송이 [방 방(房)] · 427
994. ふさう(相応う) : 어울리다, 상응하다 · 427
995. ふだ札) : 표, 팻말 [편지 찰(札)] · 428
996. ふち(淵) : 강물의 깊은 곳, 깊은 못, 소(沼, 못) [못 연(淵)] · 428
997. ふところ(懐) : 품, 호주머니 [품을 회(懐)] · 428
998. ふみ(文·書) : 서한, 문서 [글월 문(文)] · 429
999. -べ(辺) : …가, 근처 · 429
1000. へつらう(諂う) : 아첨하다, 알랑거리다 [아첨할 첨(諂)] · 429
1001. へら(篦) : 주걱 [빗치개 비(篦)] · 430
1002. へりくだる(謙る·遜る) : 겸양하다, 자기를 낮추다 [겸손할 겸(謙)] · 430
1003. へる(経る, 歴る) : 지나다, 경과하다 [지날 경(経)] · 430
1004. ほ(穂) : 이삭, 이삭 모양의 것 [이삭 수(穂)] · 431
1005. ほ(帆) : 돛 [돛 범(帆)] · 431
1006. ほうむる(葬る) : 묻다, 매장하다 [장사지낼 장(葬)] · 431

1007. ぼかす(暈す) : 바림하다, 선염하다, 어물거리다, 애매하게 말하다 [무리 훈(暈)] • 432
1008. ほかほか : 따끈따끈, 후끈후끈 • 432
1009. ほぐす(解す) : 풀다, 부드럽게 하다 [풀 해(解)] • 432
1010. ぼける(惚ける) : (감각·의식) 흐려지다, 멍청해지다 [황홀할 홀(惚)] • 433
1011. ぼこ(凹) : 우묵함, 우묵한 것 [오목할 요(凹)] • 433
1012. ほこる(誇る) : 뽐내다, 뻐기다, 자랑하다 [자랑할 과(誇)] • 433
1013. ほころびる(綻びる) : 풀리다, (꽃이) 피기 시작하다 [터질 탄(綻)] • 434
1014. ほじくる(穿る) : 후비다, 쑤시다 [뚫을 천(穿)] • 434
1015. ほじる(穿る) : 후비다, 쑤시다, 캐묻다 [뚫을 천(穿)] • 435
1016. ほだす(絆す) : 붙어 다니다, 붙들어 매다, 얽매다 [얽어맬 반(絆)] • 435

쉬어 가는 곳(23) 연상암기 5 • 436

1017. ほつれる(解れる) : 흐트러지다, 풀리다 [풀 해(解)] • 437
1018. ほどく(解く) : 풀다, 뜯다, 알기 쉽게 풀이하다 [풀 해(解)] • 437
1019. ほどこす(施す) : 베풀다, 주다, 시행하다 [베풀 시(施)] • 437
1020. ほとり(辺) : 근처, 부근(附近) [가 변(辺)] • 438
1021. ほのか(仄か) : 어렴풋한 모양, 아련한 모양 [기울 측(仄)] • 438
1022. ほまれ(誉れ) : 명예, 자랑거리 [기릴 예(誉)] • 438
1023. ぼやける : 희미해지다, 부예지다 • 439
1024. ほら(洞) : 굴, 동굴 [골 동(洞)] • 439
1025. ほれる(惚れる) : 반하다, 넋을 잃다 [황홀할 홀(惚)] • 439
1026. ほろびる(滅びる·亡びる) : 멸망하다, 망하다 [꺼질 멸(滅)] • 439
1027. まがごと(禍事) : 흉사, 재앙 [재앙 화(禍)] • 440
1028. まかなう(賄う) : 조달하다, 꾸려 가다 [재물 회(賄)] • 440
1029. まき(薪) : 장작 [섶 신(薪)] • 441
1030. まき(牧) : 목장 [칠 목(牧)] • 441
1031. まぎれる(紛れる) : 헷갈리다, 분간 못하다 [어지러울 분(紛)] • 441
1032. まごつく : 당황하다, 망설이다, 갈피를 못 잡다 • 442
1033. まこと(誠) : 진실, 진심 [정성 성(誠)] • 442
1034. まさしく(正しく) : 틀림없이 [바를 정(正)] • 442
1035. まさる(勝る·優る) : 낫다, 우수하다 [이길 승(勝)] • 443
1036. まじえる(交える) : 섞다 [사귈 교(交)] • 443
1037. まじなう(呪う) : 주술을 부리다, 주문을 외다 [빌 주(呪)] • 444
1038. ます(鱒) : 송어 [송어 준(鱒)] • 444
1039. ます(升) : 곡물, 액체의 양을 되는 그릇(되, 말) [되 승(升)] • 444
1040. また(股) : 가랑이, 갈래 [넓적다리 고(股)] • 445

1041. またがる(跨る·股がる) : 두다리를 벌리고 올라타다, (가랑이) 걸치다 [걸터앉을 고(跨)] · 445

1042. またたく(瞬く) : 깜박이다, 눈을 깜작이다 [깜짝일 순(瞬)] · 445

1043. まつわる(纏わる) : 얽히다, 휘감기다, 달라붙다 [얽힐 전(纏)] · 446

1044. まと(的) : 과녁, 표적, 목표 [과녁 적(的)] · 446

1045. まとう(纏う) : 감다, 얽히다, 몸에 걸치다 [얽힐 전(纏)] · 446

1046. まどう(惑う) : 망설이다, 어찌할 바를 모르다, 헤매다 [미혹할 혹(惑)] · 447

1047. まどろむ(微睡む) : 졸다, 겉잠들다 [졸음 수(睡)] · 447

1048. まぬかれる(免れる) : 면하다, 모면하다, 벗어나다 [면할 면(免)] · 447

1049. まばゆい(目映い, 眩い) : 눈부시다 [어지러울 현(眩)] · 448

1050. まばら(疎ら) : 뜸, 성김 [성길 소(疎)] · 448

1051. まぶす(塗す) : (가루 따위를) 온통 처바르다, 묻히다 [칠할 도(塗)] · 449

1052. まぼろし(幻) : 환상, 환영 [헛보일 환(幻)] · 449

1053. まみれる(塗れる) : 투성이가 되다 [칠할 도(塗)] · 449

1054. まめ(忠実) : 진실, 성실, 부지런함 · 450

1055. まゆ(眉) : 눈썹 [눈썹 미(眉)] · 450

1056. まゆ(繭) : 고치, 누에고치 [고치 견(繭)] · 450

1057. みき(幹) : 나무의 줄기, 사물의 주요 부분 [줄기 간(幹)] · 450

1058. みすぼらしい(見窄らしい) : 초라하다, 빈약하다 [좁을 착(窄)] · 451

1059. みする(魅する) : 매혹하다, 반하게 하다 [매혹할 매(魅)] · 451

1060. みずみずしい(瑞々しい) : 윤이 나고 싱싱하다, 신선하고 생기가 있다 [상서 서(瑞)] · 451

쉬어 가는 곳(24) 복어 이야기 · 452

1061. みそか(晦日, 三十日) : 그믐날 [그믐 회(晦)] · 453

1062. みぞ(溝) : 도랑, 개천 [도랑 구(溝)] · 453

1063. みなぎる(漲る) : 넘치다, 넘쳐 흐르다 [넘칠 창(漲)] · 453

1064. みなもと(源) : 수원, 기원 [근원 원(源)] · 454

1065. みね(峰) : 봉우리, 정상, 산마루 [봉우리 봉(峰)] · 454

1066. むくいる(報いる) : 보답하다, 갚다, 보복히다 [갚을 보(報)] · 454

1067. むくげ(槿) : 무궁화 [무궁화 근(槿)] · 455

1068. むくむ(浮腫む) : 붓다, 부어오르다. · 455

1069. むごい(惨い) : 비참하다, 끔찍하다 [참혹할 참(惨)] · 455

1070. むさぼる(貪る) : 탐하다, 욕심부리다 [탐낼 탐(貪)] · 456

1071. むしる(毟る·挘る) : 쥐어 뜯다, 잡아 뽑다 [물어뜯을 모(毟)] · 456

1072. むずかる(憤る) : (어린아이가) 칭얼거리다, 보채다 [분할 분(憤)] · 456

1073. むせぶ(咽ぶ) : 목메어 울다 [목멜 열(咽)] · 457

1074. むだ(無駄) : 쓸데없음, 헛됨, 보람 없음 · 457

1075. むち(鞭) : 채찍, 회초리 [채찍 편(鞭)] · 457

1076. むつむ(睦む) : 화목하게 지내다 [화목할 목(睦)] · 458

1077. むなしい(空しい, 虛しい) : 덧없다, 허무하다 [빌 공(空)] · 458

1078. むね(旨) : 뜻, 취지 [뜻 지(旨)] · 458

1079. むら(斑) : 얼룩 [아롱질 반(斑)] · 459

1080. めぐむ(恵む) : 은혜를 베풀다, 인정을 베풀다 [은혜 혜(惠)] · 459

1081. めくる(捲る) : 넘기다, 젖히다, (덮은 것을) 벗기다 [거둘 권(捲)] · 459

1082. めりこむ(めり込む) : 눌려서 깊이 들어가다, 박히다. · 460

1083. も(藻) : 말, 수초(水草)·해초(海草)의 총칭 [마름 조(藻)] · 460

1084. もうける(設ける) : 마련하다, 만들다, 설치하다 [베풀 설(設)] · 460

1085. もうでる(詣でる) : 신전·불전에 참배하다 [이를 예(詣)] · 460

1086. もえる(萌える) : 싹트다 [움 맹(萌)] · 461

1087. もじもじ : 꾸물꾸물, 주저주저, 머뭇머뭇, 미적미적 · 461

1088. もじる(捩る) : 비틀다, 비꼬다, 풍자적으로 비꼬아서 표현하다 [비틀 렬(捩)] · 461

1089. もたげる(擡げる) : (머리) 들다, 쳐들다, 대두하다 [들 대(擡)] · 462

1090. もたらす : 가져오다, 초래하다 · 462

1091. もつれる(縺れる) : 뒤얽히다, 엉클어지다 [실 얽힐 련(縺)] · 462

1092. もめる(揉める) : 분쟁이 일어나다, 옥신각신하다, 근심되어 마음이 조마조마하다 [주무를 유(揉)] · 463

1093. もよおす(催す) : 개최하다, (기분 등) 불러일으키다 [재촉할 최(催)] · 463

1094. もる(漏る, 洩る) : 새다, 누설되다 [샐 누(漏)] · 464

1095. もれる(漏れる, 洩れる) : 새다, 누설되다 [샐 누(漏)] · 464

1096. もろい(脆い) : 부서지기 쉽다, 무르다 [연할 취(脆)] · 464

1097. や(矢) : 화살 [화살 시(矢)] · 464

1098. やぎ(山羊) : 염소 · 465

1099. やたら(矢鱈) : 함부로 하는 모양 [矢鱈는 취음(取音)] · 465

1100. やつ(奴) : 놈, 녀석 [종 노(奴)] · 465

1101. やつれる(窶れる) : 초라해지다, 특히 여위다 [가난할 구(窶)] · 466

1102. やなぎ(柳, 楊) : 버드나 [버들 양(楊), 버들 류(柳)] · 466

1103. やぶ(藪) : 덤불, 대숲 [늪 수(藪)] · 467

1104. やましい(疾しい) : 꺼림칙하다, 마음이 불안하다 [병 질(疾)] · 467

쉬어 가는 곳(25) 2024년도 일본 성씨 순위 · 468

1105. やみ(闇·暗) : 어둠, 사리분별이 없음 [숨을 암(闇)] · 469

1106. やむ(病む) : 앓다, 병들다 [병 병(病)] · 469

1107. ややこしい : 복잡해서 알기 어렵다, 까다롭다 · 469

1108. やり(槍) : 창 [창 창(槍)] · 470
1109. やわい(柔い) : 부드럽다, 약하다, 여리다 [부드러울 유(柔)] · 470
1110. ゆう(結う) : 매다, 묶다, 엮다 [맺을 결(結)] · 470
1111. ゆえ(故) : 까닭, 이유, 연고 [연고 고(故)] · 471
1112. ゆがむ(歪む) : 비뚤어지다, 일그러지다 [기울 왜(歪)] · 471
1113. ゆかり(縁) : 관계, 인연, 연고 [인연 연(縁)] · 471
1114. ゆだねる(委ねる) : 맡기다, 위임하다 [맡길 위(委)] · 472
1115. ゆとり : 여유 · 472
1116. ゆみ(弓) : 활 [활 궁(弓)] · 473
1117. ゆり(百合) : 백합, 나리 · 473
1118. ゆるがせ(忽せ) : 소홀함, 허술함 [갑자기 홀(忽)] · 473
1119. ゆるむ(緩む, 弛む) : 느슨해지다 [느릴 완(緩)] · 474
1120. よ(世, 代) : 세상, 시대 [인간 세(世)] · 474
1121. よい(宵) : 초저녁, 저녁, 밤 [밤 소(宵)] · 474
1122. よぎる(過る) : 지나가다, 스쳐가다 [지날 과(過)] · 475
1123. よける 避ける) : 피하다 [피할 피(避)] · 475
1124. よこたえる(横たえる) : 가로 놓다, (칼 따위) 옆으로 차다 [가로 횡(横)] · 475
1125. よそおう(装う) : 치장하다, 옷차림을 하다, 가장하다 [꾸밀 장(装)] · 476
1126. よそよそしい(余所余所しい) : 서먹서먹하다 · 476
1127. よど(淀) : 웅덩이, 물이 흐르지 않고 괸 곳 [앙금 정(淀)] · 476
1128. よみがえる(蘇る) : 소생하다, 되살아나다 [되살아날 소(蘇)] · 477
1129. よろい(鎧) : 갑옷 [갑옷 개(鎧)] · 477
1130. よろず(万) : 만, 수가 매우 많음, 모두 [일만 만(万)] · 478
1131. わかめ(若布) : 미역 · 478
1132. わきまえる(弁える) : 변별하다, 분별하다 [말씀 변(弁)] · 478
1133. わく(枠) : 테두리, 테, 틀 [벚나무 화(枠)] · 479
1134. わざ(技, 術) : 기술, 기법 [재주 기(技)] · 479
1135. わざ(業) : 행위, 짓, 일 [업 업(業)] · 479
1136. わざわい(災い, 禍) : 재앙, 재난, 화 [재앙 재(災)] · 480
1137. わずらい(煩い) : 번거로움, 고민, 걱정, 근심 [번거로울 번(煩)] · 480
1138. わな(罠) : 올가미, 올무, 덫 [낚싯줄 민(罠)] · 481
1139. わびしい(侘しい) : 쓸쓸하다, 외롭다 [낙망할 차(侘)] · 481
1140. わめく(喚く) : 큰소리로 외치다, 크게 떠들다 [부를 환(喚)] · 481
1141. わら(藁) : 짚 [짚 고(藁)] · 481
1142. わらべ(童) : 동자, 어린애 [아이 동(童)] · 482

쉬어 가는 곳(26) 일본어 발음수 · 483

N2

1. あいにく(生憎) : 공교로운 모양, 형편이 나쁘게 된 모양, 공교롭게도 [미울 증(憎)]

어원을 풀어 쓰면,
「あや(감탄사, 앗) + にくい(憎い, 밉다)」
「あや·にくい → あやにく → あいにく」
앗, 얄밉게도(→형편이 나쁘게 된 모양)
「あいにく」 : 공교로운 모양, 형편이 나쁘게 된 모양, 공교롭게도

* にくい(憎い) : 밉다. <1권 548번 참조>

2. 扇ぐ(あおぐ) : 부채질하다, 부치다 [부채 선(扇)]

어원은 「부치다」(어간은 부치)
『부치 〉붗 〉붕 〉방 〉바호 〉바오 〉하오 〉아오 〉 아오』
 [탁음 바(ば) → 청음 하(は) → 여린소리 아(あ)]
「あお + ぐ(동사·접미어)」
「あおぐ」 : 부채질하다, 부치다

☞ おうぎ(扇) : 부채
 「あおぐ」의 연용형(ます형)을 명사화한 말이다.
 「あおぎ → あうぎ → おうぎ」

3. 呆れる(あきれる) : 놀라다, 어이가 없다, 기가 막히다 [어리석을 매(呆)]

문어형은 「あきる」(呆る)
어원은 「악」(놀랐을 때 무의식적으로 지르는 외마디 소리)
『악 〉아기 〉あき』

「あき + る(동사·접미어)」→ あきる → あきれる(하단화, 구어형)
「あきれる」: 놀라다, 어이가 없다, 기가 막히다

---

4. あくまで(飽く迄) : 어디까지나, 철저하게, 끝까지 [배부를 포(飽)]

어원을 풀어 쓰면,
「あく(飽く. 만족하다, 싫증나다) +まで(迄, 까지)」
만족할 때까지(→끝까지)
「あくまで」: 어디까지나, 철저하게, 끝까지

- あく(飽く) : 만족하다, 싫증나다
  어원은 「あ(아~)」(포식후 내는 소리)
  「あ + く(동사·접미어)」
  「あく」: 만족하다, 싫증나다

---

5. あくる(明くる) : 다음의, 이듬..., 이튿... [밝은 명(明)]

어원은 「이듬」
『이듬 〉이드 〉아드 〉앋 〉악 〉아구 〉あく』
「あく + くる(来る, 오다)」→ あく·くる → あくる
「あくる」: 다음의, 이듬..., 이튿...

* あくるひ(明くる日) : 다음날, 이튿날

- 「앋,악」을 일본어로 표기하면 촉음 「あっ」으로, 「앋,악」은 일본어에서 같은 발음임.

53

6. あせる(焦る) : 초조해하다, 안달하다, 애타다 [탈 초(焦)]

어원은 「안달하다」의 어근 「안달」
『안달 〉 아다 〉 앋 〉 앗 〉 아세 〉 あせ』
「あせ + る(동사·접미어)」
「あせる」 : 안달하다, 초조해하다, 애타다

<연상> 진 땀(あせ, 汗)을 흘리며 「초조해하다」 → あせる

---

7. あたる(当る) : 맞다 [마땅 당(当)]

어원은 「맞다」(어간은 맞)
『맞 〉 앚 〉 앋 〉 아다 〉 あた』.(ㅁ → ㅇ)
「あた + る(동사·접미어)」
「あたる」 : 맞다

* あてる(当てる) : 맞히다, 명중시키다

> 《ㅁ → ㅇ》 변화
> ① すみません → すいません(미안합니다)
> ② いくつ(幾つ) : 몇, 몇 개, 몇 살
>   어원은 「몇」
>   『몇 〉 밎 〉 믹 〉 미구 〉 이구 〉 いく』.(ㅁ → ㅇ)
>   「いく + つ(수치 그 자체, 또는 개수·연령을 나타내는 말)」
>   「いくつ」 : 몇, 몇 개, 몇 살
> * 「밎,믹」을 일본어로 표기하면 촉음 「みっ」으로, 「밎,믹」은 일본어에서 같은 발음임.
> ③ 鰻(うなぎ) : 뱀장어, 장어
>   어원은 「むなが(身長)」

> 장어는 몸이 긴 물고기다.
> 「むなが 〉 むなぎ 〉 うなぎ」.(ㅁ → ㅇ)
> 「うなぎ」: 뱀장어, 장어
> * 「むなぎ」는 古語(나라, 헤이안)

8. あつかましい(厚かましい) : 뻔뻔스럽다, 철면피하다 [두터울 후 (厚)]

풀어 쓰면,
「あつ(厚, 두꺼운) + かま(釜, 가마솥) + しい(…하다, …스럽다)」
얼굴이 두꺼운 가마솥 철판과 같다.
「あつかましい」: 뻔뻔스럽다, 철면피하다

9. 跡(あと) : 자취, 흔적 [발자취 적(跡)]

풀어 쓰면,
「あし(足, 발) + と(処, 장소)」
「あしと 〉 あと」
발이 지나간 장소가 「자취, 흔적」이다.
「あと」: 자취, 흔적

10. 穴, 孔(あな) : 구멍, 빈 곳 [구멍 혈(穴)]

어원은 「뻥하다」(어근은 뻥)
「뻥하다」는 '큰 구멍이 뚫린 것처럼 텅 비어 있다'.
『뻥 〉 빵 〉 빤 〉 빠나 〉 하나 〉 아나 〉 아나』.(ㄴ 음가 : ㄴ, ㅁ, ㅇ)
 [반탁음 빠(ぱ) → 청음 하(は) → 여린소리 아(あ)]
「あな」: 구멍, 빈 곳

11. 炙る(あぶる) : 불에 쬐어 굽다 [구울 자(炙)]

어원은 「불」
『불 〉 발 〉 바부 〉 하부 〉 아부 〉 あぶ』
　[탁음 바(ば) → 청음 하(は) → 여린소리 아(あ)]
「あぶ + る(동사·접미어)」
「불」을 동사화한 말이다.
「あぶる」 : 불에 쬐어 굽다

　☛ 우리말 종성 「ㄹ」이 일본어로 바뀔 때, 자음이 「ㄱ, ㅁ(ㅂ), ㅅ, ㅈ, ㅊ, ㄷ」으로 바뀌며 모음(ㅣ, ㅡ, ㅏ, ㅜ 등)이 붙는다.

12. あまる(余る) : 남다 [남을 여(余)]

어원은 「남다」(어간은 남)
『남 〉 나마 〉 아마 〉 あま』.(ㄴ → ㅇ, 'ㄴ 두음법칙'과 유사)
「あま + る(동사·접미어)」
「あまる」 : 남다

13. 編む(あむ) : 엮다, 편찬하다, 짜다 [엮을 편(編)]

어원은 「엮다」(어간은 엮)
『엮 〉 여 〉 야 〉 아 〉 あ』
「あ + む(동사·접미어)」
「あむ」 : 엮다, 편찬하다, 짜다

　＊ 網(あみ) : 그물, 망. [동사 編む의 ます형의 명사화]

14. 危うい(あやうい) : 위태하다, 위험하다, 아슬아슬하다 [위태할 위(危)]

어원은 「아슬아슬」의 「아슬」
『아슬 〉 앗을 〉 아을 〉 아알 〉 아아알 〉 아아아 〉 아아우 〉 아야우 〉 あやう』
「あやう + い(형용사·접미어)」
「あやうい」 : 아슬아슬하다, 위태하다, 위험하다

15. あやす : 어린아이를 어르다, 달래다

어원은 「어르다」(어간은 어르)
『어르 〉 아르 〉 알 〉 아알 〉 아아 〉 아야 〉 あや』
「あや + す(동사·접미어)」
「あやす」 : 어린아이를 어르다, 달래다

> 〈줄임말 예〉
> 「말」 : '마을'의 방언 – 「말 〉 마을」
> 「골」 : '고을'의 준말 – 「골 〉 고을」
> 「갈」 : '가을'의 준말 – 「갈 〉 가을」

16. 荒い(あらい) : 거칠다, 사납다 [거칠 황(荒)]

「あら-(荒. 거친, 난폭한) + い(형용사·접미어)」
「あらい」 : 거칠다, 사납다

← あら-(荒) : 거친, 난폭한
　어원은 「날강도」의 「날」
　『날 〉 나라 〉 아라 〉 あら』.(ㄴ → ㅇ)

'날강도'는 아주 악독하고 거친 강도이다.
「あら-」: 거친, 난폭한

---

17. あらすじ(粗筋) : 대충의 줄거리, 개요 [거칠 조(粗)]

풀어 쓰면,
「あら-(粗. 세밀하지 못한, 대충) + すじ(筋, 줄거리)」
「あらすじ」: 대충의 줄거리, 개요

- あら-(粗) : 세밀하지 못한, 대충
  어원은 「얼」('분명하지 못하게' 또는 '대충'의 뜻)
  『얼 〉 알 〉 아라 〉 あら』
  「あら-」: 세밀하지 못한, 대충

* 얼 : 얼넘어가다, 얼버무리다, 얼보이다, 얼비치다.

---

18. 争う(あらそう) : 다투다, 싸우다 [다툴 쟁(爭)]

어원은 「으르렁거리다」(어간은 으르렁)
『으르렁 〉 으렁 〉 으러 〉 아라 〉 あら』
「あら + きそう(競う, 다투다)」→ あらきそう
「あら·きそう → あらそう」
서로 으르렁거리며 다투다.
「あらそう」: 다투다, 싸우다

- きそう(競う) : 다투다. <594번 참조>
  「기소」(起訴, きそ)해서 법정에서 「다투다」→ きそう

19. 改める(あらためる) : 고치다, 개선하다, 새롭게 하다 [고칠 개(改)]

「あらたに(新たに, 새롭게) + める(동사를 만듦)」
새롭게 하다(→개선하다)
「あらためる」: 고치다, 개선하다, 새롭게 하다

☛ あらたに(新たに) : 새롭게. <1권 11번 참조>

20. 著(わ)す(あらわす) : 저술하다 [나타날 저(著)]

책을 써서 자기의 생각을 글로 나타내다(あらわす, 表わす)
「あらわす」: 저술하다

☛ あらわす(表わす) : 나타내다. <1권 406번 참조>

21. 荒れる(あれる) : 거칠어지다 [거칠 황(荒)]

어원은 「あら-」(荒, 거친)
「あら + る(동사·접미어)」
「あらる → あれる」
「あれる」: 거칠어지다

> あら-(荒) : 거친, 난폭한 [어원은 '날']
> あら-(粗) : 세밀하지 못한, 대충 [어원은 '얼']
> あら-(新) : 신, 새로운 [어원은 '알']
> 「알」(卵)에서 '새' 생명이 태어나다. 『알〉아라〉あら』

22. 淡い(あわい) : 연하다, 진하지 않다 [묽을 담(淡)]

어원은 「연하다」(어근은 연)
「연할 연(軟)」으로 「연」은 순우리말이다.
『연 〉 영 〉 양 〉 앙 〉 아와 〉 あわ』.(ん음가 : ㄴ,ㅁ,ㅇ)
「あわ + い(형용사·접미어)」
「あわい」 : 연하다, 진하지 않다

<연상>   濃い(こい) : 진하다
         사골이 「진하게」 **고이다** → こい(진하다)

23. 哀れ, 憐れ(あわれ) : 불쌍함, 가련함, 애처로움 [슬플 애(哀)]

어원은 「애처로움」
(1) 애처 : 『애처 〉 앷 〉 앨 〉 앑 〉 아하 〉 아와 〉 あわ』
(2) 로움 : 『로움 〉 롬 〉 로 〉 래 〉 れ』
「あわれ」 : 애처로움, 불쌍함, 가련함

* あわれむ(哀れむ·憐れむ) : 불쌍히 여기다

24. 慌ただしい(あわただしい) : 분주하다, 경황없다, 어수선하다
   [어리둥절할 황(慌)]

풀어 쓰면,
「あわてる(慌てる. 당황하다, 몹시 서두르다) + たた(多多, 많은 모양) + しい(...하다)」
「あわてる + たた + しい」 → あわたたしい → あわただしい
「あわただしい」 : 분주하다, 경황없다, 어수선하다

← あわてる(慌てる) : 당황하다, 허둥대다, 몹시 서두르다. <1권 409번 참조>

25. 粋(いき) : 때 벗음, 세련되고 운치와 매력이 있음 [순수할 수 (粹)]

어원은 「멋」
『멋 〉 밋 〉 믹 〉 미기 〉 이기 〉 いき』.(ㅁ → ㅇ)
「멋」은 세련되고 고상한 품격이나 운치를 뜻함.
「いき」 : 때 벗음, 세련되고 운치와 매력이 있음

* 「밋,믹」을 일본어로 표기하면 촉음 「みっ」으로, 「밋,믹」은 일본어에서 같은 발음임.

26. 泉(いずみ) : 샘, 샘물 [샘 천(泉)]

어원은 「새미」('샘'의 방언)
『새미 〉 스미 〉 すみ』
「い('물'을 의미) + すみ」 → いすみ → いずみ
「いずみ」 : 샘, 샘물

☛ 「물이, 이」는 오이의 경상 방언인데, 오이는 '물'이 많은 열매라 「물이」 또는 「이」라고 한다. 「이」는 '물'을 의미한다. 「이과수 폭포」에서 「이과수」의 「이」는 '물'을 의미한다고 한다. 「이」는 '물'을 뜻하는 고구려어 「미」에서 'ㅁ'이 탈락한 것으로 볼 수 있다.

《일본 어원설》
「いづ(出づ, 나오다) + み(=みず. 水, 물)」
「いづみ → いずみ」
물이 나오는 곳이 「샘」이다.

27. 至る, 到る(いたる) : 이르다, 도달하다 [이를 지(至)]

어원은 「이르다」(어간은 이르)
『이르 〉 일 〉 이다 〉 いた』
「いた + る(동사·접미어)」
「いたる」 : 이르다, 도달하다

☞ 우리말 종성 「ㄹ」이 일본어로 바뀔 때, 자음이 「ㄱ, ㅁ, ㅅ, ㅈ, ㅊ, ㄷ」으로 바뀌며 모음(ㅣ, ㅡ, ㅏ 등)이 붙는다.

28. 稲(いね) : 벼 [벼 도(稲)]

어원은 「벼」
『벼 〉 버어 〉 비이 〉 빙 〉 빈 〉 비네 〉 히네 〉 이네 〉 いね』
① 탁음 비(び) → 청음 히(ひ) → 여린소리 이(い)
② ん음가 : ㄴ, ㅁ, ㅇ
「いね」 : 벼

* いなさく(稲作) : 벼농사(いな는 '벼의' 뜻)

☞ いなか(田舎) : 시골
「いな(稲, 벼의) + か(장소, こ가 변한 말)」
벼가 자라고 있는 곳이 「시골」이다.
「いなか」 : 시골

29. いばる(威張る) : 뽐내다, 거만하게 굴다 [위엄 위(威)]

어원은 「뽐내다」(어근은 뽐)
『뽐 〉 뽀마 〉 삐마 〉 히마 〉 이마 〉 이바 〉 いば』

① 반탁음 삐(ぴ) → 청음 히(ひ) → 여린소리 이(い)
② bmw 후진 변화 : 마 → 바

「いば + る(동사·접미어)」
「いばる」: 뽐내다, 거만하게 굴다

《일본 어원설》
「い(威, 위엄) + はる(張る, 뻗다)」→ いばる

---

30. 煎る, 炒る(いる) : 볶다, 지지다 [볶을 초(炒)]

어원은 「볶다」(어간은 볶)
『볶 〉보 〉비 〉히 〉의 〉이』
 [탁음 비(び) → 청음 히(ひ) → 여린소리 이(い)]
「い + る(동사·접미어)」
「いる」: 볶다, 지지다

---

31. 飢える(うえる) : 굶주리다, 배곯다 [주릴 기(飢)]

어원은 「배곯다」(어간은 배곯)
『배곯 〉배골 〉배고 〉백 〉북 〉붇 〉붕 〉부헤 〉호헤 〉우에 〉うえ』
 [탁음 부(ぶ) → 청음 후(ふ) → 여린소리 우(う)]
「うえ + る(동사·접미어)」
「うえる」: 배곯다, 굶주리다

☚ 「북,붇」을 일본어로 표기하면 촉음 「ぶっ」으로, 「북,붇」은 일본어에서 같은 발음임.

32. 魚(うお) : 물고기, 생선 [물고기 어(魚)]

어원은 「비리다」(어간은 비리)
『비리 〉 빌 〉 비일 〉 비이 〉 부이 〉 보오 〉 호오 〉 우오 〉 うお』
  [탁음 부(ぶ) → 청음 후(ふ) → 여린소리 우(う)]
생선은 비린내가 나는 동물이다.
「うお」: 물고기, 생선

- さかな(魚) : 물고기
  에도(江戸) 시대 이후 「술안주」로 생선을 많이 사용했기 때문에 생선을 「酒菜(さかな)」로 부르게 되었다.

《일본 어원설》
어원은 「魚」의 우리 한자음 「물고기 어」
『어 〉 오 〉 お』
「う(=おお, 크다는 뜻) + お」
「うお」: 물고기

33. 失う(うしなう) : 잃다, 잃어버리다 [잃을 실(失)]

어원은 「잃다」(어간은 잃)
『잃 〉 일 〉 울 〉 우시 〉 うし』
「うし + なう(동작을 나타냄)」
「うしなう」: 잃다, 잃어버리다

- 우리말 종성 「ㄹ」이 일본어로 바뀔 때, 자음이 「ㄱ, ㅁ, ㅅ, ㅈ, ㅊ, ㄷ」으로 바뀌며 모음(ㅣ, ㅡ, ㅏ 등)이 붙는다.

<연상> 「うし(牛, 소) + なう」 → '소'를 잃어버리다(うしなう).

34. 疼く(うずく) : 쑤시다, 통증을 느끼다 [아플 동(疼)]

어원은 「욱신거리다」의 어근 「욱신」
「욱신거리다」는 '상처가 자꾸 쑤시는 듯이 아파 오다'.
『욱신 〉 욱시 〉 우시 〉 웃 〉 웇 〉 우즈 〉 うず』
「うず + く(동사·접미어)」
「うずく」: 쑤시다, 통증을 느끼다

35. 疑う(うたがう) : 의심하다 [의심할 의(疑)]

어원은 「엿보다」의 「엿」('몰래'의 뜻)
『엿 〉 엇 〉 웃 〉 욷 〉 우다 〉 うた』
「うた + がう(동사화)」 → うたがう
몰래 엿보고 있어 의심하다.
「うたがう」: 의심하다

36. 打ち合わせ(うちあわせ) : 미리 상의함, 협의

어원은 아악(雅樂)에서 취주악기와 「타악기」(うちもの, 打ち物)의 호흡을 맞추기(あわせる, 合わせる) 위해 미리 상의하는 것에서, 일반적으로 '미리 협의하는 것'을 말함.
「うちもの + あわせる」→ うちあわせ
「うちあわせ」: 미리 상의함, 협의

37. 訴える(うったえる) : 소송하다, 고소하다 [호소할 소(訴)]

이 말의 본래 말은 「うるたえる」
어원은 「옳다」

『옳다 〉 올타 〉 오르타 〉 우루타 〉 うるた』
「うるた + える(동사를 만듦)」
「うるたえる → うったえる」
옳다고 주장하다. 즉, 「소송하다, 고소하다」의 뜻이다.
「うったえる」: 소송하다, 고소하다

---

38. 項(うなじ) : 목덜미(목의 뒷부분) [항목 항(項)]

어원은 「목」
『목 〉 모 〉 무 〉 む』
「む + の + しり(尻. 뒤쪽, 엉덩이)」
「むのしり → むのし → むなし → むなじ → うなじ」.(ㅁ → ㅇ)
목의 뒤쪽이 목덜미다.
「うなじ」: 목덜미

◆ 「ㅁ → ㅇ」 변화 : <7번 참조>

---

39. 頷く, 肯く(うなずく) : 수긍하다, 고개를 끄덕이다 [끄덕일 암(頷)]

어원을 풀어 쓰면,
「うなじ(項, 목덜미) + つく(突く. 찌르다, 밀다)」
「うなじ・つく → うなづく → うなずく」.(づ와 ず는 같은 발음임)
목덜미를 앞으로 밀다(수긍히다).
「うなずく」: 수긍하다, 고개를 끄덕이다

---

40. 唸る(うなる) : 웅웅 소리가 나다, 신음하다 [신음할 전(唸)]

어원은 「웅웅」(의성어)

『웅(웅) 〉 운 〉 우나 〉 うな』
「うな + る(동사·접미어)」
「うなる」: 웅웅 소리가 나다, 신음하다

---

41. 奪う(うばう) : 빼앗다 [빼앗을 탈(奪)]

어원은 「앗다」(어간은 앗)
「앗다」는 '빼앗거나 가로채다'.
『앗 〉 웃 〉 웁 〉 우바 〉 うば』
「うば+う(동사·접미어)」
「うばう」: 빼앗다

☛ 「웃,웁」을 일본어로 표기하면 촉음 「うっ」으로, 「웃,웁」은 일본어에서 같은 발음임.

---

42. 敬う(うやまう) : 존경하다, 공경하다, 숭상하다 [공경 경(敬)]

어원은 「울월다」(어간은 울월). '우러르다'의 옛말
「울월다」는 '마음속으로 공경하여 떠받들다'.
『울월 〉 우워 〉 우어 〉 우아 〉 우야 〉 うや』
「うや + まう(동사화)」
「うやまう」: 존경하다, 공경하다, 숭상하다

---

43. 占う(うらなう) : 점치다 [점칠 점(占)]

풀어 쓰면,
「うら('마음'을 뜻함) + なう(동작을 나타냄)」 → うらなう
(神의) 마음을 알기 위하여 행하는 것(→점치는 행위).
「うらなう」: 점치다

↞ うら(心) : '마음'을 뜻함

　어원은「얼」(정신, 마음)

　『얼 〉어라 〉우라 〉うら』

---

44. 怨む(うらむ) : 원망하다 [원망할 원(怨)]

어원은「울다」(어간은 울)

『울 〉우라 〉うら』

「うら + む(동사·접미어)」

(흔히) 울면서 무엇을 원망하다.

「うらむ」: 원망하다

쉬어 가는 곳(1)

수(数)

구분	뜻	어원	풀이	비고
ひと(一)	하나	홀	홀〉호토〉히토〉ひと	ひとつ
ふた(二)	둘	「두벌」의「벌」	벌〉불〉부다〉후다〉ふた	ふたつ
み(三)	셋	고구려어「밀」	밀〉미〉み	みつ
よ(四)	넷	「넿」(넷 고어)	넿〉녜〉뇨〉요〉よ.(ㄴ→ㅇ)	よつ
いつ(五)	다섯	고구려어 「우차」(于次)	우차〉이차〉이츠〉いつ	いつつ
む(六)	여섯	み(三)+み(三)	み+み → む(?)	むつ
なな(七)	일곱	고구려어 「난은」	난은〉나는〉나늬〉나나〉なな	ななつ
や(八)	여덟	여덟의「여」	여〉야〉や	やつ
ここの(九)	아홉	「크다」의「크」	크〉코〉코+코〉ここ〉ここの (1~9 중에서 가장 큰 수)	ここのつ
とお(十)	열	고구려어「덕」	덕〉더〉도〉도오〉とお	

(주1) '비고'의 끝 글자「つ」는 수치 그 자체, 또는 개수나 연령을 나타내는 말.
(주2) 「ひふみよ、いむなや」(하나 둘 셋 넷, 다섯 여섯 일곱 여덟)

45. 羨む(うらやむ) : 부러워하다, 샘하다 [부러워할 선(羨)]

어원은 「부러워하다」(어근은 부러워)
『부러워 〉 부라워 〉 보라야 〉 호라야 〉 오라야 〉 우라야』
　[탁음 부(ぶ) → 청음 후(ふ) → 여린소리 우(う)]
「うらや + む(동사·접미어)」
「うらやむ」: 부러워하다, 샘하다

* 羨ましい(うらやましい) : 부럽다

46. 描く, 画く(えがく) : 그리다, 묘사하다 [그릴 묘(描)]

풀어 쓰면,
「え(絵, 그림) + かく(描く, 그리다)」 → えかく → えがく
(그림) 그리다
「えがく」: 그리다, 묘사하다

☛ かく(描く) : 그리다
　　어원은 「그리다」(어간은 그리)
　　『그리 〉 글 〉 갈 〉 가구 〉 かく』
　　「かく」: 그리다

47. 餌(えさ) : 모이, 먹이 [미끼 이(餌)]

어원은 「밥」('동물의 먹이')
『밥 〉 바 〉 배 〉 해 〉 애 〉 え』
　[탁음 배(べ) → 청음 해(へ) → 여린소리 애(え)]
「え + さ(접미어)」
「えさ」: 모이, 먹이

☛ 원래 말은 「え」이고, 에도(江戸) 中期 이후 「えさ」로 바뀜.

48. 偉い(えらい) : 훌륭하다, 위대하다 [훌륭할 위(偉)]

어원은 「훌륭하다」(어간은 훌륭)
『훌륭 〉 후류 〉 후루 〉 후라 〉 해라 〉 애라 〉 에라』
「えら + い(형용사·접미어)」
「えらい」 : 훌륭하다, 위대하다

☛ 選ぶ(えらぶ) : 뽑다, 택하다/훌륭한(えらい) 인물을 지도자로 「뽑다」

49. 覆う(おおう) : 덮다, 씌우다 [덮을 부(覆)]

어원은 「에워싸다」의 「에워」
「에워싸다」는 '어떤 대상을 온통 덮어 싸다'.
『에워 〉 오워 〉 오어 〉 오오 〉 おお』
「おお + う(동사·접미어)」
「おおう」 : 덮다, 씌우다

50. 丘, 岡(おか) : 언덕, 작은 산 [언덕 구(丘)]

어원은 「오름」('산'의 제주 방언)
『오름 〉 오르 〉 올 〉 오가 〉 おか』
「おか」 : 언덕, 작은 산

☛ 우리말 종성 「ㄹ」이 일본어로 바뀔 때, 자음이 「ㄱ, ㅁ, ㅅ, ㅈ, ㅊ, ㄷ」으로 바뀌며 모음(ㅣ, ㅡ, ㅏ등)이 붙는다.

51. 侵す(おかす) : 침범하다 [침노할 침(侵)]

어원을 풀어 쓰면,
「おく(奥, 안쪽) + す(동사·접미어)」
「おくす → おかす」
안쪽으로 하다(→침범하다)
「おかす」: 침범하다

◆ おく(奥) : 안쪽. <1권 430번 참조>

52. おかず(御数, 御菜) : 반찬, 부식

풀어 쓰면,
「お-(御, 존경·공손·친숙의 뜻) + かず(数, 수)」 → おかず
반찬은 가짓수가 많은 것에서.
「おかず」: 반찬, 부식

53. 拝む(おがむ) : 공손히 절하다, 배례하다 [절 배(拝)]

풀어 쓰면,
「お(기도할 때 내는 소리, 오~) + かがむ(屈む, 굽히다)」
「お·かがむ → おかむ → おがむ」
(오, 하느님), 기도하면서 몸을 굽혀 절히디.
「おがむ」: 공손히 절하다, 배례하다

◆ かがむ(屈む) : (몸을) 굽히다. <547번 참조>

54. 補う(おぎなう) : 보충하다 [기울 보(補)]

「보충하다」는 '부족한 것을 보태어 채우다'.
어원은 「보태다」(어간은 보태)
『보태 〉 볼 〉 봇 〉 복 〉 보기 〉 호기 〉 오기 〉 おぎ』
  [탁음 보(ぼ) → 청음 호(ほ) → 여린소리 오(お)]
「おぎ + なう(동작을 나타냄)」
「おぎなう」 : 보충하다

☛ 「봇,복」을 일본어로 표기하면 촉음 「ぼっ」으로, 「봇,복」은 일본어에서 같은 발음임.

55. 治める(おさめる) : 다스리다, 통치하다 [다스릴 치(治)]

풀어 쓰면,
「おさ(長. 두목, 우두머리) + める(동사를 만듦)」
우두머리가 나라를 다스리다.
「おさめる」 : 다스리다, 통치하다

☛ おさ(長) : 두목, 우두머리
  어원은 「우두머리」의 「우두」
  『우두 〉 욷 〉 웃 〉 옷 〉 오사 〉 おさ』
  「おさ」 : 두목, 우두머리

56. 惜しい(おしい) : 아깝다, 아쉽다 [아낄 석(惜)]

어원은 「아쉽다」(어간은 아쉽)
『아쉽 〉 아시 〉 오시 〉 おし』
「おし + い(형용사·접미어)」

「おしい」: 아깝다, 아쉽다

* 惜しむ(おしむ) : 아끼다, 아쉬워하다

---

57. 恐れる(おそれる) : 두려워하다, 무서워하다 [두려울 공(恐)]

문어형은 「おそる」
어원은 「오싹하다」(어근은 오싹)
「오싹하다」는 '몹시 무섭거나 추워서 소름이 끼치다'.
『오싹 〉 오싸 〉 오쏘 〉 오소 〉 おそ』
「おそ + る(동사·접미어)」→ おそる → おそれる」.(하1단화, 구어형)
「おそれる」: 두려워하다, 무서워하다

* 恐れ(おそれ) : 두려움
* 恐ろしい(おそろしい) : 두렵다, 겁나다

☛ おそれ(虞) : 우려
  우려는 「근심, 걱정」을 말하는데, 다가올 미래에 대한 '두려움'(おそれ, 恐れ)을 가지는 마음이다.

---

58. 穏やか(おだやか) : 온화함, 평온함 [편안할 온(穩)]

어원은 「포근하다」(어근은 포근).
「포근하다」는 '따뜻하여 편안한 느낌이 있다'.
『포근 〉 포그 〉 폭 〉 폳 〉 포다 〉 오다 〉 오나 〉 おだ』
  [반탁음 포(ぽ) → 청음 호(ほ) → 여린소리 오(お)]
「おだ + やか(그러한 느낌을 주는 모양)」
「おだやか」: 온화함, 평온함

☛ 「폭,폳」을 일본어로 표기하면 촉음 「ぽっ」으로, 「폭,폳」은 일본어에서 같은 발음임.

59. おつむ : 머리(おつむり, 御つむり의 준말)

어원은 「우두머리」
『우두머(리) 〉 오두머 〉 오드무 〉 おつむ』
「おつむ」: 머리

- ☛ 頭(あたま, 머리)의 어원도 「우두머리」임.
  『우두머(리) 〉 아다마 〉 あたま』

60. 劣る(おとる) : 못하다, 뒤떨어지다 [못할 렬(劣)]

어원은 「앗」('아우'의 옛말)
『앗 〉 앗 〉 옷 〉 온 〉 오도 〉 오도』
「おと + る(동사・접미어)」
아우는 형에 비해 서열이 뒤떨어진다.
「おとる」: 못하다, 뒤떨어지다

- ☛ ㅿ : 「반시옷, 가벼운시옷, 여린시옷, 반치음」 등으로 불리움.

61. 帯びる(おびる) : 띠다, 차다, 지니다 [띠 대(帯)]

「띠다」는 「띠나 끈을 두르다. 물건을 몸에 지니다. 용무・사명을 지니다」의 뜻에서,
어원은 「おび」(帯, 띠)
「おび + る(동사・접미어)」
「おびる」: 띠다, 차다, 지니다

← おび(帯) : 띠

어원은 「바」(삼이나 칡으로 세 가닥을 지어 굵다랗게 드린 줄)

『바 〉비 〉び』

「お(접두사) + び」

「おび」: 띠

[줄과 관련된 우리말] : 바(=참바), 삼바, 고삐(곳비), 힘(힘줄의 옛말)

① つな(綱) : 밧줄, 줄

어원은 「참바」의 「참」

『참 〉찬 〉차나 〉츠나 〉つな』.(ん 음가 : ㄴ, ㅁ, ㅇ)

② ひも(紐) : 끈

어원은 「힘」(힘줄의 옛말)

『힘 〉히모 〉ひも』

62. 溺れる(おぼれる) : 빠지다, 물에 빠지다, 탐닉하다 [빠질 닉(溺)]

어원은 「어푸어푸」(물에 빠져 허우적거리는 모양)

『어푸 〉오푸 〉오포 〉오보 〉おぼ』

「おぼ + れる(동사화)」→ おぼれる

'어푸어푸'하다 물에 빠지다.

「おぼれる」: 빠지다, 물에 빠지다, 탐닉하다

63. 親(おや) : 어버이, 부모

어원은 「어버이」의 「어버」

『어버 〉오버 〉오바 〉오하 〉오아 〉오야』

　[탁음 바(ば) → 청음 하(は) → 여린소리 아(あ)]

「おや」: 어버이, 부모

* おやじ(親父) : 아버지

64. おやつ(御八つ) : 오후의 간식, (일반적으로) 간식 [여덟 팔(八)]

어원을 풀어 쓰면,
「お(접두사) + やつ(八つ, 옛 시각의 이름-지금의 오후 2시경)」
오후 2시쯤에 먹는 것(간식).
「おやつ」: 오후의 간식, (일반적으로) 간식

☞ 예전에 일본의 정식 식사는 아침과 저녁밖에 없었고, 오후 2시쯤에 먹는 것을 '간식'이라고 했다.

65. 卸す(おろす) : 도매하다 [풀 사(卸)]

가격을 내리다(おろす, 下ろす). 즉, 도매하다
「おろす」: 도매하다

* 卸売(おろしうり) : 도매

66. 貝(かい) : 조개 [조개 패(貝)]

어원은 「조개」의 「개」
『개 〉 가이 〉 かい』
「かい」: 조개

67. 替える, 換える(かえる) : 바꾸다, 교환하다, 갈다 [바꿀 체(替)]

어원은 「갈다」(어간은 갈)

『갈 〉 가알 〉 가아 〉 가에 〉 かえ』
「かえ + る(동사·접미어)」
「かえる」: 갈다, 바꾸다, 교환하다

* 両替(りょうがえ) : 환전

68. 香る(かおり) : 향기, 좋은 냄새 [향기 향(香)]

동사 「かおる」(香る. 향기가 나다, 좋은 냄새가 풍기다)의 명사형.
「かおる → かおり」
「かおり」: 향기, 좋은 냄새

- かおる(香る) : 향기가 나다, 좋은 냄새가 풍기다
  어원은 「곳답다」(어근은 곳). '향기롭다'의 옛말.
  『곳 〉 갓 〉 갛 〉 가호 〉 가오 〉 かお』
  「かお + る(동사·접미어)」
  「かおる」: 향기가 나다, 좋은 냄새가 풍기다

69. 抱える(かかえる) : 껴안다, 끼다 [안을 포(抱)]

어원은 「껴안다」의 「껴」
『껴 〉 꺄 〉 가가 〉 かか』
「かか + える(동사를 만듦)」
「かかえる」: 껴안다, 끼다

70. 係わる(かかわる) : 관계되다, 관계가 있다 [맬 계(係)]

어원은 「걸리다」(어간은 걸리)
「걸리다」의 뜻 가운데, '관련되거나 부딪히다'.
(1) 걸 : 『걸 〉 갈 〉 가가 〉 かか』

(2) 리 : 『리 〉 이 〉 와 〉 わ』.(ㄹ 탈락)
「かかわ + る(동사·접미어)」
「かかわる」: 관계되다, 관계가 있다

☛ 우리말 종성 「ㄹ」이 일본어로 바뀔 때, 자음이 「ㄱ, ㅁ, ㅅ, ㅈ, ㅊ, ㄷ」으로 바뀌며 모음(ㅣ, ㅡ, ㅏ등)이 붙는다.

---

71. 限る(かぎる) : 경계·범위를 짓다, 제한하다, 한정하다 [한할 한(限)]

어원은 「긋다」(어간은 긋)
「긋다」의 뜻 가운데, '일의 경계나 한계 따위를 분명하게 짓다'.
『긋 〉 갓 〉 각 〉 가기 〉 かぎ』
「かぎ + る(동사·접미어)」
「かぎる」: 경계·범위를 짓다, 제한하다, 한정하다

☛ 「갓,각」을 일본어로 표기하면 촉음 「かっ」으로, 「갓,각」은 일본어에서 같은 발음임.

---

72. 搔く(かく) : 긁다 [긁을 소(搔)]

어원은 「긁다」(어간은 긁)
『긁 〉 극 〉 각 〉 가구 〉 かく』
「かく」: 긁다

---

73. 嗅ぐ(かぐ) : 냄새 맡다 [맡을 후(嗅)]

어원은 「코」
『코 〉 카 〉 か』

「か + ぐ(동사·접미어)」→ かぐ
코로 냄새를 맡다.
「かぐ」: 냄새 맡다

74. 陰(かげ) : 그늘, 햇볕·불빛에 가려진 곳 [그늘 음(陰)]

어원은 「가리다」(어간은 가리)
『가리 〉갈 〉가게 〉かげ』
가린 곳(그늘)
「かげ」: 그늘, 햇볕·불빛에 가려진 곳

* かげる(陰る) : 그늘지다

☛ 우리말 종성 「ㄹ」이 일본어로 바뀔 때, 자음이 「ㄱ, ㅁ, ㅅ, ㅈ, ㅊ, ㄷ」으로 바뀌며 모음(ㅣ, ㅡ, ㅏ, ㅔ 등)이 붙는다.

75. 影(かげ) : 그림자 [그림자 영(影)]

「그늘」(かげ, 陰)과 같은 어원(語源)이다.
어원은 「가리다」(어간은 가리)
『가리 〉갈 〉가게 〉かげ』
「그림자」는 '물체가 빛을 가려서 뒷면에 드리워지는 검은 그늘'.
「かげ」: 그림자

76. 籠(かご) : 바구니 [대바구니 롱(籠)]

어원은 「곽」(물건을 담는 작은 상자. 예-성냥곽)
『곽 〉각 〉가고 〉かご』
「かご」: 바구니

◆ 고유어 계열의 「곽」이 한자어 계열의 「갑」(匣)보다 덜 쓰이기 때문에 「갑」을 표준어로 삼는다.(표준어 규정)

77. 頭(かしら) : 두목, 머리 [머리 두(頭)]

어원은 「갓」
「갓」은 '예전에 어른이 된 남자가 머리에 쓰던 의관'.
『갓 〉 가시 〉 かし』
「かし + ら(접미어)」
갓은 머리에 쓰는 것이고, 갓 쓴 사람이 어른이고 두목이다.
「かしら」 : 두목, 머리

* かしらもじ(頭文字) : 머릿글자

78. 齧る(かじる) : 갉다, 베어 먹다 [물 설(齧)]

어원은 「갉다」(어간은 갉)
『갉 〉 갈 〉 가지 〉 かじ』
「かじ + る(동사·접미어)」
「かじる」 : 갉다, 베어 먹다

◆ 우리말 종성 「ㄹ」이 일본어로 바뀔 때, 자음이 「ㄱ, ㅁ, ㅅ, ㅈ, ㅊ, ㄷ」으로 바뀌며 모음(ㅣ, ㅡ, ㅏ 등)이 붙는다.

79. 数(かず) : 수 [셀 수(数)]

어원은 「가지」('가지 数' 할 때 가지)
『가지 〉 가즈 〉 かず』
「かず」 : 수

* 数える(かぞえる) : 세다, 계산하다
「かずえる → かぞえる」

80. 型(かた) : 본, 골, 거푸집, 형식, 틀 [모형 형(型)]

어원은 「거푸집」의 「거푸」
『거푸 〉 겊 〉 갚 〉 갑 〉 갇 〉 가다 〉 かた』
「かた」: 본, 골, 거푸집, 형식, 틀

- 「갑,갇」을 일본어로 표기하면 촉음 「かっ」으로, 「갑,갇」은 일본어에서 같은 발음임.

81. 刀(かたな) : 외날의 칼, 도검류의 총칭 [칼 도(刀)]

어원은 「칼」
『칼 〉 카다 〉 かた』
「かた + な(날을 의미)」
「かたな」: 외날의 칼, 도검류의 총칭

* な('날'을 의미) : 『날 〉 나 〉 な』

- 우리말 종성 「ㄹ」이 일본어로 바뀔 때, 자음이 「ㄱ, ㅁ, ㅅ, ㅈ, ㅊ, ㄷ」으로 바뀌며 모음(ㅣ, ㅡ, ㅏ 등)이 붙는다.

82. 固まり, 塊(かたまり) : 덩어리, 뭉치 [굳을 고(固)]

어원은 「かたまる」(固まる. 굳다, 딱딱해지다)
「かたまる」의 ます형(연용형)이 「かたまり」
굳은 것(→덩어리)

「かたまり」: 덩어리, 뭉치

- かたい(堅い, 固い) : 굳다, 딱딱하다. <1권 213번 참조>

---

83. 傾く(かたむく) : 기울다, 한쪽으로 쏠리다 [기울 경(傾)]

풀어 쓰면,
「かた(方. 쪽, 편) + むく(向く, 향하다)」
어느 한쪽으로 향하다.
「かたむく」: 기울다, 한쪽으로 쏠리다

* 傾ける(かたむける) : 기울이다, 기울어지게 하다

---

84. 語る(かたる) : 말하다, 이야기하다 [말씀 어(語)]

어원은 「카다」('말하다'의 경상 방언)
『카다 > かた』
「かた + る(동사·접미어)」
「かたる」: 말하다, 이야기하다

* 카더라 통신 : 근거가 부족한 소문이나 추측을 사실처럼 전달하거나, 그런 소문을 의도적으로 퍼트리는 사람 또는 기관 따위를 비유적으로 이르는 말

- 源氏物語(げんじ ものがたり)
  헤이안 시대(平安時代, 794-1185)의 궁중 생활을 묘사한 장편 소설의 하나(紫式部, むらさきしきぶ, 平安 시대 중기 여류 문학가). 54권으로 되어 있음.

- 平家物語(へいけ ものがたり)
  카마쿠라 시대(鎌倉時代. 1185-1333)에 성립한 平家 가문의 영화와 몰락을 그린 군담(軍談) 이야기.

85. 叶う(かなう) : 이루어지다, 희망대로 되다 [맞을 협(叶)]

어원은 「かみ」(神, 신). 우리말로 표기하면 「카미」
『카미 〉캄 〉칸 〉카나 〉かな』.(ん음가는 ㄴ,ㅁ,ㅇ)
「かな + う(동사·접미어)」→ かなう
神이 이루어지게 해 주시다.
「かなう」 : 이루어지다, 희망대로 되다

* 叶える(かなえる) : 이루어 주다, 들어주다

쉬어 가는 곳(2)

「섣달과 그믐」 이야기

「섣달」은 음력으로 한 해의 맨 끝 달이다(음력 12월). 예전부터 사용해 왔던 이 말의 어원에 대해서는 설이 분분하다. 「섣달」을 달이 서는 1월로 착각하는 분들도 있을 것이다. 설이 든 달이라 섣달이라고 하는 설명도 있으나, '설'은 음력 1월의 첫날이다. 시야를 넓혀서 생각해 볼 필요가 있다.

영어에서 일몰(日沒)을 sunset, 월몰(月沒)을 moonset이라고 한다. 「섣달」의 「섣」은 moonset의 「set」이라 할 수 있다. set은 shut(닫다)의 뜻을 가지고 있다. 즉, 「섣달」의 어원은 「set + 달」로 한 해를 닫는 '마지막 달'이라 할 수 있다.

「그믐」은 음력으로 그달의 '마지막 날'을 말한다. 따라서 이날은 달이 없어 밤이 깜깜한 날이다. 그런데 「그믐달」이라는 달이 있다. 「그믐달」은 그믐 전(前) 며칠 동안 보이는 달을 말한다. 즉, 그믐에 가까워지면서 이지러진 달을 관습적으로 그믐달이라고 부르고 있는 것이다.

「그믐」의 어원에 대하여 생각해 보자. 달이 가 버린 날이 그믐이다. 그믐을 「go + moon」이라 쓸 수 있다. 「고문」이 「그믐」으로 바뀌었다고 생각한다. 아울러, 「그믐」의 「믐」은 달을 뜻하는 「문」(moon)과 같은 뿌리의 말이라 하겠다.

일본어로 「그믐날」을 「みそか」(三十日, 晦日)라고 한다. 「みそか」(30일)는 달력 맨 밑에 있는 날이다. 「밑日」이 어원이다.[밑〉밋〉미소〉みそ〉みそか].

수렵채집의 아득한 옛날에는 생활에 필수적인 말은 동서(東西)가 공유했을 가능성이 매우 높았을 것이다. 대표적인 것이 「물」과 「불」이다.

① 물(물〉무러〉워러〉water). 물·인(물인〉무린〉머린〉marine-바다의).
② 불(불〉vul, vol). Vulcan(불의 신), volcano(화산), 발칸포(vulcan포, 불칸포-불을 뿜는 기관포).

86. 兼ねる(かねる) : 겸하다, …하기 어렵다 [겸할 겸(兼)]

(1) 어원은 「겸하다」(어근은 겸)
  『겸 〉 검 〉 감 〉 간 〉 가네 〉 かね』.(ん 음가 : ㄴ,ㅁ,ㅇ)
  「かね + る(동사·접미어)」
  「かねる」: 겸하다

(2) (다른 동사의 ます형에 붙어) …하기 어렵다

* かねない(兼ねない) : …할지도 모른다

<연상> 돈(おかね, お金)과 명예를 둘 다 「겸하기는 어렵다」 → かねる

87. 株(かぶ) : 그루터기, 그루, 주(주식) [그루 주(株)]

어원은 「그루」(나무를 세는 단위)
『그루 〉 글 〉 갈 〉 가부 〉 かぶ』
「かぶ」: 그루터기, 그루, 주(주식)

* かぶしき(株式) : 주식

※ 「かじ」(楫·梶, 배의 노)는 나무로 만들었기 때문에, 어원은 나무를 뜻하는 「그루」이다.(그루 〉 글 〉 갈 〉 가지 〉 かじ).

☛ 우리말 종성 「ㄹ」이 일본어로 바뀔 때, 자음이 「ㄱ, ㅁ(ㅂ), ㅅ, ㅈ, ㅊ, ㄷ」으로 바뀌며 모음(ㅣ, ㅡ, ㅏ, ㅜ 등)이 붙는다.

88. 釜(かま) : 솥 [가마 부(釜)]

어원은 「가마솥」의 「가마」
「가마」는 '아주 크고 우묵한 솥'을 말한다.
『가마 〉 かま』
「かま」: 솥

89. 窯(かま) : 가마(도자기 등을 구워내는 시설) [가마 요(窯)]

발음이나 뜻이 우리말 「가마」와 똑같다.
「かま」: 가마(도자기 등을 구워내는 시설)

← かま(釜) : 솥

90. 構う(かまう) : 관계하다, 상대하다 [얽을 구(構)]

어원은 「갋다」(어간은 갋, 표준어는 '가루다'). '맞서서 견주다'의 뜻.
『갋 〉 갈 〉 가마 〉 かま』
「かま + う(동사·접미어)」
맞서서 상대하다.
「かまう」: 관계하다, 상대하다

* かまいません : 상관없습니다

← 우리말 종성 「ㄹ」이 일본어로 바뀔 때, 자음이 「ㄱ, ㅁ, ㅅ, ㅈ, ㅊ, ㄷ」으로 바뀌며 모음(ㅣ, ㅡ, ㅏ 등)이 붙는다.

91. 上(かみ) : 위, 위쪽, 상류 [위 상(上)]

어원은 「かみ」(髪, 머리카락), 「おかみ」(女将, 요릿집·여관 등의 여주인)와 같이 위에 있는 것을 뜻함.
「かみ」: 위, 위쪽, 상류

☞ かみ(髪) : 머리카락. <1권 220번 참조>

92. かみなり(雷) : 천둥, 우레 [우레 뢰(雷)]

어원을 풀어 쓰면,
「かみ(神, 신) + なり(鳴り, 울리다)」
하늘의 신이 내는 소리.
「かみなり」: 천둥, 우레

93. 殻(から) : 껍질, 허물 [껍질 각(殻)]

어원은 「꺼풀」(여러 겹으로 된 껍질)
(1) 꺼 : 『꺼 〉까 〉か』
(2) 풀 : 『풀 〉팔 〉파라 〉하라 〉아라 〉あら』
　　　　[반탁음 파(ぱ) → 청음 하(は) → 여린소리 아(あ)]
「か + あら」→ かあら → から
「から」: 껍질, 허물

<연상> 「껍질」을 **까라**, 속을 먹게 → から(껍질)

94. 柄(がら) : ①몸집 ②무늬, 성질, 상태 [자루 병(柄)]

(1) からだ(体, 몸)에서
　　「からだ 〉 から 〉 がら」
　　「がら」: 몸집

(2) 어원은 「성깔」의 「깔」
　　「깔」은 '상태' 또는 '바탕'의 뜻.
　　『깔 〉 까라 〉 가라 〉 がら』
　　「がら」: 무늬, 성질, 상태

* 人柄(ひとがら) : 인품

95. からかう(揶揄う) : 조롱하다, 놀리다 [야유할 야(揶)]

「조롱하다」가 '깔보면서 놀리다'의 뜻에서,
어원은 「깔보다」의 「깔」
『깔 〉 까라 〉 から』
「から + かう(동사화)」
「からかう」: 조롱하다, 놀리다

96. 刈る(かる) : 베다, 깎다 [벨 예(刈)]

어원은 「칼」
『칼 〉 카루 〉 かる』
칼로 베다.
「かる」: 베다, 깎다

97. 皮(かわ) : 가죽, 껍질, 표면 [가죽 피(皮)]

어원은 「살갗」의 「갗」('가죽'을 이르는 말)
『갗 〉 갛 〉 가하 〉 가와 〉 かわ』
「かわ」: 가죽, 껍질, 표면

98. 革(かわ) : 무두질한 가죽 [가죽 혁(革)]

어원은 「살갗」의 「갗」('가죽'을 이르는 말)
『갗 〉 갛 〉 가하 〉 가와 〉 かわ』
「かわ」: 무두질한 가죽

* つりかわ(吊り革) : (전차나 버스 등의 가죽) 손잡이

← 吊る(つる) : 달다, 드리우다. <237번 참조>

99. 渇く(かわく) : 목이 마르다 [목마를 갈(渇)]

어원은 「칼칼하다」(어근은 칼칼)
「칼칼하다」는 '목이 말라서 물이나 술 따위를 마시고 싶은 느낌이 있다'.
『칼(칼) 〉 카알 〉 카아 〉 카와 〉 かわ』
「かわ + く(동사·접미어)」
「かわく」: 목이 마르다

100. 瓦(かわら) : 기와 [기와 와(瓦)]

어원은 「기와」
『기와 〉 가와 〉 かわ』

「かわ + ら(접미어)」
「かわら」: 기와

---

101. 岸(きし) : ①물가 ②벼랑, 절벽 [언덕 안(岸)]

(1) 어원은 「물기슭」의 「기슭」
　　「물기슭」은 '바다, 강, 못과 같이 물이 있는 곳의 가장자리'.
　　『기슭 〉 기스 〉 기시 〉 きし』
　　「きし」: 물가

(2) 「벼랑」은 '깎아지른 듯 높이 서 있는 가파른 지형'인 것에서
　　어원은 「깎다」(어간은 깎)
　　『깎 〉 깍 〉 끽 〉 낏 〉 끼시 〉 きし』
　　「きし」: 벼랑, 절벽

※ 「끽, 낏」을 일본어로 표기하면 촉음 「きっ」으로, 「끽, 낏」은 일본어에서 같은 발음임.

---

102. きっぱり : 딱 잘라, 단호히

어원을 풀어 쓰면,
「き(=きる. 切る, 자르다)+はり(張り. 팽팽하게 당김, 야무지고 힘참)」
「きはり → きっぱり」.(촉음은 강조의 뜻)
야무지게 딱 자르다.
「きっぱり」: 딱 잘라, 단호히

---

103. 清い(きよい) : 맑다, 깨끗하다 [맑을 청(清)]

어원은 「깨끗하다」(어근은 깨끗)

『깨끗 〉 깨끄 〉 깩 〉 깨 〉 끼어 〉 끼오 〉 끼요 〉 きよ』
「きよ + い(형용사·접미어)」
「きよい」: 맑다, 깨끗하다

* 清らか(きよらか) : 깨끗한 모양
  「きよい(깨끗하다) + らか(…와 같은 상태·모양)」
  「きよらか」: 깨끗한 모양

104. 嫌う(きらう) : 싫어하다, 좋아하지 않다 [싫어할 혐(嫌)]

어원은 「꺼리다」(어간은 꺼리)
「꺼리다」는 '피하거나 싫어하다'.
『꺼리 〉 끼리 〉 끼라 〉 きら』
「きら + う(동사·접미어)」
「きらう」: 싫어하다, 좋아하지 않다

105. 霧(きり) : 안개 [안개 무(霧)]

어원은 古語 「きる」(霧る, 안개 끼다)의 명사형이다.
「きり」: 안개

* 霧る(きる) : 안개가 끼다
  어원은 「안개」의 「개」
  『개 〉 기 〉 き』
  「き + る(동사·접미어)」
  「안개」의 「개」를 동사화한 말이다.
  「きる」: 안개가 끼다

* 「안개」는 「안+개」 합성어. '안개'는 아주 작은 물방울로, '개'는 물의 뜻을 가지고 있다(예, 개천) - <서정범 국어어원사전>

106. 食う(くう) : 먹다 [먹을 식(食)]

어원은 「끼」(끼니)
「끼」는 '아침, 점심, 저녁과 같이 날마다 일정한 시간에 먹는 밥'.
「끼」를 동사화한 말이다.
『끼 〉 꾸 〉 くう』
「くう」: 먹다

- 食べる(たべる, 먹다)가 가장 일반적으로 사용된다.
  「食う」는 「食べる」보다 약간 낮춘 말투다.

107. くぎ(釘) : 못 [못 정(釘)]

어원은 「쿡」(깊이 박는 모양)
『쿡 〉 쿠기 〉 くぎ』
망치로 못을 「쿡」 박다.
「くぎ」: 못

108. 鎖(くさり) : (쇠)사슬, 잇는 것 [쇄사슬 쇄(鎖)]

「쇠사슬」은 '쇠 고리를 여러 개 죽 걸어서 만든 줄'.
어원은 「걸다」(어간은 걸)
『걸 〉 굴 〉 구사 〉 くさ』
「くさ + り(접미어)」
서로 걸어서 만든 것.
「くさり」 : (쇠)사슬, 잇는 것

- 우리말 종성 「ㄹ」이 일본어로 바뀔 때, 자음이 「ㄱ, ㅁ, ㅅ, ㅈ, ㅊ, ㄷ」으로 바뀌며 모음(ㅣ, ㅡ, ㅏ 등)이 붙는다.

109. 串(くし) : 꼬치 [곶 곶(串)]

어원은 「꼬치」(가늘고 긴 끝이 뽀족한 나무·쇠)
『꼬치 〉 꼬시 〉 꾸시 〉 くし』
「くし」: 꼬치

- 제비(추첨)를 뜻하는 「くじ(籤)」의 어원도 「꼬치」
  가는 나무 막대기(꼬치)를 뽑아서 게임을 하는 데서 유래.
  『꼬치 〉 꼬지 〉 꾸지 〉 くじ』
  「くじ」: 제비, 추첨

110. 櫛(くし) : 빗 [빗 즐(櫛)]

어원은 「꼬치」(꼬챙이)
나라(奈良) 시대의 빗은 '꼬치'처럼 살이 길은 것에서.
『꼬치 〉 꼬시 〉 꾸시 〉 くし』
「くし」: 빗

111. 屑(くず) : 쓰레기, 부스러기 [가루 설(屑)]

어원은 「구질구질」(깨끗하지 못하고 구저분한 모양)
『구질 〉 구지 〉 구즈 〉 くず』
구질구질한 것이 「쓰레기」다.
「くず」: 쓰레기, 부스러기

112. 崩れる(くずれる) : 무너지다, 붕괴하다, 날씨가 궂어지다 [무너질 붕(崩)]

문어형은「くずる」
「붕괴하다」가 '무너지고 깨지다'의 뜻에서,
어원은「깨지다」(어간은 깨지)
『깨지 〉꾸지 〉꾸즈 〉くず』
「くず + る(동사·접미어)」→ くずる → くずれる(하1단화, 구어형)
「くずれる」: 붕괴하다, 무너지다, 날씨가 궂어지다

* 崩す(くずす) : 무너뜨리다

113. くだ(管) : 관, 대롱, 가락, 속이 빈 둥근 막대 [대롱 관(管)]

어원은「가락」(예, 엿가락)
『가락 〉가라 〉갈 〉굴 〉구다 〉くだ』
「くだ」: 관, 대롱, 가락, 속이 빈 둥근 막대

☛ 우리말 종성「ㄹ」이 일본어로 바뀔 때, 자음이「ㄱ, ㅁ, ㅅ, ㅈ, ㅊ, ㄷ」으로 바뀌며 모음(ㅣ, ㅡ, ㅏ 등)이 붙는다.

《일본 어원설》
「くう(空, 빈) + たけ(竹, 대나무)」
「くうたけ → くた → くだ」

114. 砕く(くだく) : 부수다, 깨뜨리다, (세력을)꺾다 [부술 쇄(砕)]

어원은「깨뜨리다」(어간은 깨뜨리)
『깨뜨리 〉깨뜰 〉깨뜨 〉꾸따 〉꾸다 〉くだ』

「くだ + く(동사·접미어)」
「くだく」: 부수다, 깨뜨리다, (세력을)꺾다

* 砕ける(くだける) : 깨지다, 부서지다, 꺾이다

---

115. くどい(諄い) : 장황하다, 끈덕지다, 집요하다 [타이를 순(諄)]

어원은 「끈덕지다」의 「끈덕」
『끈덕 〉 끄더 〉 꾸더 〉 꾸도 〉 くど』
「くど + い(형용사·접미어)」
「くどい」: 끈덕지다, 장황하다, 집요하다.

---

116. 汲む(くむ) : 푸다, 퍼올리다, 긷다 [길을 급(汲)]

어원은 「긷다」(어간은 긷)
「긷다」는 '우물이나 샘에서 두레박·바가지로 물을 떠내다'.
『긷 〉 기 〉 구 〉 く』
「く + む(동사·접미어)」
「くむ」: 긷다, 푸다, 퍼올리다

---

117. 組む(くむ) : 짜다, 조직하다 [짤 조(組)]

어원은 「꾸미다」(어간은 꾸미)
「꾸미다」는 '어떤 일을 짜고 만들다'의 뜻.
『꾸미 〉 꾸무 〉 くむ』
「くむ」: 짜다, 조직하다

* 組合(くみあい) : 조합

118. くやむ(悔む) : 후회하다, 뉘우치다, 애석하게 여기다 [뉘우칠 회(悔)]

「悔」(뉘우칠 회)의 뜻이 「뉘우치다, 스스로 꾸짖다」에서,
어원은 「꾸짖다」(어간은 꾸짖)
『꾸짖 〉 꾸지 〉 꽃 〉 꿍 〉 꾸하 〉 꾸아 〉 꾸야 〉 くや』
「くや + む(동사·접미어)」
자기 자신을 꾸짖으며 후회하다.
「くやむ」 : 후회하다, 뉘우치다, 애석하게 여기다

* くやしい(悔しい) : 분하다, 억울하다

119. 狂う(くるう) : 미치다, 이상해지다 [미칠 광(狂)]

어원은 「くるくる」(뱅글뱅글)
「くる + う(동사·접미어)」→ くるう
머리가 뱅글뱅글 돌다. 즉, 「미치다」
「くるう」 : 미치다, 이상해지다

* 狂おしい(くるおしい) : =くるわしい. 미칠 것 같다

← くるくる : 뱅글뱅글(구르는 모양)
　어원은 「구르다」(어간은 구르)
　『구르 〉 구루 〉 くる 〉 くる·くる』

120. 黒(くろ) : 검정 [검을 흑(黒)]

어원은 「검다」(어간은 검)
『검 〉 거 〉 구 〉 く』

「く + いろ(色, 색)」→ くいろ → くろ
「くろ」: 검정

☛ 거미 : クモ(蜘蛛).
　　　『거미 〉 구미 〉 구모 〉 くも』

---

121. 銜える(くわえる) : (입에)물다, 이 사이에 가볍게 끼우다 [재갈 함(銜)]

어원은 「끼우다」(어간은 끼우)
『끼우 〉 꾸우 〉 꾸아 〉 꾸와 〉 くわ』
「くわ + える(동사를 만듦)」
「くわえる」: 이 사이에 가볍게 끼우다, 입에 물다

---

122. 削る(けずる) : 깎다, 삭감하다 [깎을 삭(削)]

어원은 「깎다」(어간은 깎)
『깎 〉 깍 〉 깩 〉 깻 〉 깨주 〉 けず』
「けず + る(동사·접미어)」
「けずる」: 깎다, 삭감하다

☛ 「깩,깻」을 일본어로 표기하면 촉음 「けっ」으로, 「깩,깻」은 일본어에서 같은 발음임.

---

123. 越える(こえる) : 넘다, 건너다 [넘을 월(越)]

어원은 「고개」
『고개 〉 곡 〉 곧 〉 공 〉 고해 〉 고애 〉 こえ』
「こえ + る(동사·접미어)」

고개를 넘다.
「こえる」: 넘다, 건너다

* 超える(こえる) : 기준을 넘다, 초과하다

☛ 「곡,곧」을 일본어로 표기하면 촉음 「こっ」으로, 「곡,곧」은 일본어에서 같은 발음임.

---

124. 肥える(こえる) : 살찌다, 비옥해지다 [살찔 비(肥)]

어원은 「걸다」(어간은 걸)
「걸다」는 '흙이나 거름 따위가 기름지고 양분이 많다'.
『걸 〉 골 〉 고올 〉 고오 〉 고에 〉 こえ』
「こえ + る(동사·접미어)」
「こえる」: 비옥해지다, 살찌다

* こやす(肥やす) : 살찌게 하다, 기름지게 하다

---

125. 凍る(こおる) : 얼다 [얼 동(凍)]

어원은 「곧다」(어간은 곧). '곱다'의 방언(경남, 제주)
「곧다」(곱다)는 '얼어서 감각이 둔하고 놀리기가 어렵다'.
『곧 〉 꽁 〉 고호 〉 고오 〉 こお』
「こお + る(동사·접미어)」
「こおる」: 얼다

* 氷(こおり) : 얼음

☛ 고드름 : 「곧다 + 얼다」.(곧얼 〉 고덜 〉 고드름)

99

126. 焦がる(こがる) : 불에 그슬려지다, 검게 눋다, 타다 [탈 초(焦)]

어원은 「그을다」(어간은 그을)
「그을다」는 '햇볕이나 불, 연기 따위를 오래 쬐어 검게 되다'.
『그을 〉글 〉골 〉고가 〉こが』
「こが + る(동사·접미어)」
「こがる」 : 불에 그슬려지다, 검게 눋다, 타다

* 焦がす(こがす) : 태우다
  焦げる(こげる) : 눋다, 타다

☛ 우리말 종성 「ㄹ」이 일본어로 바뀔 때, 자음이 「ㄱ, ㅁ, ㅅ, ㅈ, ㅊ, ㄷ」으로 바뀌며 모음(ㅣ, ㅡ, ㅏ 등)이 붙는다.

> 쉬어 가는 곳(3)

일본 3경(日本三景)

에도(江戶) 시대 초기 유학자인 林春斎(はやし しゅんさい)가 일본 전국을 행각(行脚, あんぎゃ, 도보여행)하여 3곳을 일본 3경으로 정했다고 한다.

1. 松島(まつしま)
미야기현(宮城県)에 있는 松島는 和歌(일본 고유의 시)에 나오는 「松島여, 아아 松島여, 松島여」라는 구절이 유명하다. 크고 작은 260개의 섬이 떠있는 송도는 오랜 옛날부터 명승지로 사랑받아 지금은 미야기현 「자연공원」으로 지정되어 있다. 松島를 조망하는 네 개의 장소인 「四大観(しだいかん)」이 있다.

2. 天橋立(あまのはしだて)
교토부(京都府) 미야즈시(宮津市, みやづし)에 위치하는 3.6km 길이의 만(灣) 어귀 모래톱(砂州)이다. 天橋立 외해(外海)는 미야즈만이 있고, 모래톱 내측은 아소(阿蘇, あそ)海라는 내해(內海)로 되어 있다. 天橋立의 환상적인 경관은 모래톱 안에 우거진 8,000그루의 소나무이다. 백사장의 흰색과 소나무의 녹색은 자연의 색이 아름답게 어우러져 흡사 하늘에 오르는 다리와 같이 보인다.

3. 宮島(みやじま)
히로시마현(広島県)에 있는 옛날부터 「신들의 섬」으로 숭상받고 있는 宮島. 특히 바다에 떠 있는 大鳥居(おおとりい)와 신사(神社)의 신체(神體)를 모신 건물로 알려진 세계유산인 厳島(いつくしま) 신사(神社)는 쇼토쿠(聖徳, しょうとく) 태자 시대에 창건되었고, 헤이안(平安) 시대 말기에 더욱 발전했으며 특별한 장소로서 그 이름을 알리게 되었다. 현재는 섬 전체가 세토나이카이(瀨戶內海) 해상국립공원으로 지정되어 있다.

127. 漕ぐ(こぐ) : (노)젓다, 이리저리 헤치며 가다 [배로 실어 나를 조(漕)]

'허리'를 움직여 노를 젓는 것에서,
어원은「こし」(腰, 허리)
「こし + ぐ(동사·접미어)」→ こしぐ → こぐ
「こぐ」: (노)젓다, 이리저리 헤치며 가다

<연상> 腰(こし) : 허리
 → **고시**(考試) 공부로 의자에 오래 앉았더니「허리」가 아프다.

128. 拵える(こしらえる) : 만들다, 제조하다 [의거할 존(拵)]

문어형은「こしらう(拵う)」
원래「誘う」(こしらう)의 訓도 있는 것에서,
어원은「꼬시다」(어간은 꼬시). '꾀다'의 속된 말.
『꼬시 〉こし』
「こし + らう(동사화)」→ こしらう → こしらえる」.(하1단화, 구어형)
(상대를) 꼬시어 내 의도대로 만들다(→의미 확장으로 '제조하다'의 뜻이 됨)
「こしらえる」: 만들다, 제조하다

129. 異なる(ことなる) : 다르다, 같지 않다 [다를 이(異)]

풀어 쓰면,
「ことに(殊に, 각별히) + なる(되다)」
「ことになる → ことなる」
각별하게 되다(즉, 다르게 되다)
「ことなる」: 다르다, 같지 않다

☛ ことに(殊に) : 각별히. <130번 참조>

130. 殊に(ことに) : 각별히, 특히 [다를 수(殊)]

어원은 「곧」
「곧」은 앞말을 강조하는 뜻을 나타냄.
(예, 그대곧 아니면 뉘 능히 이 일을 하리오?)
『곧 〉 고도 〉 こと 〉 ことに』
「ことに」 : 각별히, 특히

131. 粉(こな, こ) : 가루, 분말, 밀가루 [가루 분(粉)]

어원은 「가루」
『가루 〉 갈 〉 가알 〉 가아 〉 강 〉 간 〉 가나 〉 고나 〉 こな』
「こな, こ」 : 가루, 분말, 밀가루

* むぎこ(麦粉) : 밀가루

☛ ん의 음가는 ㄴ, ㅁ, ㅇ

132. 堪える(こらえる) : 참다, 견디다 [견딜 감(堪)]

어원은 「골병(골病)」의 「골」
「골병」은 '겉으로 드러나지 아니하고 속으로 깊이 든 병'을 말하고, 「골」은 '겉으로 드러나지 아니하고 속으로'라는 뜻.
『골 〉 고라 〉 こら』
「こら + える(동사를 만듦)」 → こらえる
드러내지 않고 마음 속으로 「참고 견디다」
「こらえる」 : 참다, 견디다

133. 樵る(こる) : 나무를 하다 [나무할 초(樵)]

樵る(こる) : 나무를 하다 [나무할 초(樵)]
어원은 「こ」(木, 나무)
「こ + る(동사·접미어)」
나무를 동사화한 말이다.
「こる」: 나무를 하다
 * こかげ(木陰) : 나무 그늘

134. 酒(さか, さけ) : 술 [술 주(酒)]

어원은 「삭다」(발효되다)
곡물을 삭게(→ **사께**, 발효되게) 해서 만든 것이 '술'이다.
『사께 〉 さけ』
「さけ」: 술

 * 酒屋(さかや) : 술을 빚는 사람(집). 마시는 집은 아님. 「さか」는 '술의' 뜻.

☞ 「술」의 발음 변화로도 설명할 수 있다.
   『술 〉 살 〉 사게 〉 さけ』
   「さけ」: 술

135. 境, 界(さかい) : 경계, 갈림길 [지경 경(境)]

어원은 「さか」(坂. 고개, 비탈)
비탈(さか)을 '경계'로 삼는 것에서.
「さか → さかい」
「さかい」: 경계, 갈림길

 ☞ さか(坂) : 고개, 비탈. <1권 248번 참조>

136. 逆らう(さからう) : 거스르다, 거역하다 [거스를 역(逆)]

「さか(逆, 거꾸로 됨) + らう(동사화)」
「さからう」: 거스르다, 거역하다

☛ さか(逆) : 거꾸로 됨, 거슬러 됨
물고기(さかな, 魚)는 강을 「거슬러」 올라간다.

---

137. 遡る(さかのぼる) : 거슬러 올라가다, 소급하다 [거스를 소(遡)]

풀어 쓰면,
「さか(逆, 거슬러 됨) + のぼる(上る. 오르다, 올라가다)」
「さかのぼる」: 거슬러 올라가다, 소급하다

---

138. 探る, 捜る(さぐる) : 뒤지다, 더듬어 찾다, 살피다 [찾을 탐(探)]

어원은 「살피다」(어간은 살피). '두루두루 주의하여 자세히 보다'.
『살피 〉 사피 〉 삵 〉 삽 〉 삭 〉 사구 〉 さぐ』.
「さぐ + る(동사·접미어)」
잘 살펴서 찾다.
「さぐる」: 뒤지다, 더듬어 찾다, 살피다, 탐색하다

☛ 「삽,삭」을 일본어로 표기하면 촉음 「さっ」으로, 「삽,삭」은 일본어에서 같은 발음임.

139. 支える(ささえる) : 버티다, 떠받치다 [지탱할 지(支)]

어원은「지쎄다」(어간은 지쎄). '버티다'의 방언(함남)
『지쎄 〉 지사 〉 자사 〉 ざさ 〉 ささ』.(탁음 ざ → 청음 さ)
「ささ + える(동사를 만듦)」
「ささえる」: 버티다, 떠받치다

140. 囁く(ささやく) : 속삭이다, 소곤거리다 [소근거릴 섭(囁)]

어원은「속삭이다」(어근은 속삭)
『속삭 〉 삭삭 〉 사사 〉 ささ』
「ささ + やく(동사화)」
「ささやく」: 속삭이다, 소곤거리다

141. 匙(さじ) : 숟가락 [숟가락 시(匙)]

어원은「숟가락」(어근은 숟)
『숟 〉 숯 〉 수지 〉 사지 〉 さじ』
「さじ」: 숟가락

142. 刺す(さす) : 찌르다 [찌를 자(刺)]

어원은「손」
『손 〉 소 〉 사 〉 さ』
「さ + す(동사·접미어)」
손(가락)으로 찌르다.
「さす」: 찌르다

143. 射す(さす) : 비치다 [쏠 사(射)]

어원은 「햇살」의 「살」
『살 〉 사스 〉 さす』
햇살이 비치다.
「さす」: 비치다

- 우리말 종성 「ㄹ」이 일본어로 바뀔 때, 자음이 「ㄱ, ㅁ, ㅅ, ㅈ, ㅊ, ㄷ」으로 바뀌며 모음(ㅣ, ㅡ, ㅏ 등)이 붙는다.

- 「햇살」의 「살」은 '태양'을 의미한다.[영어 Sol(태양), solar(태양의)와 同根]

144. 指す(さす) : 가리키다 [가리킬 지(指)]

어원은 「손」
『손 〉 소 〉 사 〉 さ』
「さ + す(동사·접미어)」 → さす
손으로 가리키다.
「さす」: 가리키다

- さす(刺す, 찌르다)와 같은 어원이다.

145. さすが(遉, 流石) : 그렇다고는 하나, 과연 [엿볼 정(遉)]

어원을 풀어 쓰면,
「さ(=そう, 그렇게) + する(하다) + が(조사)」
「さするが 〉 さすが」
「さすが」: 그렇다고는 하나, 과연

146. さっそく(早速) : 곧, 즉시, 바로

어원은 「싸게+싸게」
「싸게」는 '빨리'의 방언(경상, 전라, 충청).
『싸게·싸게 〉 쌋사게 〉 쌋소구 〉 さっそく』
「さっそく」: 곧, 즉시, 바로

---

147. 錆びる(さびる) : 녹슬다 [자세할 창(錆)]

어원은 「슬다」(어간은 슬)
「슬다」는 '쇠붙이에 녹이 생기다'.
『슬 〉 살 〉 사비 〉 さび』
「さび + る(동사·접미어)」
「さびる」: 녹슬다

* 우리말 종성 「ㄹ」이 일본어로 바뀔 때, 자음이 「ㄱ, ㅁ(ㅂ), ㅅ, ㅈ, ㅊ, ㄷ」으로 바뀌며 모음(ㅣ, ㅡ, ㅏ 등)이 붙는다.

☛ さびる(寂びる) : 예스러운 멋이 있다, 한적한 정취가 있다.
  푸르게 녹슨(さびる, 錆びる) 청동 기와는 「예스러운 멋이 있다」

---

148. 妨げる(さまたげる) : 방해하다, 지장을 주다 [방해할 방(妨)]

문어형은 「さまたぐ」
「じゃま(邪魔, 방해) + たぐ(동사화)」
「じゃまたぐ → ざまたぐ → さまたぐ」.(요음→직음→청음)
「さまたぐ → さまたげる」.(하단화, 구어형)
「さまたげる」: 방해하다, 지장을 주다

☛ 大変(たいへん)お邪魔いたしました.(대단히 실례 많았습니다)

149. 更に(さらに) : 그 위에, 더욱더, 다시 한번, 거듭 [다시 갱(更)]

풀어 쓰면,
「さら(新, 새로움) + に(부사화)」
새롭게 더 보태어서
「さらに」: 그 위에, 더욱더, 다시 한번, 거듭

- さら(新) : 새로움, 새것
  어원은 「새로」(새롭게)
  『새로 〉 새라 〉 사라 〉 さら』
  「さら」: 새로움, 새것

150. 爽やか(さわやか) : 상쾌한 모양, 시원시원한 모양 [시원할 상(爽)]

어원은, 「시원하다」(어간은 시원)
『시원 〉 시워 〉 사워 〉 사와 〉 さわ』
「さわ + やか(그러한 느낌을 주는 모양)」
「さわやか」: 상쾌한 모양, 시원시원한 모양

* さわさわ(爽爽) : 시원시원, 상쾌하게 바람이 부는 모양

151. 鹿(しか) : 사슴 [사슴 록(鹿)]

어원은 「カク」(角, 뿔)
옛날에는 사슴을 「か」라고 했다. 뿔을 뜻하는 「角」의 음독은 「カク」이며, 이 「カク」의 앞 글자를 따서 사슴을 「か」라 불렀다. 큰 뿔의 짐승이라는 뜻이다. 뒤에 짐승을 의미하는 「しし」의 「し」가 앞에 붙어 「しか」가 되었다.
「しか」: 사슴

- 獣(しし) : 짐승

  어원은 「짐승」

  『짐승 〉 짐스 〉 지스 〉 지시 〉 じし 〉 しし』.(탁음 じ → 청음 し)

  「しし」 : 짐승

152. しかくい : 네모지다

어원은 「しかく」(四角. 사각, 네모진 모양)

「しかく+い(형용사·접미어)」

「しかくい」 : 네모지다

153. 直に(じきに) : 곧, 금방, 바로 [곧을 직(直)]

어원은 「直」의 우리 한자음 「곧을 직」

『직 〉 지기 〉 じき 〉 じきに』

우회하지 않고 곧게 바로.

「じきに」 : 곧, 금방, 바로

154. 頻りに(しきりに) : 자꾸만, 계속적으로, 끊임없이 [자주 빈(頻)]

어원을 풀어 쓰면,

「しきり(頻り. 거듭되다, 자꾸 일어나다) + に(부사화)」 → しきりに

「しきりに」 : 자꾸만, 계속적으로, 끊임없이

- しきる(頻る) : 거듭되다, 자꾸 일어나다

  어원은 「-씩」

  「-씩」은 (수량을 나타내는 말 뒤에 붙여), 「그 수량이나 크기로 나뉘거나 되풀이 됨」의 뜻.(예-조금씩, 하나씩).

『씩 〉 씨기 〉 しき』

「しき + る(동사·접미어)」

「しきる」 : 거듭되다, 자꾸 일어나다

---

155. 敷く(しく) : 깔다, 밑에 펴다 [펼 부(敷)]

어원은 「설다」(어간은 설). '깔다'의 옛말

『섥 〉 ㅅㄱ+ㅏ 〉 ㅅㄱ+ㅣ 〉 시 〉 し』

「し + く(동사·접미어)」 → しく

「しく」 : 깔다, 밑에 펴다

☛ 합용병서 「ㅅㄱ」 음가
① 'ㅅ', 'ㄱ'이 모두 발음되었다고 보는 견해도 있고, ②'ㄱ'의 된소리라고 보는 견해도 있으나, 여기서는 ①로 풀이.

---

156. 茂る, 繁る(しげる) : 무성하다, 우거지다 [무성할 무(茂)]

어원은 「짙다」(어간은 짙). '녹음이 짙다'(우거지다).

『짙 〉 직 〉 지게 〉 じげ 〉 しげ』.(탁음 じ → 청음 し)

「しげ + る(동사·접미어)」

「しげる」 : 무성하다, 우거지다

* 녹음(綠陰) : 푸른 잎이 우거진 나무나 수풀.

☛ 「짙,직」을 일본어로 표기하면 촉음 「じっ」으로, 「짙,직」은 일본어에서 같은 발음임.

157. しっぽ(尻尾) : 꼬리 [꽁무니 고(尻)]

풀어 쓰면,
「しり(尻. 뒤, 뒤쪽) + お(尾, 꼬리)」
「しりお 〉 しりほ 〉 しっぽ」
「しっぽ」: 꼬리

158. しばしば(数·屢) : 자주, 여러 번, 누차, 종종 [여러 루(屢)]

어원은 「잦다」(어간은 잦). '잇따라 자주 있다'의 뜻.
『잦 〉 짖 〉 집 〉 지바 〉 じば 〉 しば』.(탁음 じ → 청음 し)
「しば + しば」
「しばしば」: 자주, 여러 번, 누차, 종종

☛ 「짖,집」을 일본어로 표기하면 촉음 「じっ」으로, 「짖,집」은 일본어에서 같은 발음임.

159. 痺れる(しびれる) : 저리다 [저릴 비(痺)]

문어형은 「しびる」
어원은 「저리다」(어간은 저리)
『저리 〉 절 〉 질 〉 지비 〉 じび 〉 しび』.(탁음 じ → 청음 し)
「しび + る(동사·접미어)」 → しびる → しびれる」.(하단화, 구어형)
「しびれる」: 저리다

☛ 우리말 종성 「ㄹ」이 일본어로 바뀔 때, 자음이 「ㄱ, ㅁ(ㅂ), ㅅ, ㅈ, ㅊ, ㄷ」으로 바뀌며 모음(ㅣ, ㅡ, ㅏ 등)이 붙는다.

160. 萎む(しぼむ) : 시들다, 오므라지다 [시들 위(萎)]

어원은 「시들다」(어간은 시들)
『시들 〉 시드 〉 싣 〉 십 〉 시보 〉 しぼ』
「しぼ + む(동사·접미어)」
「しぼむ」 : 시들다, 오므라지다

* しおれる(萎れる) : 시들다

☛ 「싣, 십」을 일본어로 표기하면 촉음 「しっ」으로, 「싣, 십」은 일본어에서 같은 발음임.

161. 絞る(しぼる) : 짜다, 물기를 빼다, 조르다, 죄다 [목맬 교(絞)]

어원은 「조르다」(어간은 조르)
『조르 〉 졸 〉 질 〉 지보 〉 じぼ 〉 しぼ』.(탁음 じ → 청음 し)
「しぼ + る(동사·접미어)」 → しぼる
(물수건을) 손으로 졸라서 짜다.
「しぼる」 : 짜다, 물기를 빼다, 조르다, 죄다

☛ 우리말 종성 「ㄹ」이 일본어로 바뀔 때, 자음이 「ㄱ, ㅁ(ㅂ), ㅅ, ㅈ, ㅊ, ㄷ」으로 바뀌며 모음(ㅣ, ㅡ, ㅏ, ㅗ 등)이 붙는다.

162. 占める(しめる) : 차지하다, 점유하다 [점령할 점(占)]

어원은 「점하다」(占하다)의 「점」
『점 〉 짐 〉 지메 〉 じめ 〉 しめ』.(탁음 じ → 청음 し)
「しめ + る(동사·접미어)」
「しめる」 : 점유하다, 차지하다

113

163. 湿る(しめる) : 축축해지다, 습기 차다 [축축할 습(濕)]

어원은 「질다」(어간은 질)
「질다」는 '물기가 많다'의 뜻.
『질 〉 지메 〉 <u>じ</u>め 〉 <u>し</u>め』.(탁음 じ → 청음 し)
「しめ + る(동사·접미어)」
「しめる」: 축축해지다, 습기 차다

☛ 우리말 종성 「ㄹ」이 일본어로 바뀔 때, 자음이 「ㄱ, ㅁ, ㅅ, ㅈ, ㅊ, ㄷ」으로 바뀌며 모음(ㅣ, ㅡ, ㅏ, ㅔ 등)이 붙는다.

164. 霜(しも) : 서리 [서리 상(霜)]

어원은 「서리」
『서리 〉 설 〉 서모 〉 시모 〉 しも』
「しも」: 서리

☛ 우리말 종성 「ㄹ」이 일본어로 바뀔 때, 자음이 「ㄱ, ㅁ, ㅅ, ㅈ, ㅊ, ㄷ」으로 바뀌며 모음(ㅣ, ㅡ, ㅏ, ㅗ 등)이 붙는다.

165. 下(しも) : 아래, 하류 [아래 하(下)]

어원을 풀어 쓰면,
「しり(尻. 엉덩이, 끝 부분) + も(=み. 身, 몸)」
「しりも → しも」
끝에 있는 몸이라는 뜻으로 「아래」를 뜻함
「しも」: 아래, 하류

☛ 身(み) : 몸

『몸 → 모(も) → 무(む) → 미(み)』
「む」는 み(몸)의 옛말. 「も」도 み(몸)의 옛말.

---

166. 喋る(しゃべる) : 지껄이다, 말하다 [재재거릴 첩(喋)]

어원은 「셋바닥」의 「셋」, '혓바닥'의 방언(강원, 경상, 충청).
『셋 〉 삿 〉 삽 〉 사베 〉 샤베 〉 しゃべ』
『しゃべ + る(동사·접미어)』
혀를 움직여 말하다.
「しゃべる」 : 지껄이다, 말하다

* 「삿,삽」을 일본어로 표기하면 촉음 「さっ」으로, 「삿,삽」은 일본어에서 같은 발음임.

☞ 「시부리다」(어간은 시부리)로도 설명할 수 있다.
『시부리 〉 시불 〉 시부루 〉 사부루 〉 사베루 〉 しゃべる』
「しゃべる」 : 지껄이다, 말하다

---

167. しゃれ(洒落) : 익살, 멋부림 [洒落는 취음자]

어원은 「치레」
「치레」는 「잘 손질하여 모양을 냄. 무슨 일에 실속 이상으로 꾸미어 드러냄」
『치레 〉 차레 〉 샤레 〉 しゃれ』
 ① 실속 이상으로 꾸미어(과장하여) 익살스럽다 → しゃれ(익살)
 ② 잘 손질하여 모양을 내다 → しゃれ(멋부림. 흔히 'お洒落'의 꼴)

* しゃれる(洒落る) : 멋을 내다, 재치가 있다

168. 尻(しり) : 엉덩이, 뒤, 뒤쪽 [꽁무니 고(尻)]

어원은 「눈초리」의 「초리」

「초리」는 '꼬리'의 옛말

『초리 〉 치리 〉 지리 〉 じり 〉 しり』.(탁음 じ → 청음 し)

꼬리는 엉덩이에 있는 것에서.

「しり」: 엉덩이, 뒤, 뒤쪽

* めじり(目尻) : 눈초리, 눈꼬리

> 쉬어 가는 곳(4)

일본에 눈이 많이 오는 이유

일본은 눈이 많이 오는 나라다. 그래서 장편소설 「설국」(雪国. ゆきぐに, 川端康成 -かわばた やすなり)이 1968년 노벨 문학상을 수상한 것도 이상할 것이 없다. 눈이 많은 것에 비하면 눈을 소재로 한 문학 작품의 노벨상 수상이 오히려 늦은 감이 들 정도다.

국토교통성은 東海(일본해) 쪽을 중심으로 하는 24개 도부현(道府県)의 532개 시정촌(市町村), 면적으로 일본 전체의 51%를 호설지대(豪雪地帯)로 지정하고 있다(2023년). 이중에서 25개 도현(道県)의 201개 시정촌((市町村)이 특히 적설량이 많은 특별호설지대로 지정되어 있다.

호설지역이 동해(일본해)쪽에 집중하고 있는 이유는 겨울 특유의 「북서 계절풍」에 있다. 대륙에서 찬 북서 계절풍이 불면, 이 바람보다 습도가 높은 동해(일본해)에서 많은 수분이 수증기가 되어 바람을 타고 온다. 그리고 일본 열도 가운데에 있는 높은 산에 부딪쳐 상승해서 대량의 눈구름이 된다. 이 눈구름이 동해(일본해) 쪽의 산간지역이나 평야지대에서 눈이 되어 내리게 된다.

눈이 많은 지역은 다음과 같다. 「홋카이도(北海道), 아오모리현(青森県), 이와테현(岩手県), 아키다현(秋田県), 야마가타현(山形県), 니가타현(新潟県), 도야마현(富山県), 이시가와현(石川県), 후쿠시마현(福島県), 돗토리현(鳥取県)」.

※ 都道府県(とどうふけん) : 일본의 광역자치단체
　　　　　　東京都·北海道·京都府·大阪府 및 43개 현(県)
　市町村(しちょうそん) : 일본의 기초자치단체
　　　　　　1,718개(市 792, 町 743, 村 183) - 2018년 현재.

169. 汁(しる) : 즙, 국 [즙 즙(汁)]

어원은 「술」('숟가락'의 방언)
'국물'은 숟가락(술)으로 떠먹는 것에서
『술 〉 수루 〉 시루 〉 しる』
「しる」 : 즙, 국

170. 城(しろ) : 성 [재 성(城)]

옛날 성에 백토(白土)를 칠한 것에서
어원은 「しろい」(白い, 희다)
「しろい → しろ」
「しろ」 : 성

* 백토(白土) : 잔모래가 많이 섞인 흰 빛깔의 흙

171. 素人(しろうと) : 비전문가, 아마추어 [본디 소(素)]

어원은 「설다」(어간은 설).
「설다」는 '익숙하지 못하다, 서툴다'.(예-일이 손에 설다)
『설 〉 실 〉 시로 〉 しろ』
「しろ + ひと(人, 사람)」 → しろひと → しろうと
아직 서툰 사람이 아마추어다.
「しろうと」 : 비전문가, 아마추어

☛ くろうと(玄人) : 전문가
 그 방면에 애를 쓴 사람.「くろう」(苦労, 애씀)
 「くろう + ひと(人, 사람)」
 「くろう·ひと → くろひと → くろうと」

118

「くろうと」: 전문가

---

172. しわ(皺) : 주름, 잔물결 [주름 추(皺)]

어원은「주름」
『주름 〉 주르 〉 줄 〉 주울 〉 주우 〉 지우 〉 지와 〉 じわ 〉 しわ』
　[탁음 じ → 청음 し]
「しわ」: 주름, 잔물결

---

173. 巣(す) : 새·곤충의 집, 소굴 [새집 소(巣)]

어원은「巣」의 우리 한자음「새집 소」
『소 〉 스 〉 す』
「す」: 새·곤충의 집, 소굴

---

174. 末(すえ) : 끝, 마지막 [끝 말(末)]

어원은「섣달」의「섣」
「섣달」(음력 12월)은「음력으로 한 해의 '맨 마지막' 달」
『섣: 〉 서: 〉 서어 〉 서에 〉 스에 〉 すえ』
「すえ」: 끝, 마지막

---

175. 姿(すがた) : 모양, 모습 [모양 자(姿)]

어원을 풀어 쓰면,
「す(素, 바탕 그대로임) + かた(=かたち. 形, 모양)」
「すかた 〉 すがた」
「すがた」: 모양, 모습

* すがお(素顔) : 민얼굴
  すなお(素直) : 순진함, 솔직함

176. 透き, 隙(すき) : 틈, 빈틈 [틈 극(隙)]

어원은「성기다」(어간은 성기)
「성기다」는 '물건의 사이가 뜨다'(틈이 생기다).
『성기 〉 서기 〉 스기 〉 すき』
「すき」: 틈, 빈틈

* すきま(透き間) : 틈, 겨를, 짬

177. 杉(すぎ) : 삼나무 [삼나무 삼(杉)]

어원은「삼나무」의「삼」
『삼 〉 사 〉 스 〉 す』
「す + き(木, 나무)」→ すき → すぎ
「すぎ」: 삼나무

178. 優れる(すぐれる) : 뛰어나다, 우수하다 [뛰어날 우(優)]

문어형은「すぐる」
어원은「썩」(보통의 정도보다 훨씬 뛰어나게)
『썩 〉 쑥 〉 쑤구 〉 수구 〉 すぐ』
「すぐ + る(동사·접미어)」→ すぐる → すぐれる(하단화, 구어형)
「すぐれる」: 뛰어나다, 우수하다

179. 筋(すじ) : 줄기, 줄거리, 힘줄, 근육 [힘줄 근(筋)]

어원은 「힘줄」의 「줄」
『줄 〉 주지 〉 즈지 〉 ずじ 〉 すじ』.(탁음 ず → 청음 す)
「すじ」: 줄기, 줄거리, 힘줄, 근육

<출처> : 古典基礎語辭典(大野 普, おおのすすむ)

☛ 우리말 종성 「ㄹ」이 일본어로 바뀔 때, 자음이 「ㄱ, ㅁ, ㅅ, ㅈ, ㅊ, ㄷ」으로 바뀌며 모음(ㅣ, ㅡ, ㅏ 등)이 붙는다.

180. 鈴(すず) : 방울 [방울 령(鈴)]

어원은 「すずしい」(涼しい. 시원하다, 맑고 깨끗하다)
「방울」 소리는 맑고 깨끗한 것에서.
「すずしい → すず」
「すず」: 방울

181. 雀(すずめ) : 참새 [참새 작(雀)]

어원은 참새의 우는 소리 「짹짹」
『짹짹 〉 잭잭 〉 죽죽 〉 주주 〉 ずず 〉 すず』.(탁음 ず → 청음 す)
「すず + め(새를 뜻함)」
「すずめ」: 참새

182. すっきり : 산뜻한 모양, 세련된 모양, 말끔한 모양

어원은 「산뜻하다」(어근은 산뜻)

『산뜻 〉 사뜨 〉 사드 〉 삳 〉 숟 〉 숙 〉 수기 〉 すき 〉 すっき』
「すっき + り」
「すっきり」 : 산뜻한 모양, 세련된 모양, 말끔한 모양

◆ 「숟, 숙」을 일본어로 표기하면 촉음 「すっ」으로, 「숟, 숙」은 일본어에서 같은 발음임.

183. すべて(総て, 全て) : 전부, 모두, 전체, 모조리 [다 총(総)]

어원은 「주비」('무리'의 옛말)
『주비 〉 주배 〉 ずべ 〉 すべ』.(탁음 ず → 청음 す)
무리로(→모두, 전부)
「すべて」 : 전부, 모두, 전체, 모조리.

◆ すべる(統べる, 総べる) : 총괄하다, 통합하다

184. 済まない(すまない) : 미안하다 [건널 제(済)]

풀어 쓰면,
「すむ」(済む. 끝나다, 변명이 되다) + ない(...않다, 부정을 나타냄)」
「すむ + ない 〉 すま + ない」
변명이 되지 않다(→미안하다)
「すまない」 : 미안하다

◆ すみません(済みません) : 죄송합니다.

185. 炭(すみ) : 숯 [숯 탄(炭)]

어원은 「숯」

122

『숯 〉숫 〉숩 〉수ㅂ 〉수미 〉すみ』.(bmw 변화, ㅂ → ㅁ)
「すみ」: 숯

* 영어의 「soot」는 「검댕」이란 뜻으로 「숯」과 뜻이 유사하다.

☛ 「숫,숩」을 일본어로 표기하면 촉음 「すっ」으로, 「숫,숩」은 일본어에서 같은 발음임.

186. 相撲(すもう) : 씨름 [서로 상(相)]

어원은 「씨름」
『씨름 〉씨모 〉쓰모 〉すもう』.(ㄹ 탈락)

☛ 「구름」이 「くも」로 바뀐 것과 유사하다.
　『구름 〉구모 〉くも』.(ㄹ 탈락)

187. ずらり : 즐비하게, 죽

어원은 「줄짓다」의 「줄」
『줄 〉주라 〉ずら 〉ずらり』
「ずらり」: 즐비하게, 죽

188. 狡い(ずるい) : 교활하다 [교활할 교(狡)]

어원은 「ずるずる」(질질, 일·시간 따위를 오래 끌고 가는 모양)
「ずる + い(형용사·접미어)」
빨리 하지 않고 일부러 시간을 질질 끄는(→교활한).
「ずるい」: 교활하다

← ずるずる : 질질, 일·시간 따위를 오래 끌고 가는 모양
어원은「질질」
『질질 〉 줄줄 〉 주루주루 〉 ずるずる』

189. ずれる : 벗어나다, 어긋나다

「はずれる」(外れる. 빗나가다, 벗어나다, 어긋나다)에서,
「はずれる → ずれる」
「ずれる」: 벗어나다, 어긋나다

* ずらす : 비키어 놓다

190. 迫る(せまる) : 다가오다, 박두하다 [닥칠 박(迫)]

풀어 쓰면,
「せまい(狭い, 좁다) + る(동사·접미어)」→ せまる
(기간을) 좁게 하다. 즉,「다가오다」라는 뜻이다.
「せまる」: 다가오다, 박두하다

191. 責める(せめる) : 비난하다, 괴롭히다 [꾸짖을 책(責)]

攻める(せめる, 공격하다)와 같은 어원이다.
비난하는 것은 말로 공격하는(せめる, 攻める) 것이다.
「せめる」: 비난하다, 괴롭히다

← 攻める(せめる) : 공격하다. <192번 참조>

192. 攻める(せめる) : 공격하다, 진격하다 [칠 공(攻)]

어원은「쌔리나」(어간은 쌔리). '때리다'의 방언.
『쌔리 > 쌜 > 쌔메 > せめ』
「せめ + る(동사·접미어)」
상대를 때리며 공격하다.
「せめる」: 공격하다, 진격하다

☛ 우리말 종성「ㄹ」이 일본어로 바뀔 때, 자음이「ㄱ, ㅁ, ㅅ, ㅈ, ㅊ, ㄷ」으로 바뀌며 모음(ㅣ, ㅡ, ㅏ, ㅔ 등)이 붙는다.

193. せりふ(台詞) : 대사, 틀에 박힌 말

어원은「사뢰다」(어간은 사뢰). '말하여 올리다'의 옛말.
『사뢰 > 살 > 셀 > 세리 > せり』
「せり + いう(言う, 말하다)」→ せりいう → せりふ
무대에서 배우가 하는 말.
「せりふ」: 대사, 틀에 박힌 말

194. 剃る(そる) : 박박 깎다, 면도하다 [머리털 깎을 체(剃)]

어원은「자르다」(어간은 자르)
『자르 > 잘 > 졸 > 조루 > ぞる > そる』.(탁음 ぞ → 청음 そ)
털을 자르다(→면도하다).
「そる」: 박박 깎다, 면도하다

☛ かみそり(剃刀) : 면도칼
   「かみ(髪, 머리털) + そり(剃り, 박박 깎다)」

※ 지금은 면도칼이 수염을 깎는 것이 목적이지만, 예전에는 머리털을 깎는 것이 면도칼의 주목적이었다.

195. 逸れる(それる) : 빗나가다, 벗어나다 [달아날 일(逸)]

어원은 「설맞다」의 「설」
「설맞다」는 '총알이나 화살 따위가 급소에 바로 맞지 아니하다'(→빗나가다).
『설 〉 솔 〉 소래 〉 それ』
「それ + る(동사·접미어)」
「それる」 : 빗나가다, 벗어나다

196. 互い(たがい) : 서로, 교대로 [서로 호(互)]

어원은 「대거리」(일을 시간과 순서에 따라 교대로 바꾸어 함)
『대거리 〉 다가리 〉 다가이 〉 たがい』.(ㄹ 탈락)
「たがい」 : 서로, 교대로

* 互いに(たがいに) : 서로, 교대로

197. 耕す(たがやす) : (논밭을) 갈다 [밭 갈 경(耕)]

어원은 「갈다」(어간은 갈)
『갈 〉 가알 〉 가아 〉 가야 〉 がや』
「た(田, 논) + がや + す(동사·접미어)」 → たがやす
논을 갈다.
「たがやす」 : (논밭을) 갈다

198. 滝(たき) : 폭포, 급류, 여울 [여울 랑(滝)]

전남의 진도에는 해남반도를 사이에 두고 유리병의 목처럼 갑자기 좁아진 해로가 있는데「울돌목」이라 한다. 강이나 바다 등의 바닥이 얕거나 폭이 좁아 물살이 세게 흐르는 곳을 '여울'이라고 한다.「울돌목」은 조류가 거세며, 조수가 해벽에 부딪쳐 요란한 소리가 소리가 나서 명량(鳴梁)이라고 한다.「울돌목」의「울」은 소리가 난다는 뜻(鳴)이고,「돌」은 '물살이 빠른 여울'이라는 뜻이고,「목」은 港(포구)을 뜻한다. 이순신 장군의 명량대첩으로 유명한 곳이다. <네이버 지식백과 참고>

어원은「돌」
『돌 〉도기 〉다기 〉たき』
「たき」: 급류, 폭포, 여울

☛ 우리말 종성「ㄹ」이 일본어로 바뀔 때, 자음이「ㄱ, ㅁ, ㅅ, ㅈ, ㅊ, ㄷ」으로 바뀌며 모음(ㅣ, ㅡ, ㅏ 등)이 붙는다.

---

199. 焚く(たく) : 불을 때다, 피우다 [불사를 분(焚)]

어원은「때다」(어간은 때)
『때 〉따 〉た』
「た + く(동사·접미어)」
「たく」: 불을 때다, 피우다

☛ たきぎ(薪) : 땔나무, 장작
「たき(焚き, 불을 때다) + き(木, 나무)」
「たきき → たきぎ」
「たきぎ」: 땔나무, 장작

200. 炊く(たく) : 밥을 짓다 [불 땔 취(炊)]

어원은 「때」(끼니, 아침·점심·저녁과 같이 정해진 시간에 먹는 밥)
『때 〉 て 〉 た』
「た + く(동사·접미어)」
「때」(밥)를 만들다.
「たく」: 밥을 짓다

201. 蓄える, 貯える(たくわえる) : 저축하다, 저장하다 [모을 축(蓄)]

문어형은 「たくわう」
어원은 「차곡차곡」
『차곡 〉 차고 〉 차구 〉 ちゃく 〉 たく』.(요음 ちゃ → 직음 た)
「たく + わう(동사화)」 → たくわう → たくわえる.(하단화, 구어형)
돈을 차곡차곡 모아 두다(→저축하다)
「たくわえる」: 저축하다, 저장하다

202. 戦う(たたかう) : 싸우다, 다투다 [싸움 전(戦)]

어원은 「다투다」(어간은 다투)
『다투 〉 다타 〉 たた』
「たた + かう(동사화)」
「たたかう」: 싸우다, 다투다

《일본 어원설》
「たたき(叩き, 두드리다) + あう(合う, 서로 …하다)」
「たたきあう → たたかう」
서로 두드리다. 즉, 싸우다.

203. 正す(ただす) : 바르게 하다, 바로잡다, 밝히다 [바를 정(正)]

어원은 「따지다」(어간은 따지)
「따지다」는 '옳고 그른 것을 밝혀 가리다'.
『따지 〉 땆 〉 딴 〉 따다 〉 ただ』
「ただ + す(동사·접미어)」
「ただす」 : 밝히다, 바르게 하다, 바로잡다

204. 直ちに(ただちに) : 즉각, 바로, 직접 [곧을 직(直)]

풀어 쓰면,
「ただ(直, 막힌 것이 없음) + じ(路, 길) + に(부사화)」
「ただじに → ただちに」
길이 막히지 않고 즉각, 바로
「ただちに」 : 즉각, 바로, 직접

◆ ただ(直) : 막힌 것이 없음
   어원은 「트다」
   「트다」는 '막혀 있던 것을 치우고 통하게 하다'
   『트다 〉 타다 〉 ただ』
   「ただ」 : 막힌 것이 없음

205. たちまち(忽ち) : 금세, 갑자기 [갑자기 홀(忽)]

어원을 풀어 쓰면,
「たち(立ち, 서다) + まち(待ち, 기다리다)」
서서 기다리는 사이에(→금세)
「たちまち」 : 금세, 갑자기

206. 例える(たとえる) : 예를 들다, 비유하다 [법식 례(例)]

어원은 「예를 들다」의 「들다」(어간은 들)
「들다」는 '설명하거나 증명하기 위하여 사실을 가져다 대다'의 뜻.
『들 〉 달 〉 다도 〉 たと』
「たと+える(동사를 만듦)」
「たとえる」 : 예를 들다, 비유하다

☞ 우리말 종성 「ㄹ」이 일본어로 바뀔 때, 자음이 「ㄱ, ㅁ, ㅅ, ㅈ, ㅊ, ㄷ」으로 바뀌며 모음(ㅣ, ㅡ, ㅏ, ㅗ 등)이 붙는다.

207. 谷, 渓(たに) : 산골짜기, 골 [골 곡(谷)]

어원은 「웃땀」의 「땀」
「웃땀」은 「윗마을」의 경남 방언이다.
우리나라는 산이 많기 때문에 사람이 살 만한 '골짜기'에는 마을이 있다.
「땀 〉 탄 〉 타니 〉 たに」.(ん 음가 : ㄴ,ㅁ,ㅇ)
「たに」 : 산골짜기, 골

☞ '고구려말'에서 「탄」은 산골짜기를 가리키는데, 「웃탄」이 「웃땀」으로 변한 말임.

208. 狸(たぬき) : 너구리 [삵 리(狸)]

어원은 「너구리」
『너구(리) 〉 누구 〉 누기 〉 ぬき』
「た(접두사) + ぬき」
「たぬき」 : 너구리

209. 束(たば) : 다발, 뭉치 [묶을 속(束)]

어원은 「다발」
『다발 〉 다바 〉 たば』
「たば」: 다발, 뭉치

* 束ねる(たばねる) : 묶다

210. たびたび(度度) : 여러 번, 자주 [법도 도(度)]

어원은 「자주」
『자주 〉 잦 〉 잡 〉 자비 〉 <u>ぢゃび</u> 〉 <u>ちゃび</u> 〉 <u>たび</u>』
 ① 탁음 ぢゃ → 청음 ちゃ
 ② 요음 ちゃ → 직음 た
「たびたび」: 자주, 여러 번

☛ 「잦,잡」을 일본어로 표기하면 촉음 「じゃっ」으로, 「잦,잡」은 일본어에서 같은 발음임.

쉬어 가는 곳(5)

「해거름」과 「해걸음」

「해거름」은 해가 서쪽으로 넘어가는 일, 또는 그런 때이다. 그리고, 「해걸음」은 하루해가 지나가는 것을 비유적으로 이르는 말이다.

일본어 「たそがれ」(黃昏)는 「황혼, 해질녘, 해거름」을 의미한다. 동의어로는 「ゆうぐれ」(夕暮れ)가 있다. 「たそがれ」에서 「がれ」는 「해거름」의 「거름」이 어원이다.(거름 〉 거르 〉 가르 〉 가래 〉 がれ). 그리고, 「たそがれ」(해거름)에서 「たそ」는 「해」를 가리키는 말이다. 「とし」(年. 해, 나이)가 변한 말이다.(とし 〉 たそ).

「해거름」은 해가 서쪽으로 「해걸음」을 하다 잠시 서쪽 하늘에 걸려 있는 상태를 의미하고, 이후 순서는 「해넘이」가 될 것이다.

「해걸음」은 해가 동쪽에서 떠서 서쪽으로 이동하는 것을 '걸어서 간다'고 하는 의인법적으로 표현한 말이다. 예전에 먼 길을 갈 때 어두어지기 전에 목적지에 도달하기 위해서는 「사람의 걸음」이 「해걸음」보다 느리면 안 되기 때문에, 사람과 해가 걷기 대회를 했다고 할 수 있다.

211. 黙る(だまる) : 말을 하지 않다. 가만히 있다 [묵묵할 묵(黙)]

어원은「다물다」(어간은 다물)
『다물 〉다무 〉다마 〉だま』
「だま + る(동사·접미어)」
「だまる」: 말을 하지 않다, 가만히 있다

212. 試す(ためす) : 시험해 보다 [시험 시(試)]

쉽게 설명하면,
「ため(為, 위함) + す(동사·접미어)」
안전을 위해 시험(테스트)하다.
「ためす」: 시험해 보다

213. ためらう(躊躇う) : 주저하다, 망설이다 [머뭇거릴 주(躊)]

어원은「뜸들이다」의「뜸」
「뜸들이다」는 '어떤 일이나 말을 얼른 하지 않고 사이를 두거나 머뭇거리다'.
『뜸 〉땀 〉따메 〉ため』
「ため + らう(동사화)」
「ためらう」: 주저하다, 망설이다

* 머뭇거리다 : 말·행동을 선뜻 결단하여 행하지 못하고 자꾸 망설이다.

214. 便り(たより) : 소식, 편지 [편할 편(便)]

어원은「たより」(頼り, 의지)
예전에는 인편(人便)에 '의지'(頼り, たより) 해서 소식을 주고 받은 것에서.

「たより」: 소식, 편지

☛ 근대의 「우편제도」로 국가 공무원에 의지해서 편지 연락이 가능해졌음.

---

215. たよる(頼る, 便る) : 의지하다, 의존하다 [의뢰할 뢰(頼)]

어원은 「달리다」(어간은 달리)
「달리다」의 뜻 가운데, '어떤 일이나 상태가 무엇에 의존하다'.
『달리 〉 다리 〉 달 〉 다알 〉 다아 〉 다오 〉 다요 〉 たよ』
「たよ + る(동사·접미어)」
「たよる」: 의지하다, 의존하다

---

216. 盥(たらい) : 대야 [대야 관(盥)]

풀어 쓰면,
「て(手, 손) + あらい(洗い, 씻음)」
「てあらい → たらい」
손을 씻는 것
「たらい」: 대야

---

217. 誓う(ちかう) : 맹세하다 [맹세할 서(誓)]

어원은 「다짐하다」(어간은 다짐)
『다짐 〉 다지 〉 닺 〉 딎 〉 딕 〉 디가 〉 지가 〉 ちか』
「ちか + う(동사·접미어)」
약속을 꼭 지키겠다고 다짐하다(맹세하다).
「ちかう」: 맹세하다

※ '디'를 일본어로 표기하면 탁음인 「ディ」가 되기 때문에, 가까운 「청음 및 직음」인 「ち」(지)로 바뀜. 「디 → 지」는 구개음화와 유사함.

☛ 「딪,딕」을 일본어로 표기하면 촉음 「でいっ」으로, 「딪,딕」은 일본어에서 같은 발음임.

---

218. 契る(ちぎる) : 굳게 약속하다 [맺을 계(契)]

어원은 (도장을) 「찍다」(어간은 찍)
『찍 〉 찌기 〉 ちぎ』
「ちぎ + る(동사·접미어)」
(계약서에) 서로 도장을 찍고 굳게 약속하다.
「ちぎる」 : 굳게 약속하다

---

219. 縮む(ちぢむ) : 줄어들다, 오그라들다 [줄일 축(縮)]

어원은 「줄다」(어간은 줄)
『줄 〉 질 〉 지지 〉 ちぢ』
「ちぢ + む(동사·접미어)」
「ちぢむ」 : 줄어들다, 오그라들다,

* 縮める(ちぢめる) : 줄이다, 짧게 하다

☛ 우리말 종성 「ㄹ」이 일본어로 바뀔 때, 자음이 「ㄱ, ㅁ, ㅅ, ㅈ, ㅊ, ㄷ」으로 바뀌며 모음(ㅣ, ㅡ, ㅏ 등)이 붙는다.

---

220. 因みに(ちなみに) : 덧붙여서, 이와 관련하여 [인할 인(因)]

「ちなむ」(因む. 연관되다, 관련되다)

「ちなむ 〉 ちなみ 〉 ちなみに」
「ちなみに」 : 이와 관련하여, 덧붙여서

☛ ちなむ(因む) : 연관되다, 관련되다, 친하게 교제하다. <807번 참조>

---

221. ついでに(序でに) : (…하는) 김에 [차례 서(序)]

어원은 「짐」('김'의 방언). '어떤 일의 기회나 계기'
『짐 〉 즘 〉 증 〉 즈이 〉 つい』.(ん음가는 ㄴ,ㅁ,ㅇ)
「つい + でに(부사화)」
「ついでに」 : (…하는) 김에

---

222. 杖(つえ) : 지팡이 [지팡이 장(杖)]

어원은 「지팡이」
『지팡(이) 〉 지파 〉 지패 〉 즈패 〉 즈해 〉 즈애 〉 つえ』
 [반탁음 패(ペ) → 청음 해(ヘ) → 여린소리 애(え)]
「つえ」 : 지팡이

---

223. 尽きる(つきる) : 다하다, 끝나다 [다할 진(尽)]

문어형은 「つく」
어원은 「다하다」(어근은 다)
『다 〉 드 〉 つ』
「つ + く(동사·접미어)」 → つく → つきる(상1단화, 구어형)
「つきる」 : 다하다, 끝나다

<연상> 달(つき, 月)이 「다하면」 그믐인가 → つきる(다하다)

136

224. 突く(つく) : 찌르다 [갑자기 돌(突)]

어원은 「찌르다」(어간은 찌르)

『찌르 〉 찔 〉 쯜 〉 쯔구 〉 つく』

「つく」: 찌르다

* つつく(突く) : 쿡쿡 찌르다, 여러 번 찌르다
  「つく + つく」→ つつく

← 우리말 종성 「ㄹ」이 일본어로 바뀔 때, 자음이 「ㄱ, ㅁ, ㅅ, ㅈ, ㅊ, ㄷ」으로 바뀌며 모음(ㅣ, ㅡ, ㅏ, ㅜ 등)이 붙는다.

225. 綱(つな) : 밧줄 [벼리 강(綱)]

어원은 「참바」의 「참」

「참바」는 '삼이나 칡 따위로 세 가닥을 지어 굵다랗게 드린 줄'.

『참 〉 츰 〉 츤 〉 츠나 〉 つな』.(ん음가는 ㄴ,ㅁ,ㅇ)

「つな」: 밧줄

* よこづな(横綱) : 스모(すもう, 相撲)의 최고위

← 「참바(=바)」: '줄'을 뜻하는 「참」과 '줄'을 뜻하는 「바」의 이음동의어(異音同義語)의 합성어.

《일본 어원설》

「つよい(強い, 강하다) + なわ(縄. 새끼, 줄)」

「つよい + なわ」→ つな(밧줄)

226. 鼓(つづみ) : 장구, 북, 가죽으로 싼 타악기의 총칭 [북 고(鼓)]

어원은 「つつむ」(包む, 싸다)
가죽으로 싼 것이 「장구, 북」 등이다.
「つつむ → つつみ → つづみ」
「つづみ」 : 장구, 북, 가죽으로 싸서 만든 타악기의 총칭

☛ つつむ(包む) : 싸다. <1권 292번 참조>

227. つねる(抓る) : 꼬집다 [긁을 조(抓)]

「꼬집다」가 「손가락」이나 '손톱'으로 집어 뜯거나 비틀다」에서,
어원은 「손톱」의 「톱」
「톱 〉 토배 〉 토매 〉 또매 〉 뜨매 〉 뜸 〉 뜬 〉 뜨네 〉 つね」
 ① bmw 변화 : 배 → 매
 ② ん의 음가는 ㄴ, ㅁ, ㅇ
「つね + る(동사·접미어)」
손톱으로 꼬집다.
「つねる」 : 꼬집다

* 抓られた初恋(はつこい) : 꼬집힌 풋사랑

《일본 어원설》
「つめ(爪, 손톱) + る(동사·접미어)」 → つめる → つねる(꼬집다)

228. 角(つの) : 뿔 [뿔 각(角)]

풀어 쓰면,
「つく(突く. 찌르다, 뿔로 받다) + もの(物. 것, 물건)」

「つく・もの → つの」
「つの」 : 뿔

---

229. 唾(つば, つばき) : 침 [침 타(唾)]

어원은 「춤」 ('침'의 방언)
『춤 〉 츰 〉 츠마 〉 츠바 〉 つば』.(bmw 후진 변화, ㅁ → ㅂ)
「つば, つばき」 : 침

☛ 「つばき」는 古語 「つばく」(唾く, 침을 뱉다)의 명사형.

---

230. 翼(つばさ) : 날개, (비행을 위한) 항공기 양쪽 옆 부분 [날개 익(翼)]

어원은 「날갯쭉지」의 「쭉지」
(1) 쭉 : 『쭉 〉 쭙 〉 쭈바 〉 쯔바 〉 つば』
(2) 지 : 『지 〉 시 〉 사 〉 さ』
「つばさ」 : 날개, (비행을 위한) 항공기 양쪽 옆 부분

* 쭉지(죽지) : 새의 날개가 몸에 붙은 부분

☛ 「쭉, 쭙」을 일본어로 표기하면 촉음 「ちゅっ」으로, 「쭉, 쭙」은 일본어에서 같은 발음임.

---

231. 燕(つばめ) : 제비 [제비 연(燕)]

어원은 「제비」
『제비 〉 즈비 〉 즈바 〉 つば』
「つば + め(새를 뜻함)」

「つばめ」: 제비

* かもめ(鴎, 갈매기)의 「め」도 새를 뜻함.

---

232. 粒(つぶ) : 알, 낱알 [낱알 립(粒)]

어원은 「톨」(밤이나 곡식의 낱알을 세는 단위)
『톨 〉 토부 〉 또부 〉 뜨부 〉 つぶ』
「つぶ」: 알, 낱알

☛ 우리말 종성 「ㄹ」이 일본어로 바뀔 때, 자음이 「ㄱ, ㅁ(ㅂ), ㅅ, ㅈ, ㅊ, ㄷ」으로 바뀌며 모음(ㅣ, ㅡ, ㅏ, ㅜ 등)이 붙는다.

---

233. 躓く(つまずく) : 발이 걸려 넘어지다, 발이 무엇에 채이다 [넘어질 지(躓)]

풀어 쓰면,
「つま(=つめ. 爪, 손톱, 발톱) + つく(突く, 찌르다)」
「つまつく → つまづく → つまずく」.(づ,ず는 같은 발음)
발톱이 돌부리를 찔러 넘어지다.
「つまずく」: 발이 걸려 넘어지다, 발이 무엇에 채이다

---

234. 罪(つみ) : 죄 [허물 죄(罪)]

어원은 「죄」
『죄 〉 즈이 〉 증 〉 즘 〉 즈미 〉 つみ』.(ん의 음가 : ㄴ, ㅁ, ㅇ)
「つみ」: 죄

☛ 「罪」는 「죄 罪」라고도 한다.

235. 詰める(つめる) : 채우다, (빈 곳을) 채워 넣다 [물을 힐(詰)]

어원은 「채우다」(어간은 채우)
『채우 〉 챙 〉 챔 〉 채매 〉 츠매 〉 つめ』.(ん의 음가 : ㄴ, ㅁ, ㅇ)
「つめ + る(동사·접미어)」
「つめる」: 채우다, (빈 곳을) 채워 넣다

* 詰まる(つまる) : 가득 차다, 막히다

236. 艶(つや) : 윤기, 광택 [고울 염(艶)]

「윤기가 '자르르'하다」에서, 어원은 「자르르」
『자르(르) 〉 잘 〉 자알 〉 자아 〉 즈아 〉 즈야 〉 つや』
「つや」 : 윤기, 광택

237. 吊る(つる) : 달다, 드리우다 [조상할 조(吊)]

어원은 「달다」(어간은 달)
『달 〉 다루 〉 드루 〉 つる』
「つる」 : 달다, 드리우다

* つるす[吊(る)す] : 달아매다, 매달다

238. 照る(てる) : 비치다 [비출 조(照)]

어원은 「쬐다」(어간은 쬐)
「쬐다」는 '볕이 들어 비치다'의 뜻.
『쬐 〉 째 〉 ちぇ 〉 て』.(요음 ちぇ → 직음 て)

「て + る(동사·접미어)」
「てる」: 비치다

* てらす(照らす) : 빛을 비추다, 비추어 밝히다

☛ 직음(直音, ちょくおん) : 요음(拗音,きゃ), 촉음(促音,きっ), 발음(撥音,ん) 이외의 가나(仮名) 한 자로 표시되는 음.

---

239. 峠(とうげ) : 고개, 산마루 [고개 상(峠)]

「たけ」(岳·嶽, 높은 산)에서 파생된 말.
「たけ → たうけ → とうけ → とうげ」
「とうげ」: 고개, 산마루

☛ たけ(岳, 嶽) : 높은 산. <1권 188번 다음쪽 참조>

---

240. 頭取(とうどり) : 우두머리, (은행 등의) 장 [머리 두(頭)]

어원을 풀어 쓰면,
「とう(頭의 音読, 머리) + 도리('머리'를 뜻함)」
「とう도리 > とうどり」
'머리'라는 뜻이 중복되어 '우두머리'를 가리킴.
「とうどり」: 우두머리, (은행 등의) 장

☛ 도리도리 : 어린아이가 「머리」를 좌우로 흔드는 동작으로, 「도리」는 머리를 뜻함.

241. 尖る(とがる) : 뽀족해지다, 예민해지다 [뽀족할 첨(尖)]

어원은 「갈다」(어간은 갈)
『갈 〉 가루 〉 がる』
「と(砥, 숫돌) + がる」→ とがる
숫돌에 갈아 끝이 뽀족해지다.
「とがる」: 뽀족해지다, 예민해지다

- と(砥) : 숫돌(=といし, 砥石)
  어원은 「돌」
  『돌 〉 도 〉 と』
  「と」: 숫돌

242. 整える(ととのえる) : 정돈하다, 조정하다 [가지런할 정(整)]

문어형은 「ととのう」
어원은 「다듬다」
『다듬 〉 다드 〉 도드 〉 도도 〉 とと』
「とと + のう(=なう. 동작을 나타냄)」→ ととのう → ととのえる.(하1단화)
손으로 다듬어 정돈하다.
「ととのえる」: 정돈하다, 조정하다

243. 跳ぶ(とぶ) : 뛰다, 도약하다 [뛸 도(跳)]

어원은 「뛰다」(어간은 뛰)
『뛰 〉 뚜 〉 또 〉 と』
「と + ぶ(동사·접미어)」
「とぶ」: 뛰다, 도약하다

244. 共(とも) : 같음, 함께 [함께 공(共)]

어원은 「다못」('같이·더불어' 옛말)
『다못 〉 다못 〉 다모 〉 도모 〉 とも』
「とも」 : 같음, 함께

  * ともに(共に) : 함께, 같이

<연상> 동무(とも, 友)와 「함께」 놀러가다.

245. 伴う(ともなう) : 따라가다, 동반하다 [짝 반(伴)]

풀어 쓰면,
「とも(友, 동무) + なう(동작을 나타냄)」 → ともなう
동무 따라 (강남) 가다.
「ともなう」 : 따라가다, 동반하다

246. なお(猶·尚) : 역시, 더구나 [오히려 상(尚)]

어원은 「내나」. '역시'의 방언(경남).
『내나 〉 나나 〉 나아 〉 나오 〉 なお』.(ㄴ 탈락)
「なお」 : 역시, 더구나

247. 眺める(ながめる) : 바라보다, 전망하다 [바라볼 조(眺)]

어원을 풀어 쓰면,
「なが(長, 길다) + みる(見る, 보다)」
「ながみる → ながめる」

길게 보다(→바라보다)
「ながめる」: 바라보다, 전망하다

248. 慰める(なぐさめる) : 달래다, 위로하다 [위로할 위(慰)]

문어형은 「なぐさむ」
어원은 「눅이다」(어간은 눅이). '분위기나 기세를 부드럽게 하다'.
『눅이〉누기〉나기〉나구〉なぐ』
「なぐ + さむ(동사화)」 → なぐさむ → なぐさめる.(하단화, 구어형)
마음을 눅이어 달래다.
「なぐさめる」 : 달래다, 위로하다

249. 殴る, 撲る(なぐる) : 때리다, 치다 [때릴 구(殴)]

「놓다」가 「손으로 무엇을 쥐거나 잡고 있는 상태에서, 잡고 있던 물건이 손 밖으로 빠져나가게 하다」의 뜻에서, 「놓다」의 어간 「놓」이 '손'과 관련이 있는 말이다.

『놓〉놛〉낳〉낙〉나구〉なぐ』
「なぐ + る(동사·접미어)」
손으로 치다(때리다)
「なぐる」 : 때리다, 치다

☛ 「낳,낙」을 일본어로 표기하면 촉음 「なっ」으로, 「낳,낙」은 일본어에서 같은 발음임.

250. 謎(なぞ) : 수수께끼, 넌지시 말하여 깨닫게 함 [수수께끼 미(謎)]

어원은 「니르다」(어간은 니르). '이르다'(무엇이라고 말하다)의 옛말.
『니르〉닐〉날〉나조〉なぞ』

넌지시 말해 알아맞히는 말 놀이가 '수수께끼'다.
「なぞ」: 수수께끼, 넌지시 말하여 깨닫게 함

- 우리말 종성 「ㄹ」이 일본어로 바뀔 때, 자음이 「ㄱ, ㅁ, ㅅ, ㅈ, ㅊ, ㄷ」으로 바뀌며 모음(ㅣ, ㅡ, ㅏ, ㅗ 등)이 붙는다.

---

251. 懐かしい(なつかしい) : 그립다 [품을 회(懐)]

「なつく」(懐く, 친해지다)의 형용사화.
「なつく → なつかしい」
친해진 사람이라 그립다.
「なつかしい」: 그립다

- 懐く(なつく) : (친숙해져서)따르다, 친해지다
  어원은 「날」
  「날」은 '길이 아주 잘 들어 익숙해진 버릇이나 짓'.
  『날 〉나츠 〉なつ』
  「なつ + く(동사·접미어)」
  (개가) 길이 들어 잘 따르다.
  「なつく」: (친숙해져서)따르다, 친해지다

---

252. 撫でる(なでる) : 어루만지다, 쓰다듬다 [어루만질 무(撫)]

「놓다」가 「손으로 무엇을 쥐거나 잡고 있는 상태에서, 잡고 있던 물건이 손 밖으로 빠져나가게 하다」의 뜻에서, 「놓다」의 어간 「놓」이 '손'과 관련이 있는 말이다.

『놓 〉놛 〉낟 〉나데 〉なで』
「なで + る(동사·접미어)」
손으로 쓰다듬다.
「なでる」: 어루만지다, 쓰다듬다

쉬어 가는 곳(6)

「미소」(味噌, みそ) 이야기

미소가 일본에 전래된 것은 아스카(飛鳥), 나라(奈良) 시대이라고 한다. 미소(味噌)의 あてじ(宛字)로 「高麗醬」, 「未醬」, 「美蘇」 등을 쓰고 있다. 일설에 의하면 「みそ」는 고려 방언인 「밀조」(密祖)의 「あてじ」라고도 한다.

아이치현(愛知縣) 출신의 「도쿠가와 이에야스」(德川家康)는 오채삼근(五菜三根)의 미소시루를 먹었다고 한다. 평균 수명 37-38세였던 시대에 75세라는 장수를 한 비결은 오채삼근(五菜三根)의 미소시루에 있었다고도 한다.

미소 만드는 공식은 아래와 같다.
「みそ」 = [大豆 + 麴(こうじ, 누룩) + 塩 + 水] × 熟成

그러면, 「みそ」(味噌)와 「麴」(こうじ)의 어원에 대하여 살펴보기로 하자.

① みそ(味噌)
　　어원은 「미조」(메주의 경남 방언)
　　『미조 〉 미소 〉 みそ』

② 麴(こうじ) : 누룩('누룩곰팡이'를 번식시켜 만듬)
　　어원은 「곰지」. '곰팡이'의 방언(함남)
　　『곰지 〉 공지 〉 고우지 〉 こうじ』.(ん의 음가는 ㄴ,ㅁ,ㅇ)

〈あてじ(宛字)〉
취음자(取音字) 또는 차자(借字)라고 함. 한자 본래의 뜻과는 관계없이 음(音)이나 훈(訓)을 빌려서 쓰는 한자(예 : アジア를 亜細亜로 표기)

253. 縄(なわ) : 새끼, 줄 [노끈 승(縄)]

어원은 「놓」('노끈'의 '노'의 옛말)
「노」는 '실, 삼 따위를 가늘게 비비거나 꼬아 만든 줄'
『놓 〉 낳 〉 나하 〉 나와 〉 なわ』
「なわ」: 새끼, 줄

* 縄張り(なわばり) : 새끼줄을 쳐 경계를 정함
  沖縄(おきなわ) : 오키나와(地名)

254. 逃がす(にがす) : 놓아주다, 놓치다 [도망할 도(逃)]

어원은 「놓치다」(어간은 놓치)
『놓치 〉 노치 〉 녻 〉 닟 〉 닉 〉 니가 〉 にが』
「にが + す(동사·접미어)」
「にがす」: 놓치다, 놓아주다

* にげる(逃げる) : 도망가다, 달아나다

☛ 「닟,닉」을 일본어로 표기하면 촉음 「にっ」으로, 「닟,닉」은 일본어에서 같은 발음임.

255. にこにこ : 싱글벙글, 생긋생긋

어원은 「내키다」('하고 싶은 마음이 생기다')
『내키 〉 니키 〉 니코 〉 にこ』
하고 싶은 마음이 생기면 「싱글싱글」 웃으며 일한다.
「にこにこ」: 싱글벙글, 생긋생긋

* にこやか : 상냥한 모양, 생글생글하는 모양

---

256. 濁る(にごる) : 탁하게 되다, 흐려지다 [흐릴 탁(濁)]

어원은 「걸다」(어간은 걸)
「걸다」는 '액체 따위가 내용물이 많고 진하다'.
『걸 〉 골 〉 고루 〉 こる』
「니(泥, 진흙) + こる」→ にこる → にごる
진흙이 많아서 물이 탁하게 되다.
「にごる」 : 탁하게 되다, 흐려지다

* にごす(濁す) : 흐리게 하다, 얼버무리다

---

257. 虹(にじ) : 무지개 [무지개 홍(虹)]

「무지개」는 물방울에 빛이 번져서 생기는 것이다.
「にじむ」(滲む. 번지다, 배다)
「にじむ → にじ」
「にじ」 : 무지개

◆ にじむ(滲む) : 번지다, 배다. <917번 참조>

---

258. 鈍い(にぶい) : 둔하다, 굼뜨다, 느리다 [둔할 둔(鈍)]

어원은 「느리다」(어간은 느리)
『느리 〉 늘 〉 닐 〉 니부 〉 にぶ』
「にぶ + い(형용사·접미어)」
동작이 느리다(→굼뜨다, 둔하다)
「にぶい」 : 둔하다, 굼뜨다, 느리다

* 鈍る(にぶる) : 둔해지다

☛ 우리말 종성 「ㄹ」이 일본어로 바뀔 때, 자음이 「ㄱ, ㅁ(ㅂ), ㅅ, ㅈ, ㅊ, ㄷ」으로 바뀌며 모음(ㅣ, ㅡ, ㅏ, ㅜ 등)이 붙는다.

259. 俄(にわか) : 갑작스러운 모양, 곧, 즉시, 당장 [아까 아(俄)]

어원은 「냉큼」
「냉큼」은 머뭇거리지 않고 가볍게 빨리, 즉시, 당장의 뜻
『냉큼 〉 닝큼 〉 닝크 〉 니와크 〉 니와카 〉 にわか』
「にわか」 : 갑작스러운 모양, 곧, 즉시, 당장

* にわかあめ(にわか雨) : 소나기

260. 縫う(ぬう) : 꿰매다, 누비다, 바느질하다 [꿰맬 봉(縫)]

어원은 「누비다」(어간은 누비)
『누비 〉 눕 〉 누 〉 ぬ』
「ぬ + う(동사·접미어)」
「ぬう」 : 누비다, 꿰매다, 바느질하다

* ぬの(布) : 직물의 총칭(천)

261. 根(ね) : 뿌리, 근본, 천성 [뿌리 근(根)]

어원은 「늧」(앞으로 어떻게 될 것 같은 일의 근원)
『늧 〉 낮 〉 나 〉 내 〉 ね』
「ね」 : 뿌리, 근본, 천성

150

262. 狙う(ねらう) : 노리다, 겨누다 [엿볼 저(狙)]

어원은 「노리다」(어간은 노리)
『노리 〉 내리 〉 내라 〉 ねら』
「ねら + う(동사·접미어)」
「ねらう」 : 노리다, 겨누다

263. 逃す(のがす) : =にがす. 놓치다, …할 기회가 있으면서 결과적으로 …하지 않고 말다 [도망할 도(逃)]

어원은 「놓치다」(어간은 놓치)
『놓치 〉 노치 〉 놏 〉 녹 〉 노가 〉 のが』
「のが + す(동사·접미어)」
「のがす」 : 놓치다, …할 기회가 있으면서 결과적으로 …하지 않고 말다

* のがれる(逃れる) : 벗어나다, 달아나다

☛ 「놏,녹」을 일본어로 표기하면 촉음 「のっ」으로, 「놏,녹」은 일본어에서 같은 발음임.

※ 逃がす(にがす. 놓아주다, 놓치다)와 같은 어원이다.

264. 軒(のき) : 처마 [집 헌(軒)]

풀어 쓰면,
「のび(伸び, 뻗음) + き(木, 나무)」→ のびき → のき
「처마」는 지붕을 받치는 나무가 도리 밖으로 뻗어서 내민 부분이다.
「のき」 : 처마

265. のぞく(覗く, 窺く) : 엿보다 [엿볼 사(覗)]

어원은 「녓보다」의 「녓」. '엿보다'의 옛표기('엿'은 '몰래'의 뜻).
『녓 〉 넛 〉 놋 〉 놓 〉 노조 〉 のぞ』
「のぞ + く(동사·접미어)」
「のぞく」: 엿보다

* のぞき(覗き) : 엿봄, 들여다 봄

266. 後(のち) : 뒤, 후 [뒤 후(後)]

어원은 「늦다」(어간은 늦)
『늦 〉 느지 〉 노지 〉 のち』
늦게 하다(→뒤에 하다)
「のち」: 뒤, 후

* 晴れのち曇り(はれのちくもり) : 맑은 후 흐림

267. 述べる(のべる) : 말하다, 진술하다 [펼 술(述)]

문어형은 「のぶ」
어원은 「뇌다」(어간은 뇌)
「뇌다」는 '한 말을 여러 번 거듭 말하다'.
『뇌 〉 내 〉 の』
「の + ぶ(동사·접미어)」 → のぶ → のべる(하1단화, 구어형)
「のべる」: 말하다, 진술하다

☛ 「니르다」('이르다'의 옛말)로도 풀이할 수 있다.
　『니르 〉 닐 〉 놀 〉 노 〉 の』

「の + ぶ(동사·접미어)」 → のぶ → のべる(하단화)

268. 鈍い(のろい) : 느리다, 둔하다 [둔할 둔(鈍)]

어원은 「느리다」(어간은 느리)
『느리 〉 노리 〉 노로 〉 のろ』
「のろ + い(형용사·접미어)」
「のろい」 : 느리다, 둔하다

269. のんき(呑気) : 느긋한 모양, 만사태평 [삼킬 탄(呑)]

어원은 「농땡이」의 「농」
『농 〉 논 〉 のん』.(ん의 음가는 ㄴ, ㅁ, ㅇ)
「のん + き(気. 기운, 성질)」
「농땡이」는 '일을 하지 않으려고 게으름을 피우는 짓'(→만사태평).
「のんき」 : 느긋한 모양, 만사태평

* のんびり : 유유히, 한가로이

☞ 「농땡이」의 「땡이」는 「땡땡이」(해야 할 일을 하지 않고 게으름을 피우는 사람」의 '땡이'.

270. 場(ば) : 장소, 곳 [장소 장(場)]

한자 所(소)를 「바 所」라고 한다. 「바 所」의 「바」는 '장소'이다.
따라서 '장소'를 뜻하는 '場'의 훈독은 「ば」이다.
「ば」 : 장소, 곳

* 場所(ばしょ) : 장소

☛ 함바 : 본래 말은 はんば(飯場)인데 「함바」로 바뀜. 「현장 식당」을 말한다.

271. 灰(はい) : 재 [재 회(灰)]

어원은 「불껑」('재'의 제주 방언)
『불껑 〉 부꺼 〉 부거 〉 북 〉 붓 〉 밧 〉 밯 〉 바히 〉 바이 〉 하이 〉 はい』
　[탁음 바(ば) → 청음 하(は)]
「재」는 불에 타고 남는 가루 모양의 물질이다.
「はい」: 재

☛ 「박,밧」을 일본어로 표기하면 촉음 「ばっ」으로, 「박,밧」은 일본어에서 같은 발음임.

272. 生える(はえる) : (초목의 싹이나 가지 등이) 나오다 [날 생(生)]

어원은 「패다」(어간은 패)
「패다」는 '곡식의 이삭 따위가 나오다'
『패 〉 파이 〉 파에 〉 하에 〉 はえ』. [반탁음 파(ぱ) → 청음 하(は)]
「はえ + る(동사·접미어)」
「はえる」: (초목의 싹이나 가지 등이) 나오다

273. 墓(はか) : 묘, 뫼, 무덤 [무덤 묘(墓)]

쉽게 설명하면, 「はかない」(果無い. 덧없다, 헛되다)
「はかない → はか」
'요람'에서 자라서 '무덤'으로 가니, 인생은 덧없다.
「はか」: 묘, 뫼, 무덤

☛ はかない(果無い) : 덧없다, 헛되다. <942번 참조>

274. 量る, 測る(はかる) : (무게, 길이 등) 재다 [헤아릴 량(量)]

어원은 「발」('길이'의 단위)
「한 발」은 '두 팔을 양옆으로 펴서 벌렸을 때 한쪽 손끝에서 다른 쪽 손끝까지의 길이'
『발 〉 바가 〉 하가 〉 하까』. [탁음 바(ば) → 청음 하(は)]
「하까 + る(동사·접미어)」
「발」의 횟수로 길이를 재다.
「はかる」 : (무게, 길이 등) 재다

☛ 우리말 종성 「ㄹ」이 일본어로 바뀔 때, 자음이 「ㄱ, ㅁ, ㅅ, ㅈ, ㅊ, ㄷ」으로 바뀌며 모음(ㅣ, ㅡ, ㅏ 등)이 붙는다.

> **計る(はかる) : 세다, 재다, 헤아리다**
> 어원은 「헤아리다」(어간은 헤아리)
> 『헤아리 〉 헤알 〉 헬 〉 할 〉 하가 〉 하까』
> 「하까 + る(동사·접미어)」
> 「はかる」 : 헤아리다, 세다, 재다

275. ばか(馬鹿) : 어리석음, 바보, 멍청이

어원은 「바보」
『바보 〉 밥 〉 박 〉 바가 〉 바까』
「ばか」 : 바보, 어리석음, 멍청이

☛ 「밥박」을 일본어로 표기하면 촉음 「ばっ」으로, 「밥박」은 일본어에서 같은 발음임.

276. 吐く(はく) : 토하다, 뱉다 [토할 토(吐)]

어원은 「밭다」(어간은 밭). '뱉다'의 방언(경남).
『밭 〉 바 〉 하 〉 は』. [탁음 바(ば) → 청음 하(は)]
「は + く(동사·접미어)」
「はく」: 뱉다, 토하다

- 「학 토하다」에서, 의성어 「학」으로도 설명이 가능하다.
  「학」은 '급히 토하거나 뱉는 모양'이다.(학 〉 하구 〉 はく)

277. 鋏(はさみ) : 가위 [집게 협(鋏)]

어원은 「버히다」(어간은 버히). '베다'의 옛말.
『버히 〉 벟 〉 벗 〉 밧 〉 바사 〉 하사 〉 はさ』. [탁음 바(ば) → 청음 하(は)]
「はさ + み(접미어)」
가위는 두 칼날을 이용하여 베는(자르는) 도구다.
「はさみ」: 가위

- はさむ(挟む) : 끼(우)다, 사이에 두다, (끼워서) 집다
  어원은 「はさみ」(가위)
  「はさ(み) + む(동사·접미어)」 → はさむ
  가위 사이에 끼우다.
  「はさむ」: 끼(우)다, 사이에 두다, (끼워서) 집다

278. 端(はし) : ①끝, 가 ②시초, 처음 [끝 단(端)]

(1) 어원은 「바깥」
  『바깥 〉 바까 〉 밖 〉 박 〉 밧 〉 바시 〉 하시 〉 はし』
  [탁음 바(ば) → 청음 하(は)]

제일 바깥쪽(가장자리)
「はし」: 끝, 가장자리

* 「박,밧」을 일본어로 표기하면 촉음 「ばっ」으로, 「박,밧」은 일본어에서 같은 발음임.

(2) 어원은 「비롯하다」의 「비롯」. '처음 시작하다'의 뜻.
『비롯 〉 비로 〉 빌 〉 발 〉 바시 〉 하시 〉 はし』. [탁음 바(ば) → 청음 하(は)]
「はし」: 시초, 처음

* はしがき(端書き): 머리말, 서문

---

279. 始める, 初める(はじめる) : 시작하다 [비로소 시(始)]

어원은 「비롯하다」의 「비롯」. '처음 시작하다'
『비롯 〉 비로 〉 빌 〉 발 〉 바지 〉 하지 〉 はじ』. [탁음 바(ば) → 청음 하(は)]
「はじ + める(동사를 만듦)」
「はじめる」: 시작하다

* 始まる(はじまる) : 시작되다
* はじめて(初めて, 始めて) : 처음으로, 첫 번째로

☛ 우리말 종성 「ㄹ」이 일본어로 바뀔 때, 자음이 「ㄱ, ㅁ, ㅅ, ㅈ, ㅊ, ㄷ」으로 바뀌며 모음(ㅣ, ㅡ, ㅏ 등)이 붙는다.

---

280. 旗(はた) : 기, 깃발 [깃발 기(旗)]

어원은 「깃발」의 「발」
「깃발」은 「기(旗) + 발」의 합성어.
『발 〉 바다 〉 하다 〉 はた』. [탁음 바(ば) → 청음 하(は)]

「はた」: 기, 깃발

← 우리말 종성「ㄹ」이 일본어로 바뀔 때, 자음이「ㄱ, ㅁ, ㅅ, ㅈ, ㅊ, ㄷ」으로 바뀌며 모음(ㅣ, ㅡ, ㅏ 등)이 붙는다.

281. 機(はた) : 베틀 [틀 기(機)]

어원은「베틀」
『베틀 〉 베트 〉 바타 〉 하타 〉 はた』. [탁음 바(ば) → 청음 하(は)]
「はた」: 베틀

* はたらく(働く) : 일하다/베틀(はた)에서 일하다.

282. 肌, 膚(はだ) : 피부 [살가죽 기(肌)]

어원은「바닥」('면'의 경남 방언)
『바닥 〉 바다 〉 하다 〉 はだ』. [탁음 바(ば) → 청음 하(は)]
'살'의 바닥(면, 面)이 '피부'다.
「はだ」: 피부

* 肌寒い(はださむい) : 으스스 춥다

← 고대 한국어 중 가장 먼저 일본으로 건너간 말이 경남 지역의「가야(伽耶)어」라고 한다. 그 다음이 백제어, 고구려어 순이고, 한반도에 살아남은 언어는 신라어다.

283. 裸(はだか) : 알몸, 맨몸 [벗을 라(裸)]

어원은「벌거벗다」의「벌거」

(1) 벌 : 『벌 〉 발 〉 바다 〉 하다 〉 はだ』. [탁음 바(ば) → 청음 하(は)]
(2) 거 : 『거 〉 가 〉 か』
「はだ + か」
「はだか」: 알몸, 맨몸

☛ 우리말 종성 「ㄹ」이 일본어로 바뀔 때, 자음이 「ㄱ, ㅁ, ㅅ, ㅈ, ㅊ, ㄷ」으로 바뀌며 모음(ㅣ, ㅡ, ㅏ 등)이 붙는다.

<연상> 「はだ(肌, 피부) + 까다(속살을 드러내다)」 → はだか(알몸)

---

284. はち(鉢) : 사발, 화분 [바리때 발(鉢)]

어원은 「바리」(=바리때).
「바리」는 '절에서 쓰는 승려의 공양 그릇'.
『바리 〉 발 〉 바치 〉 하치 〉 はち』. [탁음 바(ば) → 청음 하(は)]
「はち」: 사발, 화분

* うえきばち(植木鉢) : 화분

☛ 우리말 종성 「ㄹ」이 일본어로 바뀔 때, 자음이 「ㄱ, ㅁ, ㅅ, ㅈ, ㅊ, ㄷ」으로 바뀌며 모음(ㅣ, ㅡ, ㅏ 등)이 붙는다.

---

285. 初(はつ) : 첫..., 처음 [처음 초(初)]

어원은 「풋」('처음 나온', '미숙한'의 뜻)
『풋 〉 팟 〉 퐞 〉 파츠 〉 하츠 〉 はつ』. [반탁음 파(ぱ) → 청음 하(は)]
「はつ」: 첫..., 처음

* 初恋(はつこい) : 첫사랑

286. はで(派手) : 화려한 모양 [갈래 파(派)]

「화려하다」는 '환하게 빛나며 곱고 아름답다'에서,
어원은 「빛」
『빛 〉 빋 〉 받 〉 바데 〉 하데 〉 はで』. [탁음 바(ば) → 청음 하(は)]
「はで」: 화려한 모양

《일본 어원설》
「はな(花, 꽃) + て(手, 손)」
「はな·て → はて → はで」
손에 꽃을 든 모습은 「화려한 모양」이다.

287. 鳩(はと) : 비둘기 [비둘기 구(鳩)]

어원은 「비두리」('비둘기'의 옛말)
『비두리 〉 비둘 〉 비두 〉 바두 〉 바도 〉 하도 〉 はと』. [탁음 바(ば) → 청음 하(は)]
「はと」: 비둘기

《일본 어원설》
「はや(速, 빠른) + とり(鳥, 새)」
「はや·とり → はと」

※ 비둘기를 빠른 새라 하나 시속 80㎞ 정도이고, 제비의 시속 100㎞보다 느리다.

288. 放す(はなす) : 풀어 놓다, 놓아주다, 놓다 [놓을 방(放)]

어원은 「풀다」(어간은 풀)
「풀다」는 '묶인 것을 자유롭게 놓아주다'.
『풀 〉 푸울 〉 푸우 〉 풍 〉 푼 〉 판 〉 파나 〉 하나 〉 はな』.

[반탁음 파(ぱ) → 청음 하(は)]
「はな + す(동사·접미어)」
「はなす」: 풀어 놓다, 놓아주다, 놓다

* ん 음가 : ㄴ, ㅁ, ㅇ

289. 甚だしい(はなはだしい) : 심하다, 대단하다 [심할 심(甚)]

풀어 쓰면,
「はなはだ(甚だ. 몹시, 심히) + しい(…하다, …스럽다)」
「はなはだしい」: 심하다, 대단하다

☛ はなはだ(甚だ) : 몹시, 심히
　어원은 고어(古語)「하다」(많다, 크다, 높다의 뜻)
　「하다 〉 はだ」
　「はだ·はだ → は<u>な</u>はだ」
　「はなはだ」: 몹시, 심히

290. 離れる(はなれる) : 떨어지다, 사이가 벌어지다 [떠날 리(離)]

문어형은「はなる」(離る)
어원은「벙을다」('벌어지다'의 고어). '갈라져서 사이가 뜨다'의 뜻.
『벙을 〉 벙을 〉 버으 〉 벙 〉 방 〉 반 〉 바나 〉 하나 〉 はな』
　[탁음 바(ば) → 청음 하(は)]
「はな + る(동사·접미어)」→ はなる → はなれる(하1단화, 구어형)
「はなれる」: 떨어지다, 사이가 벌어지다

291. 跳ねる(はねる) : 뛰다, 뛰어오르다, 튀다 [뛸 도(跳)]

「뛰다」는「'발'을 몹시 재게 움직여 빨리 나아가다」에서,

어원은 「발」
『발 〉 바알 〉 바아 〉 방 〉 반 〉 바네 〉 하네 〉 はね』. [탁음 바(ば) → 청음 하(は)]
「はね + る(동사·접미어)」
「はねる」: 뛰다, 뛰어오르다, 튀다

* ん의 음가 : ㄴ, ㅁ, ㅇ

---

292. 省く(はぶく) : 생략하다, (불필요한 것을)없애다, 줄이다 [덜 생(省)]

어원은 「혈이후다」(어근은 혈이). '생략하다'의 옛말.
『혈이 〉 혀리 〉 혈 〉 할 〉 하부 〉 はぶ』. [반탁음 빠(ぱ) → 청음 하(は)]
「はぶ + く(동사·접미어)」
「はぶく」: 생략하다, (불필요한 것을) 없애다, 줄이다

☞ 우리말 종성 「ㄹ」이 일본어로 바뀔 때, 자음이 「ㄱ, ㅁ(ㅂ), ㅅ, ㅈ, ㅊ, ㄷ」으로 바뀌며 모음(ㅣ, ㅡ, ㅏ, ㅜ 등)이 붙는다.

---

293. 流行る(はやる) : 유행하다, 널리 퍼지다 [흐를 류(流)]

「유행하다」는 '널리 퍼지다'의 뜻에서,
어원은 「퍼지다」(어간은 퍼지)
『퍼지 〉 파지 〉 팢 〉 팡 〉 파하 〉 하하 〉 하야 〉 はや』
 [반탁음 파(ぱ) → 청음 하(は)]
「はや + る(동사·접미어)」
「はやる」: 널리 퍼지다, 유행하다

<연상> 「유행」은 빠르게(はやい, 早い) 왔다 빨리 지나간다 → はやる(유행하다)

어원산책

にせる(似せる) : 비슷하게 하다, 진짜처럼 보이게 하다, 모조하다

어원은 「にる」(似る. 닮다, 비슷하다)
「にる → にせる」
비슷하게 하다(→모조하다)
「にせる」: 비슷하게 하다, 진짜처럼 보이게 하다, 모조하다

* にせ(偽) : 가짜, 모조

쉬어 가는 곳(7)

연상암기

1. 捕える(とらえる, 捉える) : 잡다, 붙잡다, 포착하다
   호랑이(**とら**, 虎)를 「붙잡다」

2. いたずら(悪戯) : 장난, 못된 장난
   애들이 물건을 가지고 「장난」이 심하니 **이따 주라**(줘라).

3. ことわざ(諺) : 속담
   「こと(言, 말) + わざ(技, 기술)」 → 매우 기술적인 말, 「속담」이다.

4. 飢える(うえる) : 굶주리다, 배곯다
   「굶주리지」 않으려면 미리 곡식을 심어야(**うえる**, 植える) 한다.

5. おそらく(恐らく) : 아마, 어쩌면
   이 길은 「아마」 밤에 '**오소**리'가 나올지도 몰라.

294. ひざ(膝) : 무릎 [무릎 슬(膝)]

어원은 「무릎」
『무릎 〉 무르 〉 물 〉 밀 〉 미자 〉 비자 〉 히자 〉 ひざ』
 ① bmw 후진 변화 : 미 → 비
 ② 탁음 비(び) → 청음 히(ひ)
「ひざ」 : 무릎

☛ 우리말 종성 「ㄹ」이 일본어로 바뀔 때, 자음이 「ㄱ, ㅁ, ㅅ, ㅈ, ㅊ, ㄷ」으로 바뀌며 모음(ㅣ, ㅡ, ㅏ 등)이 붙는다.

295. 久しい(ひさしい) : 오래다, 오래간만이다 [오랠 구(久)]

어원을 풀어 쓰면,
「ひ(日, 해) + さる(去る. 떠나다, 경과하다) + しい(…하다, …듯하다)」
「ひ·さる·しい → ひさしい」
해가 경과해서 오래되다.
「ひさしい」 : 오래다, 오래간만이다

 * ひさしぶり(久しぶり) : 오래간만

296. 日差し(ひざし) : 햇살, 햇볕

어원은 「햇살」(해+살)
(1) 해 : 『해 〉 히 〉 ひ』
(2) 살 : 『살 〉 사시 〉 さし』
「ひさし → ひざし」
「ひざし」 : 햇살, 햇볕

☛ 우리말 종성 「ㄹ」이 일본어로 바뀔 때, 자음이 「ㄱ, ㅁ, ㅅ, ㅈ, ㅊ, ㄷ」으로 바뀌며 모음(ㅣ, ㅡ, ㅏ 등)이 붙는다.

297. ひじ(肘, 臂) : 팔꿈치 [팔꿈치 주(肘)]

어원은 「팔꿈치」의 「팔」
『팔 〉 필 〉 피지 〉 히지 〉 ひじ』. [반탁음 피(ぴ) → 청음 히(ひ)]
「ひじ」: 팔꿈치

<출처> : 岩波古語辞典

☛ 우리말 종성 「ㄹ」이 일본어로 바뀔 때, 자음이 「ㄱ, ㅁ, ㅅ, ㅈ, ㅊ, ㄷ」으로 바뀌며 모음(ㅣ, ㅡ, ㅏ 등)이 붙는다.

298. 額(ひたい) : 이마 [이마 액(額)]

어원은 「빗」
「빗」은 '이마'가 잘 보이도록 머리를 빗는 도구다.
『빗 〉 빋 〉 비다 〉 히다 〉 ひた』. [탁음 비(び) → 청음 히(ひ)]
「ひた + い(접미어)」
「ひたい」: 이마

<출처> : 日本古語大辞典(松岡靜雄)

299. 等しい(ひとしい) : 같다, 똑같다 [무리 등(等)]

어원은 「ひと」(一, 하나)
「ひと + しい(…하다, …스럽다)」
하나같다.

「ひとしい」 : 같다, 똑같다

☛ ひと(一) : 하나
  어원은 「홀-」('한 겹으로 된', '하나인'의 뜻)
  『홀 〉 호토 〉 히토 〉 ひと』

---

300. 瞳(ひとみ) : 눈동자 [눈동자 동(瞳)]

어원은 「부텨」('눈동자'의 옛말)
『부텨 〉 부토 〉 비토 〉 히토 〉 ひと』. [탁음 비(び) → 청음 히(ひ)]
「ひと + み(접미어)」
「ひとみ」 : 눈동자

☛ 「부릅뜨다」, 「부라리다」는 「눈」(目)과 관련된 말이다.

《일본 어원설》
「ひと(人, 사람) + み(見)」 → ひとみ
사람의 보는 신체 기관(눈동자)

---

301. ひとりでに(独りでに) : 저절로, 제물로, 자연히 [홀로 독(独)]

풀어 쓰면,
「ひとり(独, 혼자) + で (수단·방법을 나타냄) + に(부사화)」
혼자 스스로의 힘으로.
「ひとりでに」 : 저절로, 제물로, 자연히

---

302. 捻る(ひねる) : 비틀다, 틀다, 돌리다 [비틀 념(捻)]

어원은 「비틀다」(어간은 비틀)

『비틀 〉 비트을 〉 빝을 〉 비을 〉 비으 〉 빙 〉 빈 〉 비네 〉 히네 〉 ひね』
① 탁음 비(び) → 청음 히(ひ)
② ん의 음가는 ㄴ, ㅁ, ㅇ
「ひね + る(동사·접미어)」→ ひねる
「ひねる」: 비틀다, 틀다, 돌리다

---

303. 響く(ひびく) : 울려 퍼지다 [울릴 향(響)]

어원은 「히힝」(말이 우는 소리, 의성어)
『히힝 〉 히히 〉 ひひ』
「ひひ + く(동사·접미어)」→ ひひく → ひびく
(싸움터에서) 말 우는 소리가 울려 퍼지다.
「ひびく」: 울려 퍼지다

---

304. 平(ひら) : 평평함, 보통 [평평할 평(平)]

어원은 「벌」(넓고 평평하게 생긴 땅, 벌판)
『벌 〉 빌 〉 비라 〉 히라 〉 ひら』. [탁음 비(び) → 청음 히(ひ)]
「벌」은 평평하다.
「ひら」: 평평함, 보통

* てのひら(掌) : 손바닥

← 平ら(たいら) : 평평함
  본래 말은, 「た(手, 손) + ひら(平, 평평함)」
  「たひら → たいら」
  손바닥이 평평하다.
  「たいら」: 평평함

305. 笛(ふえ) : 피리 [피리 적(笛)]

어원은 「피리」
『피리 〉 필 〉 피일 〉 피이 〉 푸이 〉 푸에 〉 후에 〉 ふえ』
　[반탁음 푸(ぷ) → 청음 후(ふ)]
「ふえ」 : 피리

＊　くちぶえ(口笛) : 휘파람

306. 含む(ふくむ) : 머금다, 포함하다, 함유하다 [머금을 함(含)]

어원은 「머금다」(어간은 머금)
『머금 〉 머그 〉 무구 〉 부구 〉 후구 〉 ふく』
　① bmw 후진 변화 : 무 → 부
　② 탁음 부(ぶ) → 청음 후(ふ)
「ふく + む(동사·접미어)」
「ふくむ」 : 머금다, 포함하다, 함유하다

307. ふくろ(袋, 囊) : 주머니 [자루 대(袋)]

주머니에 물건을 넣으면 '불룩해지는' 것에서,
어원은 「불룩」
(1) 불 : 『불 〉 부구 〉 후구 〉 ふく』. [탁음 부(ぶ) → 청음 후(ふ)]
(2) 룩 : 『룩 〉 루 〉 로 〉 ろ』
「ふくろ」 : 주머니

☛ 우리말 종성 「ㄹ」이 일본어로 바뀔 때, 자음이 「ㄱ, ㅁ, ㅅ, ㅈ, ㅊ, ㄷ」으로 바뀌며 모음(ㅣ, ㅡ, ㅏ, ㅜ 등)이 붙는다.

308. 塞ぐ(ふさぐ) : 막다, 가로막다 [막힐 색(塞)]

어원은 「막다」(어간은 막)
『막 > 묵 > 뭇 > 무사 > 부사 > 후사 > ふさ』
 ① bmw 후진 변화 : 무 → 부
 ② 탁음 부(ぶ) → 청음 후(ふ)
「ふさ + ぐ(동사·접미어)」
「ふさぐ」: 막다, 가로막다

* 塞がる(ふさがる) : 막히다

☛ 「묵,뭇」을 일본어로 표기하면 촉음 「むっ」으로, 「묵,뭇」은 일본어에서 같은 발음임.

309. ふざける(巫山戯る) : 희롱거리다, 장난치다, 농하다 [무당 무(巫)]

어원은 「호작질」(어근은 호작). '손장난'의 비표준어.
『호작 > 호자게 > 후자게 > ふざけ』
「ふざけ + る(동사·접미어)」
「ふざける」: 희롱거리다, 장난치다, 농하다

310. 節(ふし) : 마디 [마디 절(節)]

어원은 「마디」
『마디 > 맏 > 묻 > 뭇 > 무시 > 부시 > 후시 > ふし』
 ① bmw 후진 변화 : 무 → 부
 ② 탁음 부(ぶ) → 청음 후(ふ)
「ふし」: 마디

311. 防ぐ(ふせぐ) : 막다, 방어하다, 방지하다 [막을 방(防)]

어원은 「막다」(어간은 막)
『막 〉묵 〉뭇 〉 무세 〉 보세 〉 호세 〉 ふせ』
  ① bmw 후진 변화 : 무 → 부
  ② 탁음 부(ぶ) → 청음 후(ふ)
「ふせ + ぐ(동사·접미어)」
「ふせぐ」: 막다, 방어하다, 방지하다

* 不正(ふせい)を防ぐ : 부정을 방지하다

☛ 「묵,뭇」을 일본어로 표기하면 촉음 「むっ」으로, 「묵,뭇」은 일본어에서 같은 발음임.

312. 豚(ぶた) : 돼지 [돼지 돈(豚)]

어원은 「붇다」(살이 찌다, 부피가 커지다)
살찐 동물이 「돼지」다.
『붇다 〉 부따 〉 ぶた』
「ぶた」: 돼지

* 豚肉(ぶたにく, とんにく) : 돼지고기

☛ 돈가스(豚가스, 豚カツ) : 본래 말은 「豚カツレツ」(cutlet, 두툼한 고기 토막)

313. 吹雪(ふぶき) : 눈보라 [눈 설(雪)]

풀어 쓰면,
「ふき(吹き, 불다) + ゆき(雪, 눈)」

「ふき·ゆき → ふゆき→ ふふき → ふぶき」
「ふぶき」: 눈보라

* 吹く(ふく) : 불다. <1권 347번 참조>

314. 麓(ふもと) : (산)기슭 [산기슭 록(麓)]

어원은 「발」('기슭'의 옛말)
『발 〉 불 〉 부모 〉 후모 〉 ふも』. [탁음 부(ぶ) → 청음 후(ふ)]
「ふも + と(=ところ. 곳, 장소)」
「ふもと」: (산)기슭

☛ 우리말 종성 「ㄹ」이 일본어로 바뀔 때, 자음이 「ㄱ, ㅁ, ㅅ, ㅈ, ㅊ, ㄷ」으로 바뀌며 모음(ㅣ, ㅡ, ㅏ, ㅗ 등)이 붙는다.

315. 触れる(ふれる) : ①접촉하다, 닿다 ②언급하다 [닿을 촉(触)]

문어형은 「ふる(触る)」
(1) 어원은 「붙다」(어간은 붙). '맞닿아 떨어지지 아니하다'.
  『붙 〉 부 〉 후 〉 ふ』. [탁음 부(ぶ) → 청음 후(ふ)]
  「ふ + る(동사·접미어)」→ ふる → ふれる(하단화, 구어형)
  「ふれる」: 접촉하다, 닿다

(2) 어원은 「불다」
  「불다」의 뜻 가운데, '숨겼던 죄나 비밀을 사실대로 털어놓다'.
  『불 〉 부 〉 후 〉 ふ』. [탁음 부(ぶ) → 청음 후(ふ)]
  「ふ + る(동사·접미어)」→ ふる → ふれる(하단화, 구어형)
  숨긴 사실을 불다(언급하다).
  「ふれる」: 언급하다

316. 凹む(へこむ) : 움푹 패다, 꺼지다 [오목할 요(凹)]

어원은 「へこへこ」(쭈그러지거나 움푹 들어가기 쉬운 모양)
이 말을 동사화한 말이 「へこむ」.
「へこむ」: 움푹 패다, 꺼지다

- ぺこぺこ : 배가 고픈 모양, 우그러진 모양
  「배고프다」
  『배고배고 〉 배꼬배꼬 〉 빼꼬빼꼬 〉 ぺこぺこ』
  「へこへこ」와 「ぺこぺこ」는 비슷한 말이다.

317. へそ(臍) : 배꼽 [배꼽 제(臍)]

어원은 「배꼽」
『배꼽 〉 배꼬 〉 배고 〉 백 〉 뱃 〉 배소 〉 해소 〉 へそ』
 [탁음 배(べ) → 청음 해(へ)]
「へそ」: 배꼽

- 「백,뱃」을 일본어로 표기하면 촉음 「べっ」으로, 「백,뱃」은 일본어에서 같은 발음임.

318. 隔てる(へだてる) : 사이를 떼다, 가로막다, 멀리하다 [사이뜰 격(隔)]

문어형은 「へだつ」
어원은 「벌리다」(어간은 벌리). '둘 사이를 넓히거나 멀게 하다'.
『벌리 〉 버리 〉 벌 〉 밸 〉 배다 〉 해다 〉 へだ』. [탁음 배(べ) → 청음 해(へ)]
「へだ + つ(동사·접미어)」→ へだつ → へだてる(하단화, 구어형)
「へだてる」: 사이를 떼다, 가로막다, 멀리하다

* へだたる(隔たる) : 떨어지다, 가로막히다

☛ 우리말 종성 「ㄹ」이 일본어로 바뀔 때, 자음이 「ㄱ, ㅁ, ㅅ, ㅈ, ㅊ, ㄷ」으로 바뀌며 모음(ㅣ, ㅡ, ㅏ 등)이 붙는다.

---

319. 蛇(へび) : 뱀 [뱀 사(蛇)]

어원은 「뱀」
『뱀 〉 배미 〉 해미 〉 해비 〉 へび』
① 탁음 배(べ) → 청음 해(へ)
② bmw 후진 변화 : 미 → 비
「へび」: 뱀

---

320. 放る(ほうる) : 멀리 내던지다, 집어치우다 [놓을 방(放)]

「放」의 음독 「ほう」를 활용한 말이다.
「ほう + る(동사·접미어)」
「はうる」: 멀리 내던지다, 집어치우다

* 放送(ほうそう) : 방송
* 放り出す(ほうりだす) : 내던지다

---

321. 吠える(ほえる) : (짐승) 짖다, 고함지르다 [짖을 폐(吠)]

어원은 「웨다」(어간은 웨). '외치다'의 옛말.
『웨 〉 우에 〉 오에 〉 호에 〉 ほえ』
「ほえ + る(동사·접미어)」
「ほえる」: 고함지르다, (짐승) 짖다

174

322. 頬(ほお) : 뺨, 볼 [뺨 협(頬)]

어원은 「뺨」
『뺨 〉 뽐 〉 뽀 〉 뽀오 〉 호오 〉 ほお』. [반탁음 뽀(ぽ) → 청음 호(ほ)]
「ほお」: 뺨, 볼

- ほほえむ(頬笑む, 微笑む) : 미소짓다, 빵긋하다
   「ほお(頬, 뺨) + えむ(미소짓다)」 → ほおえむ → ほほえむ
   두 뺨을 위로 살짝 올려 「미소짓다」

323. 朗らか(ほがらか) : 쾌활(명랑)한 모양, (날씨가) 쾌청한 모양 [밝을 랑(朗)]

어원은 「밝다」(어간은 밝)
『밝 〉 박 〉 복 〉 보가 〉 호가 〉 ほが』. [탁음 보(ぼ) → 청음 호(ほ)]
「ほが + らか(…와 같은 모양)」
기분이 밝은 모양(→명랑한 모양)
「ほがらか」: 쾌활(명랑)한 모양, (날씨가) 쾌청한 모양

324. 蛍(ほたる) : 반딧불(이) [반딧불이 형(蛍)]

어원은 「반딧불」
(1) 반딧 : 『반딧 〉 바디 〉 보디 〉 보다 〉 호다 〉 ほた』. [탁음 보(ぼ) → 청음 호(ほ)]
(2) 불 : 『불 〉 부루 〉 루 〉 る』.(ㅂ 탈락)
「ほた + る」
「ほたる」: 반딧불(이)

<출처> : 岩波古語辞典(大野 晋)

325. 仏(ほとけ) : 부처 [부처 불(仏)]

어원은 「붓다」(Buddha)

『붓다 〉 부다 〉 부도 〉 보도 〉 호도 〉 ほと』. [탁음 보(ぼ) → 청음 호(ほ)]

「ほと + け(家. …가, …문)」 → ほとけ

「ほとけ」 : 부처

326. 炎(ほのお) : 불꽃, 불길 [불꽃 염(炎)]

어원을 풀어쓰면,

「ほ(火, 불) + の + ほ(穂, 이삭)」

「ほのほ → ほのお」

불 이삭이 「불꽃」이다.

「ほのお」 : 불꽃, 불길

☛ 穂(ほ) : 이삭, 이삭 모양의 것

「이삭이 패다」에서, 어원은 「패다」(어간은 패)

『패 〉 포 〉 호 〉 ほ』. [반탁음 포(ぽ) → 청음 호(ほ)]

「ほ」 : 이삭

327. 掘る(ほる) : 파다 [팔 굴(掘)]

어원은 「파다」(어간은 파)

『파 〉 포 〉 호 〉 ほ』. [반탁음 포(ぽ) → 청음 호(ほ)]

「ほ + る(동사·접미어)」

「ほる」 : 파다

＊ 掘り(ほり) : 해자(못)

328. ぼろ : 넝마, 누더기, 낡은 것

어원은 「헐다」(어간은 헐). '오래되거나 많이 써서 낡아지다'
『헐 〉 허러 〉 호로 〉 보로 〉 ぼろ』
헐은 것
「ぼろ」 : 넝마, 누더기, 낡은 것

* 넝마 : 낡고 해어져서 입지 못하게 된 옷, 이불 따위.

329. 詫びる(わびる) : 빌다, 사죄하다 [고할 하(詫)]

어원은 「빌다」(어간은 빌)
『빌 〉 발 〉 바비 〉 하비 〉 아비 〉 와비』
 [탁음 바(ば) → 청음 하(は) → 여린소리 아(あ)]
「わび + る(동사·접미어)」
「わびる」 : 빌다, 사죄하다

* お詫び申し上げます(사과의 말씀을 드립니다).

☛ 우리말 종성 「ㄹ」이 일본어로 바뀔 때, 자음이 「ㄱ, ㅁ(ㅂ), ㅅ, ㅈ, ㅊ, ㄷ」으로 바뀌며 모음(ㅣ, ㅡ, ㅏ 등)이 붙는다.

330. 撒く(まく) : 뿌리다, 살포하다 [뿌릴 살(撒)]

무엇을 뿌릴 때 '뿔뿔이' 흩어지게 뿌리는 모양에서,
어원은 「ばらばら」(뿔뿔이)
「ばら + く(동사·접미어)」
「ばらく → ばく → まく」.(bmw 변화 : ㅂ → ㅁ)
「まく」 : 뿌리다, 살포하다

◆ ばらばら(散散) : 뿔뿔이

『뿔뿔 〉 빨빨 〉 빠라빠라 〉 바라바라 〉 ばらばら』

331. 枕(まくら) : 베개 [베개 침(枕)]

어원은「베개」
『베개 〉 바개 〉 바구 〉 마구 〉 まく』.(bmw 변화 : ㅂ → ㅁ)
「まく + ら(접미어)」
「まくら」: 베개

332. まったく(全く, 完く) : 완전히, 아주, 전적으로, 전혀 [온전할 전(全)]

「まったい」(全い, 완전하다)에서
「まったく」: 완전히, 아주, 전적으로, 전혀

◆ まったい(全い) : 완전하다
   어원은「맞다」(어간은 맞)
   『맞 〉 맏 〉 마다 〉 また 〉 まった』
   「まった + い(형용사·접미어)」
   주어진 조건에 딱 맞아서 '완전하다'.
   「まったい」: 완전하다

333. 全うする(まっとうする) : 완수하다, 다하다 [온전할 전(全)]

「まったい(全い, 완전하다) + する(하다)」
「まったいする 〉 まっとうする」
완전하게 하다(→완수하다)
「まっとうする」: 완수하다, 다하다

← 有りがたい → ありがとう(ございます). 감사합니다.

---

334. 瞼(まぶた) : 눈꺼풀 [눈꺼풀 검(瞼)]

어원을 풀어 쓰면,
「ま(目, 눈) + ふた(蓋, 뚜껑)」
「まふた → まぶた」
눈의 뚜껑이 '눈꺼풀'이다
「まぶた」: 눈꺼풀

* めがしら(目頭) : 눈시울

← ふた(蓋) : 뚜껑. <1권 571번 참조>

어원산책

救う(すくう) : 구하다, 구조하다

어원은「살리다」(어간은 살리)
『살리 〉사리 〉살 〉술 〉수구 〉すく』
「すく + う(동사·접미어)」
「すくう」: 구하다, 구조하다
※ 우리말 종성「ㄹ」이 일본어로 바뀔 때, 자음이「ㄱ, ㅁ, ㅅ, ㅈ, ㅊ, ㄷ」으로 바뀌며 모음(ㅣ, ㅡ, ㅏ, ㅜ 등)이 붙는다.

쉬어 가는 곳(8)

연상암기

1. 幸い(さいわい) : 다행, 행복
  「**사이** + **와이프**(wife)」 → 와이프와 사이가 좋아 「행복하다」

2. すなわち : 즉, 곧, 단적으로 말하면, 바꾸어 말하면
  이렇게 하니, 「즉」 **수**가 **나왔지**.

3. せっかく(折角) : 모처럼, 애써, 크게 별러서, 일부러, 애써서
  「**せつ**(折, 꺾다)+**かく**(角, 뿔)」 → 「모처럼」 사슴뿔을 꺾어 녹용을 준비해 놓고 손님을 맞이하다.

4. せっせと : 열심히, 부지런히
  아이들이 셋셋셋(**せっせっせ**. 손뼉치기 게임) 놀이에 「열심이다」.

5. 備える(そなえる) : 준비하다, 대비하다, 갖추다, 구비하다
  소와 **나**귀를 갖추어 바로 떠날 「준비를 하다」

6. ただ(唯) : 보통, 예사, 단, 다만
  셔틀 버스를 공짜로 **타다**. 「다만」, 질서는 지키고

335. 稀(まれ) : 드묾, 희소함 [드물 희(稀)]

어원은 「말-」('큰'의 뜻. 예-말매미, 말술)
『말 〉 마래 〉 まれ』
말술(술을 크게 마시는 사람)은 「드물다」
「まれ」: 드묾, 희소함

《일본 어원설》
명예(ほまれ, 誉れ)는 드문 것이다.
「ほまれ → まれ」
「まれ」: 드묾, 희소함

336. 実(み) : 열매, 과실 [열매 실(実)]

어원은 「열매」의 「매」
『매 〉 미 〉 み』
「み」: 열매, 과실

* みのる(実る) : 열매를 맺다

337. 岬, 崎(みさき) : 갑, 곶 [곶 갑(岬)]

풀어 쓰면,
「み(=みず. 水, 물) + さき(先, 앞)」
「갑」은 '바다 쪽으로 부리 모양으로 뾰족하게 뻗은 육지'를 말함.
따라서 「갑」은 해안선보다 더 바닷물 앞쪽으로 뻗어 있다.
「みさき」: 갑, 곶

338. 惨め(みじめ) : 비참함, 참혹함 [참혹할 참(惨)]

풀어 쓰면,
「み(見る, 보다) + じ(=まい. 부정적인 추측, ...않을 것이다) + め(目, 눈)」
너무 참혹해서 눈으로 보지 않을 정도로.
「みじめ」: 비참함, 참혹함

339. 自ら(みずから) : 몸소 [스스로 자(自)]

풀어 쓰면,
「み(身, 몸) + ずから(…으로, 그 사람 스스로의)」
직접 몸으로
「みずから」: 몸소

340. 乱れる(みだれる) : 어지러워지다, 흐트러지다 [어지러울 란(乱)]

풀어 쓰면,
「み(=みず. 水, 물) + たれる(垂れる, 떨어지다)」
「みたれる → みだれる」
물이 바닥에 떨어지면 흐트러지는 것에서.
「みだれる」: 흐트러지다, 어지러워지다

  * 乱す(みだす) : 어지럽히다, 흩뜨리다

341. 満ちる, 充ちる(みちる) : 차다, 그득 차다 [찰 만(満)]

문어형은 「みつ」(満つ)

어원은 「メだ」(어간은 메). '어떤 장소에 가득 차다'의 뜻.
『메 〉 미 〉 み』
「み + つ(동사·접미어)」→ みつ → みちる(상1단화, 구어형)
「みちる」: 차다, 그득 차다

☛ 미어터지다(=메어 터지다) : 공간이 꽉 차 터지거나 터질 듯한 상태가 되다.

---

342. 蜜(みつ) : 꿀 [꿀 밀(蜜)]

어원은 「꿀」을 뜻하는 「蜜」의 우리 한자음 「꿀 밀」
『밀 〉 미츠 〉 みつ』
「みつ」: 꿀

* 蜜은 훈독이 없고 음독이 「みつ」로서 오음(吳音)이다.

☛ 우리말 종성 「ㄹ」이 일본어로 바뀔 때, 자음이 「ㄱ, ㅁ, ㅅ, ㅈ, ㅊ, ㄷ」으로 바뀌며 모음(ㅣ, ㅡ, ㅏ 등)이 붙는다.

☛ 일본어의 한자 발음은 오음(吳音)과 한음(漢音)이 있는데, 오음은 한반도를 거쳐 일본에 전래된 것으로 오음의 형성에 있어서 한국 한자음의 영향을 무시할 수 없다고 한다. 그래서 발음이 우리 한자음과 유사한 면이 많다.

* 오음(吳音) : <u>も</u>くざい(木材, 목재)
  한음(漢音) : たい<u>ぼ</u>く(大木, 거목)

---

343. みっともない : 꼴사납다, 보기 흉하다

본래 말은 「みたくもない」(보고 싶지 않다)
「みたくもない → みたうもない → みとうもない → みともない
→ みっともない」.(촉음은 강조의 뜻)

「みっともない」: 꼴사납다, 보기 흉하다

---

344. 認める(みとめる) : 인정하다, 좋게 평가하다 [알 인(認)]

문어형은 「みとむ」
어원은 「믿다」(어간은 믿).
「믿다」에는 사람의 진실이나 성실함 등을 인정한다는 뜻도 포함되어 있다.
『믿 〉 미도 〉 みと』
「みと + む(동사·접미어)」 → みとむ → みとめる(하1단화, 구어형)
「みとめる」: 인정하다, 좋게 평가하다

* 信じる(しんじる) : 믿다, 신뢰하다

---

345. 都, 京(みやこ) : 서울, 수도 [도읍 도(都)]

풀어 쓰면,
「みや(宮, 궁성) + こ(곳, 장소)」 → みやこ
궁이 있는 곳이 서울이다.
「みやこ」: 서울, 수도

← みや(宮) : 궁성
  「み(御, 존경의 뜻) + や(屋, 집)」
  「みや」: 궁성

---

346. 向かう(むかう) : 향하다, 면하다, (마주) 보다 [향할 향(向)]

어원은 「마주」(서로 똑바로 향하여)
『마주 〉 맞 〉 뭊 〉 묵 〉 무가 〉 むか』.
「むか + う(동사·접미어)」

마주 하다(→향하다)
「むかう」: (마주) 보다, 향하다, 면하다

☛ 「뭇,묵」을 일본어로 표기하면 촉음 「むっ」으로, 「뭇,묵」은 일본어에서 같은 발음임.

347. 麦(むぎ) : 보리, 밀, 귀리 등의 총칭 [보리 맥(麦)]

어원은 「밀」
『밀 〉 미기 〉 무기 〉 むぎ』
「むぎ」: 보리, 밀, 귀리 등의 총칭

☛ 우리말 종성 「ㄹ」이 일본어로 바뀔 때, 자음이 「ㄱ, ㅁ, ㅅ, ㅈ, ㅊ, ㄷ」으로 바뀌며 모음(ㅣ, ㅡ, ㅏ 등)이 붙는다.

348. 剝く(むく) : 벗기다, 까다 [벗길 박(剝)]

어원은 「벗기다」(어간은 벗기)
『벗기 〉 버기 〉 부기 〉 부구 〉 무구 〉 むく』.(bmw 변화, ㅂ → ㅁ)
「むく」: 벗기다, 까다

349. 婿(むこ) : 사위, 신랑 [사위 서(婿)]

풀어 쓰면,
「むかえる(迎える, 맞이하다) + こ(子, 자식)」
「むかえる·こ → むこ」
맞이하는 자식이 '사위'다.
「むこ」: 사위, 신랑

* はなむこ(花婿) : 신랑

---

350. 娘(むすめ) : 딸 [여자 낭(娘)]

풀어 쓰면,
「むす(生す·産す, 나다) + め(女, 여자를 뜻함)」
여자애를 낳은 것이 「딸」이다.
「むすめ」: 딸

* むすこ(息子) : 아들

☛ むす(生す, 産す) : 생기다, 나다
  어원은 「몸」
  『몸 〉모 〉무 〉む』
  「む + す(동사·접미어)」
  「몸」이 생기다.(몸은 만드는 것이 아님)
  「むす」: 생기다, 나다

---

351. 群(むら, むれ) : 무리, 떼 [무리 군(群)]

어원은 「무리(群)」
『무리 〉무라, 무래 〉むら, むれ』
「むら, むれ」: 무리, 떼

* 群がる(むらがる) : 떼 지어 모이다
  群れる(むれる) : 떼를 짓다, 군집하다

352. 紫(むらさき) : 보라색 [자줏빛 자(紫)]

어원은 「보라색」
(1) 보라 : 『보라 〉 부라 〉 무라 〉 むら』.(bmw 변화, ㅂ → ㅁ)
(2) 색(色) : 색의 음독이 「しき」
「むら + しき」→ むらしき → むらさき
「むらさき」: 보라색

* 色彩(しきさい) : 색채

☞ 「늪」의 발음 변화와 유사하다.
　『늪 〉 늡 〉 눕 〉 누바 〉 누마 〉 ぬま』.(bmw 변화, ㅂ → ㅁ)

353. 芽(め) : 싹 [싹 아(芽)]

어원은 「움」
「움」은 '풀이나 나무에 새로 돋아 나오는 싹'.
『움 〉 우메 〉 메 〉 め』.(우 탈락)
「め」: 싹

* 新芽(しんめ) : 새싹

<연상> '새로 막 터져 돋아나려는 초목의 싹'을 「눈」이라 한다.
　　　「눈」은 「め」(目)로, 싹(芽, め)과 발음이 같음.

354. 恵まれる(めぐまれる) : 혜택받다 [은혜 혜(恵)]

「めぐむ」(恵む, 베풀다)의 수동형
「めぐまれる」: 혜택받다

◆ めぐむ(恵む) : 베풀다, 은혜를 주다
    어원은 「베풀다」(어간은 베풀)
    『베풀 〉 베푸 〉 벬 〉 벱 〉 벡 〉 베구 〉 메구 〉 메구』.(bmw 변화, ㅂ → ㅁ)
    「메구 + 무(동사·접미어)」
    「めぐむ」: 베풀다, 은혜를 주다

* 「벱,벡」을 일본어로 표기하면 촉음 「べっ」으로, 「벱,벡」은 일본어에서 같은 발음임.

355. 巡る(めぐる) : 돌다, 둘러싸다, 여기저기 들르다 [돌 순(巡)]

어원은 「매구」
「매구」는 꽹과리의 경상·전남 방언이고, 또 '매구를 치면서 마을을 돈 다음 집집마다 들어가' 악귀를 쫓고 복을 비는 민속 행사를 「매구」라고 한다(음력 정월 초승에 함).
「매구(めぐ)」를 동사화한 말이 「めぐる」이다.
「めぐる」: 돌다, 둘러싸다, 여기저기 들르다

356. めでたい : 경사스럽다, 축하할 만하다

어원은 (행운을) 「빌다」(어간은 빌)
『빌 〉 비데 〉 미데 〉 메데 〉 메데』.(bmw 변화, ㅂ → ㅁ)
「메데 + -다이(상태가 심함을 나타냄)」
남의 (행운을) 빌만하다(→경사스럽다).
「めでたい」: 경사스럽다, 축하할 만하다

* おめでとうございます(축하합니다).

◆ 우리말 종성 「ㄹ」이 일본어로 바뀔 때, 자음이 「ㄱ, ㅁ, ㅅ, ㅈ, ㅊ, ㄷ」으로 바뀌며 모음(ㅣ, ㅡ, ㅏ, ㅔ 등)이 붙는다.

357. 儲ける(もうける) : 벌다, 이익을 보다 [쌓을 저(儲)]

문어형은 「もうく」
어원은 「벌다」(어간은 벌)
『벌: 〉 볼: 〉 보: 〉 보오 〉 모오 〉 もう』.(bmw 변화, ㅂ → ㅁ)
「もう + く(동사·접미어)」 → もうく → もうける(하단화, 구어형)
「もうける」 : 벌다, 이익을 보다

* もうかる(儲かる) : 벌이가 되다, 득이 되다

358. もぐら : 두더지

어원은 「もぐる」(潜る. 숨어들다, 잠수하다)
「もぐる → もぐら」
땅속으로 숨어드는 동물이 '두더지'다.
「もぐら」 : 두더지

359. 潜る(もぐる) : 잠수하다, 기어들다, 숨어들다 [잠길 잠(潜)]

어원은 「멱」
「멱」 감으며 물속에 잠수하기도 하고, 물속에 숨기도 하며 논다.
『멱 〉 며구 〉 머구 〉 모구 〉 もぐ』
「もぐ + る(동사·접미어)」
「もぐる」 : 잠수하다, 기어들다, 숨어들다

* 멱 : 냇물이나 강물에 들어가 몸을 담그고 씻거나 노는 행위.

360. もたれる(凭れる) : ①기대다, 의지하다 ②먹은 것이 소화 되지 않고 위에 남다 [기댈 빙(凭)]

어원은 「もつ」(持つ. 쥐다, 가지다)의 수동태 「もたれる」
(1) 스스로 쥐지 못하고 쥐임을 당하다.
　　「もたれる」: 기대다, 의지하다

(2) (오래) 가지는 것을 당하다(→소화되지 않다).
　　「もたれる」: 먹은 것이 소화되지 않고 위에 남다

* いもたれ(胃もたれ) : (소화 불량으로) 더부룩한 상태

---

361. 用いる(もちいる) : 쓰다, 사용하다 [쓸 용(用)]

어원은 「만지다」(어간은 만지)
「만지다」의 뜻 가운데, '물건을 다루어 쓰다'.
『만지 〉 마지 〉 모지 〉 모지이 〉 もちい』
「もちい + る(동사·접미어)」
「もちいる」: 쓰다, 사용하다

☛ 만지다 : '그는 만질 줄 아는 악기가 몇 개 더 있다'.

---

362. もっとも(尤も) : ①지당함 ②그렇다고는 하지만 [더욱 우(尤)]

(1) 어원은 「맞다」(어간은 맞)
　　『맞 〉 못 〉 몯 〉 모도 〉 못도 〉 もっと』
　　「もっと+も(助語)」
　　「もっとも」: 지당함

(2) 접속사로, 「맞긴 하지만」(→그렇다고는 하지만)
　　「もっとも」: 그렇다고는 하지만

---

363. 求める(もとめる) : 바라다, 요구하다 [구할 구(求)]

어원은 「바라다」(어간은 바라)
『바라 〉 발 〉 볼 〉 보도 〉 모도 〉 모또』.(bmw 변화, ㅂ → ㅁ)
「もと + める(동사를 만듦)」
「もとめる」: 바라다, 요구하다

☛ 우리말 종성 「ㄹ」이 일본어로 바뀔 때, 자음이 「ㄱ, ㅁ, ㅅ, ㅈ, ㅊ, ㄷ」으로 바뀌며 모음(ㅣ, ㅡ, ㅏ, ㅗ 등)이 붙는다.

《일본 어원설》
「もと(本·元, 처음, 근본) + める(동사를 만듦)」 → もとめる
처음의 것을 바라다.

---

364. 揉む(もむ) : 비비다, 문질러 비비대다, 문대다 [주무를 유(揉)]

어원은 「비비다」(어간은 비비)
『비비 〉 보보 〉 모모 〉 모무 〉 もむ』.(bmw 변화, ㅂ → ㅁ)
「もむ」: 비비다, 문대다

---

365. やがて : 얼마 안 있어, 머지않아, 곧, 이윽고

어원을 풀어 쓰면,
「や(矢, 화살) + が + て(手, 손)」
화살은 손을 떼면 '곧' 시위에서 날아갈 것임.

「やがて」: 얼마 안 있어, 머지않아, 곧, 이윽고

☛ 「が」: (文語的·관용적) 소유·소속 등을 나타내는 말. 의(=の).
　　我が国(わがくに) : 우리나라
　　君が代(きみがよ) : 군주가 통치하는 시대, 일본 국가(國歌)의 이름.

---

366. 易い(やすい) : 쉽다, …하는 경향이 있다 [쉬울 이(易)]

어원은 「쉽다」(어간은 쉽)
『쉽 〉 쉬 〉 수이 〉 すい』
「や(접두사) + すい」
「やすい」: 쉽다, …하는 경향이 있다

---

367. 宿(やど) : 사는 집, 숙소 [잘 숙(宿)]

「や(屋, 집) + と(所·処, 장소)」 → やと → やど
「やど」: 집, 숙소

＊ 宿る(やどる) : 머물다

---

368. 雇う(やとう) : 고용하다 [품 팔 고(雇)]

어원은 「놉」
『놉 〉 납 〉 낟 〉 나도 〉 아도 〉 야도 〉 やと』.(ㄴ→ㅇ, 'ㄴ 두음법칙'과 유사)
「やと + う(동사·접미어)」
「놉하다」는 '품팔이 일꾼을 부리다'(즉, 고용하다).
「やとう」: 고용하다

☛ 「납,낟」을 일본어로 표기하면 촉음 「なっ」으로, 「납,낟」은 일본어에서 같은 발음임.

369. 屋根(やね) : 지붕

어원은「집웅」의「웅」. '지붕'의 옛말
『웅 〉운 〉우네 〉아네 〉야네 〉やね』.(ん의 음가는 ㄴ, ㅁ, ㅇ)
「やね」: 지붕

☛ 「지붕」은 짚이나 새 등으로 '이엉'을 만들어 덮는 것에서 유래.
　「집+이엉 〉집엉 〉집웅 〉지붕」

370. 譲る(ゆずる) : 양보하다, 양도하다, 물려주다 [사양할 양(讓)]

어원은「물리다」(어간은 물리)
「물리다」의 뜻 가운데, '재물이나 관리, 지위 등을 다른 사람에게 내려 주다'.
『물리 〉무리 〉물 〉모즈 〉오즈 〉유즈 〉ゆず』.(ㅁ → ㅇ)
「ゆず + る(동사·접미어)」
「ゆずる」: 물려주다, 양도하다, 양보하다

☛ 우리말 종성「ㄹ」이 일본어로 바뀔 때, 자음이「ㄱ, ㅁ, ㅅ, ㅈ, ㅊ, ㄷ」으로 바뀌며 모음(ㅣ, ㅡ, ㅏ 등)이 붙는다.

《ㅁ→ㅇ》 변화
① すみません → すいません(미안합니다)
② あたる(当る) : 맞다
　어원은「맞다」(어간은 맞)
　『맞 〉앚 〉앋 〉아다 〉あた』.(ㅁ → ㅇ)
　「あた + る(동사·접미어)」
　「あたる」: 맞다
③ 鰻(うなぎ) : 뱀장어, 장어
　어원은「むなが(身長)」

장어는 몸이 긴 물고기다.
「むなが 〉 むなぎ 〉 うなぎ」.(ㅁ → ㅇ)
「うなぎ」: 뱀장어, 장어

* 「むなぎ」는 古語(나라, 헤이안 시대)

---

371. 豊か(ゆたか) : 풍족함, 풍부함 [풍성할 풍(豊)]

어원은 「넉넉하다」(어근은 「넉넉)
『넉(넉) 〉 눆 〉 웈 〉 욷 〉 우다 〉 유다 〉 유타』.(ㄴ→ㅇ, 'ㄴ 두음법칙'과 유사)
「ゆた + か(상태, 성질을 나타냄)」
「ゆたか」: 풍족함, 풍부함

☛ 「웈, 욷」을 일본어로 표기하면 촉음 「うっ」으로, 「웈, 욷」은 일본어에서 같은 발음임.

---

372. ようやく(漸く) : 겨우, 간신히 [점진할 점(漸)]

어원은 「애오라지」('겨우'를 강조하여 이르는 말)
『애오라(지) 〉 요오라 〉 요오아 〉 요야 〉 ようや』.(ㄹ 탈락)
「ようや + く(부사화)」
「ようやく」: 겨우, 간신히

<연상> 밤을 세워 「겨우」 논문을 요약(ようやく, 要約) 하다.

373. よそ(余所, 他所) : 딴 곳, 남의 집 [남을 여(余)]

「よこ(横, 옆) + しょ(所, 장소)」
「よこしょ 〉 よしょ 〉 よそ」
옆의 장소
「よそ」: 딴 곳, 남의 집

374. 嫁(よめ) : 며느리, 신혼여성 [시집갈 가(嫁)]

풀어 쓰면,
「よい(良い, 좋은) + め(女, 여성)」 → よめ
좋은 여성이란 뜻으로 「며느리, 신혼여성」을 뜻한다.
「よめ」: 며느리, 신혼여성

* はなよめ(花嫁) : 신부, 새색시

☛ 우리말에도 「할매, 아지매」와 같이 여성명사 뒤에 「매」가 붙는다.

375. 脇(わき) : 겨드랑이, 옆 [겨드랑이 협(脇)]

어원은 「옆」
『옆 〉 엽 〉 얍 〉 약 〉 야기 〉 와기 〉 わき』
「わき」: 겨드랑이, 옆

☛ 「얍,약」을 일본어로 표기하면 촉음 「やっ」으로, 「얍,약」은 일본어에서 같은 발음임.

쉬어 가는 곳(9)

연상암기

1. だぶだぶ : 헐렁헐렁, 너무 살쪄서 뒤룩거리는 모양, 출렁출렁
 그의 **다부**진 체구에 조금 「헐렁한」 옷차림이 훨씬 어울린다.

2. とっくに : 훨씬 전에, 벌써
 톡 까놓고 말해서, 저 여학생은 「벌써」 내가 점찍어 두었어.

3. どうせ(何うせ) : 어차피, 어떻든, 하여간
 「어차피」, **도요새**는 집에서 키워도 날라갈 새다.

4. 望む(のぞむ) : 바라다, 소망하다, 바라다보다
 노조(労組)가 높은 임금 인상을 「바라다」.

5. 拭う(ぬぐう) : 닦다
 눅눅하다(눅 〉누구) → 바닥이 눅눅해서 수건(てぬぐい)으로 잘 「닦다」.

6. むしろ(寧ろ) : 차라리, 오히려
 배추값이 비싸 「차라리」 **무시로**(무우로) 김치를 담그다.

7. もみじ(紅葉) : 단풍
 '**모미지** 나무'는 「단풍나뭇과」에 속한 교목(喬木, 높이가 8미터 넘는 나무)이다.

376. 涌く, 湧く(わく) : 솟다, 샘솟다 [물 솟을 용(涌)]

샘물이 '퐁퐁' 솟는 모습에서,
어원은 「퐁퐁」
『퐁 〉 포 〉 파 〉 하 〉 아 〉 와 〉 わ』
 [반탁음 파(ぱ) → 청음 하(は) → 여린소리 아(あ)]
「わ + く(동사·접미어)」
「わく」 : 솟다, 샘솟다

377. わこうど(若人) : 젊은이, 청년 [같을 약(若)]

풀어 쓰면,
「わかい(若い, 젊다)+ひと(人, 사람)」
「わかひと → わかうと → わこうと → わこうど」
「わこうど」 : 젊은이, 청년

378. 僅か(わずか) : 얼마 안 되는 모양, 조금, 불과, 겨우 [겨우 근(僅)]

어원은 「한갓」(다른 것 없이 겨우)
『한갓 〉 하가 〉 학 〉 핮 〉 하즈 〉 와즈 〉 わず』
「わず + か(상태, 성질을 나타냄)」
「わずか」 : 얼마 안 되는 모양, 조금, 불과, 겨우

☛ 「학,핮」을 일본어로 표기하면 촉음 「はっ」으로, 「학,핮」은 일본어에서 같은 발음임.

379. 綿(わた) : 솜, 목화 [솜 면(綿)]

어원은 「핫바지」의 「핫」
「핫바지」는 '솜을 넣어 지은 바지'를 말함.
『핫 〉한 〉하다 〉와다 〉わた』
「わた」: 솜, 목화

380. 鰐(わに) : 악어 [악어 악(鰐)]

악어의 입을 크게 「ワン」하고 벌리는 모습에서
『ワン 〉완 〉와니 〉わに』
「わに」: 악어

381. われわれ(我我, 吾吾) : 우리들

어원은 「우리」
『우리 〉와리 〉와래 〉われ』
「われわれ」: 우리들

N1

382. 喘ぐ(あえぐ) : 헐떡이다, 괴로워하다, 허덕이다 [숨찰 천(喘)]

어원은 「허덕이다」의 「허덕」
『허덕 〉 허더 〉 헏 〉 핟 〉 핳 〉 하헤 〉 하에 〉 아에 〉 あえ』
「あえ + ぐ(동사·접미어)」
「あえぐ」 : 허덕이다, 헐떡이다, 괴로워하다

* 허덕이다 : 힘에 부쳐 쩔쩔매거나 괴로워하며 애쓰다.

383. 和える(あえる) : 무치다, 버무리다 [화할 화(和)]

어원은 「버무리다」(어간은 버무리)
『버무리 〉 버물 〉 버무 〉 범 〉 밤 〉 방 〉 바에 〉 하에 〉 아에 〉 あえ』
  [탁음 바(ば) → 청음 하(は) → 여린소리 아(あ)]
「あえ + る(동사·접미어)」
「あえる」 : 버무리다, 무치다

384. 仰ぐ(あおぐ) : 우러러보다, 존경하다 [우러를 앙(仰)]

어원은 「우러러보다」의 「우러러」
『우러(러) 〉 아러 〉 알 〉 아알 〉 아아 〉 아오 〉 あお』
「あお + ぐ(동사·접미어)」
「あおぐ」 : 우러러보다, 존경하다

385. 垢(あか) : 때, 더러움 [때 구(垢)]

「때」의 다른 말로 「땟국」이 있는데, '꾀죄죄하게 묻은 때'를 말한다. 「땟국」의 「국」은 「구정물」의 「구정」이 변한 말로 볼 수 있다. 「구정 〉 구저 〉 궂 〉 국」.

어원은 「땟국」의 「국」
『국 〉 구 〉 가 〉 か』
「あ(접두사) + か」
「あか」: 더러움, 때

* 垢擦(あかすり)タオル : 때밀이 수건

---

386. 暁(あかつき) : 새벽 [새벽 효(暁)]

어원을 풀어 쓰면,
「あかるい(明るい, 밝다) + とき(時. 때, 시간)」
「あか(るい)とき → あかとき → あかつき」
밝게 되는 때
「あかつき」: 새벽

---

387. 購う(あがなう) : 구입하다, 사들이다 [살 구(購)]

본래 말인 「かう」(買う, 구입하다)를 우아한 말인 「아어(雅語)」로 한 말.
「あ(접두사) + か(かう의 か) + なう(동작을 나타냄)」
「あかなう → あがなう」
「あがなう」: 구입하다, 사들이다

---

388. 崇める(あがめる) : 숭상하다, 우러러 받들다 [높을 숭(崇)]

문어형은 「あがむ」
어원은 「우러르다」(어간은 우러르)
『우러르 〉 우럴 〉 우러 〉 울 〉 알 〉 아가 〉 あが』
「あが + む(동사·접미어) → あがむ → あがめる」(하1단화, 구어형)
「あがめる」: 우러러 받들다, 숭상하다

← 우리말 종성 「ㄹ」이 일본어로 바뀔 때, 자음이 「ㄱ, ㅁ, ㅅ, ㅈ, ㅊ, ㄷ」으로 바뀌며 모음(ㅣ, ㅡ, ㅏ 등)이 붙는다.

389. 商う(あきなう) : 장사하다 [장사 상(商)]

어원을 풀어 쓰면,
「あき(秋, 가을) + なう(동작을 나타냄)」
가을에 수확한 농산물을 판매하는 것에서.
「あきなう」: 장사하다

* あきない(商い) : 장사, 상업
* あきんど(商人) : 상인(=しょうにん).「あきひと → あきんど」

390. 曙(あけぼの) : 새벽 [새벽 서(曙)]

풀어 쓰면,
「あける(明ける. 날이 새다, 밝다) + ほの-(仄, 어렴풋이)」
「あけほの → あけぼの」
어렴풋이 밝은 때
「あけぼの」: 새벽

← ほの-(仄) : 어렴풋이. <1021번 참조>

391. 麻(あさ) : 삼, 모시 등의 총칭 [삼 마(麻)]

어원은 「삼」
『삼 〉 사 〉 さ』
「あ(접두사) + さ」 → あさ
「あさ」: 삼, 모시 등의 총칭

392. 痣(あざ) : 피부의 반점 [사마귀 지(痣)]

어원은 「점」
『점 〉 잠 〉 자 〉 ざ』
「あ(접두사) + ざ」→ あざ
「あざ」: 피부의 반점

393. 嘲る(あざける) : 조소하다, 비웃다 [비웃을 조(嘲)]

「조소하다」는 '흉을 보듯이 빈정거리거나 업신여기다'에서,
어원은 「빈정거리다」(어간은 빈정거리)
(1) 빈정 :『빈정 〉 비저 〉 바자 〉 하자 〉 아자 〉 あざ』
　　　　　[탁음 바(ば) → 청음 하(は) → 여린소리 아(あ)]
(2) 거리 :『거리 〉 걸 〉 거 〉 게 〉 け』
「あざ·け + る(동사·접미어)」
「あざける」: 조소하다, 비웃다

394. あざなう(糾う) : =なう(綯う). (새끼를) 꼬다 [꼴 규(糾)]

어원은 「엇」(어긋나게)
『엇 〉 앗 〉 앚 〉 아자 〉 あざ』
「あざ + なう(綯う, 꼬다)」
(새끼를) 엇감아 한줄로 꼬다.
「あざなう」: (새끼를) 꼬다

395. 浅む(あさむ) : 경멸하다, 멸시하다 [얕을 천(浅)]

「あさい」(浅い. 얕다, 깊지 않다)를 동사화한 말

「あさ(浅) + む(동사·접미어)」 → あさむ
(배운 것이) 얕아 멸시하다.
「あさむ」: 경멸하다, 멸시하다

* あさましい(浅ましい) : 한심스럽다, 딱하다

---

396. 欺く(あざむく) : 속이다, 착각시키다 [속일 기(欺)]

어원은 「얼리다」(어간은 얼리). '속이다'의 방언(함경)
『얼리 〉 어리 〉 얼 〉 알 〉 아자 〉 아ざ』
「あざ + むく(동사화)」
「あざむく」: 속이다, 착각시키다

☛ 우리말 종성 「ㄹ」이 일본어로 바뀔 때, 자음이 「ㄱ, ㅁ, ㅅ, ㅈ, ㅊ, ㄷ」으로 바뀌며 모음(ㅣ, ㅡ, ㅏ 등)이 붙는다.

---

397. 鮮やか(あざやか) : 선명함, 또렷함 [고울 선(鮮)]

풀어 쓰면,
「あざ(痣, 피부의 반점) + やか(그러한 느낌을 주는 모양)」
피부의 반점이 또렷하게 드러나서 「선명한 모양」이다.
「あざやか」: 선명함, 또렷함

☛ あざ(痣) : 피부의 반점. <392번 참조>

---

398. あさり(浅蜊) : 바지락(백합과의 조개)

어원은 「바지락」
(1) 바지 :『바지 〉 밪 〉 밧 〉 바사 〉 하사 〉 아사 〉 あさ』

[탁음 바(ば) → 청음 하(は) → 여린소리 아(あ)]

(2) 락 :『락 〉라 〉리 〉り』

「あさり」: 바지락(백합과의 조개)

---

399. 漁る(あさる) : (동물이) 먹이를 찾아다니다, 어패류를 채취하다, (물건을) 찾아다니다 [고기 잡을 어(漁)]

「あさげ」(=あさけ. 朝げ, 朝食, 아침밥)의 「あさ」를 활용한 말이다.

「あさ + る(동사・접미어)」

(새가) 아침밥을 위해 먹이를 찾아다니다.

「あさる」: 먹이를 찾아다니다, 어패류를 채취하다, (물건을) 찾아다니다

<출처> : 大言海

- あさげ(朝げ, 朝食) : 아침밥
  어원은 「끼」(아침・점심・저녁과 같이 매일 일정한 시간에 먹는 밥)
  『끼 〉께 〉け』
  「あさ(朝, 아침) + け」 → あさけ → あさげ
  「あさげ」: 아침밥

---

400. 悪し(あし) : 나쁘다, 좋지 않다, 악하다 [악할 악(惡)]

어원은 「악하다」(어근은 악). '악'은 '악할 惡'으로 순우리말임.

『악 〉앗 〉아시 〉あし』

「あし」: 악하다, 나쁘다, 좋지 않다

* 「악, 앗」을 일본어로 표기하면 촉음 「あっ」으로, 「악, 앗」은 일본어에서 같은 발음임.

401. 脚(あし) : 다리 [다리 각(脚)]

어원은 「아리」('다리, 발'의 고어)
『아리 〉 알 〉 아시 〉 あし』
「あし」: 다리

* あし(足) : 발. 「다리」(あし,脚)와 발음이 같고 한자가 다르다.

☞ 우리말 종성 「ㄹ」이 일본어로 바뀔 때, 자음이 「ㄱ, ㅁ, ㅅ, ㅈ, ㅊ, ㄷ」으로 바뀌며 모음(ㅣ, ㅡ, ㅏ 등)이 붙는다.

402. あし(蘆·芦·葦) : 갈대 [갈대 로(蘆)]

어원은 「억새」
『억새 〉 어새 〉 아새 〉 아시 〉 あし』
억새와 갈대의 모습이 비슷한 것에서.
「あし」: 갈대

403. あしらう(遇う) : 응대하다, 다루다 [만날 우(遇)]

본래 말은 「あえしらう」
어원은 「응하다」(어근은 응)
『응 〉 앙 〉 아에 〉 あえ』
「あえ + しらう(동사화)」→ あえしらう → あしらう
「あしらう」: 응대하다, 다루다

404. 褪せる(あせる) : (빛깔이)바래다, 퇴색하다, 쇠해지다 [바랠 퇴(褪)]

어원은 「바래다」(어간은 바래)
『바래 〉 바라 〉 발 〉 바세 〉 하세 〉 아세 〉 あせ』
 [탁음 바(ば) → 청음 하(は) → 여린소리 아(あ)]
「あせ + る(동사·접미어)」
「あせる」: (빛깔이) 바래다, 퇴색하다, 쇠해지다

☛ 우리말 종성 「ㄹ」이 일본어로 바뀔 때, 자음이 「ㄱ, ㅁ, ㅅ, ㅈ, ㅊ, ㄷ」으로 바뀌며 모음(ㅣ, ㅡ, ㅏ, ㅐ 등)이 붙는다.

405. あだ(徒) : 헛됨, 덧없음 [무리 도(徒)]

어원은 「헛」('이유 없는', '보람 없는'의 뜻)
『헛 〉 핫 〉 핱 〉 하다 〉 아다 〉 あだ』
「あだ」: 헛됨, 덧없음

406. 値(あたい) : 값어치, 가치 [값 치(値)]

어원은 「값어치」의 「어치」
『어치 〉 엋 〉 얻 〉 앋 〉 아다 〉 아다이 〉 あたい』
「あたい」: 값어치, 가치

* あたいする(値する) : …할 가치가 있다, …할 만하다

☛ -어치 : '그 값에 해당하는 분량'의 뜻.

407. 恰も(あたかも) : 마치, 흡사 [흡사할 흡(恰)]

어원을 풀어 쓰면,
「あたる(当たる. 맞다, 적중하다) + か(접미어) + も(副助詞)」
「あたる·かも → あたかも」
마치 적중한 듯이(→흡사)
「あたかも」: 마치, 흡사

* あたる(当たる) : 맞다, 당하다. <410번 참조>
  あてる(当てる) : 맞히다, 명중시키다

408. あっけ(呆気) : 놀라서 기가 막힘

어원은 「악」(놀랐을 때 무의식적으로 지르는 외마디 소리)
『악 〉아게 〉あけ 〉あっけ』
「あっけ」: 놀라서 기가 막힘

409. あっけない : 싱겁다, 맥(어이) 없다

풀어 쓰면,
「あっけ(놀라서 기가 막힘) + ない(정도가 심하다는 뜻)」
「あっけない」: 싱겁다, 맥(어이) 없다

☛ あっけ(呆気) : 놀라서 기가 막힘. <408번 참조>

410. 誂える(あつらえる) : 맞추다, 주문하다 [꾈 조(誂)]

문어형은 「あつらう」.
어원은 「맞추다」(어간은 맞추)
『맞추 〉 마추 〉 마츠 〉 아츠 〉 あつ』.(ㅁ → ㅇ)
「あつ + らう(동사화)」 → あつらう → あつらえる」.(하1단화, 구어형)
「あつらえる」 : 맞추다, 주문하다

《ㅁ→ㅇ》 변화
① すみません → すいません(미안합니다)
② あたる(当る) : 맞다
   어원은 「맞다」(어간은 맞)
   『맞 〉 앚 〉 앋 〉 아다 〉 あた』.(ㅁ → ㅇ)
   「あた + る(동사·접미어)」
   「あたる」 : 맞다
③ 鰻(うなぎ) : 뱀장어, 장어
   어원은 「むなが(身長)」
   장어는 몸이 긴 물고기다.
   「むなが 〉 むなぎ 〉 うなぎ」.(ㅁ → ㅇ)
   「うなぎ」 : 뱀장어, 장어
  * 「むなぎ」는 古語(나라, 헤이안 시대)

411. 艶やか(あでやか) : 품위 있게 고운 모양, 화려하고 아리따움 [고울 염(艶)]

어원은 「아릿답다」(어근은 아릿). '아리땁다'의 옛말.
「아릿답다」는 '마음이나 몸가짐 따위가 맵시 있고 곱다'.
『아릿 〉 아리 〉 알 〉 아데 〉 あで』
「あで + やか(그러한 느낌을 주는 모양)」

「あでやか」: 품위 있게 고운 모양, 화려하고 아리따움

☛ 우리말 종성 「ㄹ」이 일본어로 바뀔 때, 자음이 「ㄱ, ㅁ, ㅅ, ㅈ, ㅊ, ㄷ」으로 바뀌며 모음(ㅣ, ㅡ, ㅏ, ㅔ 등)이 붙는다.

---

412. 宛てる(あてる) : (편지,메일 등을) …앞으로 보내다 [완연할 완(宛)]

어원은 「앞」
『앞 〉 압 〉 앝 〉 아테 〉 あて』
「あて + る(동사·접미어)」
「あてる」: (편지·메일 등을) …앞으로 보내다

* あて(宛) : …앞

☛ 「압,앝」을 일본어로 표기하면 촉음 「あっ」으로, 「압,앝」은 일본어에서 같은 발음임.

---

413. あどけない : 순진하고 귀엽다, 천진난만하다

어원은 「앳되다」의 「앳」
『앳 〉 앗 〉 앋 〉 아도 〉 あど』
『あど + け(気. 기운, 기미) + ない(정도가 심하다의 뜻)』
(아직) 앳되어 순진하고 천진난만하다.
「あどけない」: 순진하고 귀엽다, 천진난만하다

414. 侮る(あなどる) : 깔보다, 얕보다 [업신여길 모(侮)]

풀어 쓰면,
「あな(穴. 구멍, 약점) + とる(取る, 잡다)」 → あなとる
「あなとる → あなどる」
남의 구멍(약점)을 잡아서 깔보다.
「あなどる」: 깔보다, 얕보다

415. あばく(暴く, 発く) : 파헤치다, (비밀)폭로하다 [사나울 폭(暴)]

어원은 「발」(발쇠)
「발」은 '남의 비밀을 캐내어 다른 사람에게 넌지시 알려 주는 짓'.
『발 〉 바바 〉 하바 〉 아바 〉 あば』
  [탁음 바(ば) → 청음 하(は) → 여린소리 아(あ)]
「あば + く(동사·접미어)」
「あばく」: 파헤치다, (비밀)폭로하다

☛ 우리말 종성 「ㄹ」이 일본어로 바뀔 때, 자음이 「ㄱ, ㅁ(ㅂ), ㅅ, ㅈ, ㅊ, ㄷ」으로 바뀌며 모음(ㅣ, ㅡ, ㅏ 등)이 붙는다.

416. 家鴨(あひる) : 집오리 [집 가(家)]

어원은 「올히」('오리'의 제주 방언)
『올히 〉 알히 〉 아히 〉 あひ』
「あひ + る(접미어)」
「あひる」: 집오리

417. あほう(阿呆) : 바보, 천치

어원은 「바보」
『바보 〉 하호 〉 아호 〉 あほう』
 ① 탁음 바(ば) → 청음 하(は) → 여린소리 아(あ)
 ② 탁음 보(ぼ) → 청음 호(ほ)
「あほう」: 바보, 천치

☛ ばか(馬鹿, 바보)의 어원도 「바보」다.

418. 甘える(あまえる) : 응석부리다 [달 감(甘)]

풀어 쓰면,
「あまい(甘い, 달다) + える(동사를 만듦)」→ あまえる
행동을 달게 하다(응석부리다).
「あまえる」: 응석부리다

419. 普く(あまねく) : 널리, 골고루 [넓을 보(普)]

어원은 「많다」의 「많(만)」
『만 〉 마네 〉 まね』
「あ(접두사) + まね + く(부사화)」→ あまねく
많게 해서 「널리」라는 뜻이다.
「あまねく」: 널리, 골고루

420. 文, 綾(あや) : 무늬, 멋진 표현 [비단 릉(綾)]

어원은 「아롱아롱」

「아롱아롱」은 '여러 가지 빛깔의 작은 점·줄이 촘촘하게 무늬를 이룬 모양'.
『아롱 〉 아로오 〉 알오 〉 아오 〉 아아 〉 아야 〉 아야』
「あや」: 무늬, 멋진 표현

421. 操る(あやつる) : 조종하다, (뒤에서 인형을) 놀리다 [잡을 조(操)]

어원은 「부리다」(어간은 부리)
「부리다」는 '기계나 기구 등을 마음대로 조종하다'
『부리 〉 바리 〉 발 〉 바알 〉 바아 〉 하아 〉 아아 〉 아야 〉 あや』
 [탁음 바(ば) → 청음 하(は) → 여린소리 아(あ)]
「あや + つる(동사화)」
「あやつる」: 조종하다, (뒤에서 인형을) 놀리다

422. 誤る(あやまる) : 잘못하다, 실수하다 [그르칠 오(誤)]

어원은 감탄사 「아야」
「아야」는 '무슨 일이 잘못되었음을 알았을 때 내는 소리'.
『아야 〉 あや』
「あや + まる(동사를 만듦)」
「あやまる」: 잘못하다, 실수하다

☛ 謝る(あやまる) : 사과하다(← 잘못해서 사과하다)

423. あゆ(鮎, 香魚) : 은어 [메기 점(鮎)]

어원은 「은어」의 「은」
『은 〉 안 〉 앙 〉 아유 〉 あゆ』.(ん음가 : ㄴ,ㅁ,ㅇ)
「あゆ」: 은어

424. 歩む(あゆむ) : 걷다, 나아가다 [걸음 보(歩)]

어원은 「아리」('다리'의 옛말)
『아리 〉 알 〉 아알 〉 아아 〉 아유 〉 あゆ』
「あゆ + む(동사·접미어)」
다리로 걷다.
「あゆむ」: 걷다, 나아가다

☞ 「あるく」(歩く, 걷다)와 같은 어원(語源)이다.

425. 粗(あら) : 흠, 결점, 살이 붙은 뼈 [거칠 조(粗)]

어원은 「얽다」(어간은 얽)
「얽다」는 「물건의 거죽에 '흠'이 많이 나다」.
『얽 〉 얼 〉 어라 〉 아라 〉 あら』
「あら」: 흠, 결점, 살이 붙은 뼈

426. あら-(荒) : 거친, 난폭한, 황폐한 [거칠 황(荒)]

어원은 「날강도」의 「날」
『날 〉 나라 〉 아라 〉 あら』.(ㄴ → ㅇ)
날강도는 거칠고 지독한 강도이다.
「あら-」: 거친, 난폭한, 황폐한

427. あら-(新) : 신, 새(로운) [새 신(新)]

어원은 「알」(卵).
『알 〉 아라 〉 あら』

「알」에서 "새 생명이 출생하다"
「あら-」: 신, 새(로운)

* あらた(新た) : 새로움

> ### 어원산책
>
> **かじ**(楫·梶) : (배의) 노
>
> 어원은 「거룻배」의 「거룻」
> 「거룻배」는 '돛이 없는 작은 배'로 노를 저어 나아가는 배다.
> 『거룻 〉 거루 〉 걸 〉 갈 〉 가지 〉 かじ』
> 「かじ」: (배의) 노
>
> ← 우리말 종성 「ㄹ」이 일본어로 바뀔 때, 자음이 「ㄱ, ㅁ, ㅅ, ㅈ, ㅊ, ㄷ」으로 바뀌며 모음(ㅣ, ㅡ, ㅏ 등)이 붙는다.
>
> ※ 「거룻배」의 「거룻」는 '나무'를 뜻하는 「그루」가 변한 말이다.
> 「그루 〉 거루 〉 거룻(배)」

쉬어 가는 곳(10)

채소 이름

일본어	뜻	어원(語源)
な(菜)	야채, 나물	'나물'의 나.「나 〉 な」
なずな(薺)	냉이	나시 :「나시 〉 나시 〉 나스 〉 나즈 〉 なず」 「なず + な('나물'의 뜻)」→ なずな
たらぼ	두릅	두릅 :「두릅 〉 다랍 〉 다라보 〉 たらぼ」
ふき(蕗)	머위 (방언:머구)	머구 :「머구 〉 머기 〉 무기 〉 보기 〉 후기 〉 ふき」 (1) bmw 후진 변화 : 무 → 부 (2) 탁음 부(ぶ) → 청음 후(ふ)
ひゆ(莧)	비름	비름 :「비름 〉 비릉 〉 비유 〉 히유 〉 ひゆ」.(ㄹ 탈락) [탁음 비(び) → 청음 히(ひ)]
すずな(菘)	순무	옛말「쉿무수」의「쉿」 「쉿 〉 숫 〉 수수 〉 수주 〉 すず」 「すず + な('나물'의 뜻)」→ すずな
だいこん(大根)	무	옛말「댓무수」의「댓」 「댓 〉 닷 〉 닿 〉 다히 〉 다이 〉 だい」 「だい + こん(根)」→ だいこん

428. 予め(あらかじめ) : 미리, 사전에 [미리 예(予)]

풀어 쓰면,
「あら(=した. 명사 앞에 붙여서 '미리 준비함'의 뜻) + はじめ(始め, 시작)」
「あらはじめ → あらかじめ」
미리 시작하는 것.
「あらかじめ」: 미리, 사전에

* 下相談(したそうだん) : 미리 해 두는 의논(예비상담)

☞ あら : =した(下). 명사 앞에 붙여서 '미리 준비함'의 뜻.
 어원은 「아래」(下)
 『아래 〉 아라 〉 あら』

429. 嵐(あらし) : 폭풍, 폭풍우 [남기 람(嵐)]

어원을 풀어 쓰면,
「あら(荒, 거친) + し('바람·비'를 의미)」
「あらし」: 폭풍, 폭풍우

☞ し : '바람', '비'의 뜻
 어원은 「치다」(어간은 치)
 「치다」는 '바람이 세차게 불거나 비·눈 등이 세차게 뿌리다'.
 『치 〉 시 〉 し』

430. あられ(霰) : 싸라기(눈) [싸라기눈 산(霰)]

「싸라기눈」은 '빗방울이 찬 바람을 만나 얼어 떨어지는 쌀알 같은 눈'.
어원은 「쌀알」의 「알」

『알 〉 아라 〉 あら』
「あら + れ」
「あられ」: 싸라기(눈)

431. 癒える(いえる) : 낫다, 아물다 [병 나을 유(癒)]

어원은 「아물다」(어간은 아물)
『아물 〉 아무 〉 암 〉 앙 〉 잉 〉 이에 〉 いえ』.(ん음가는 ㄴ,ㅁ,ㅇ)
「いえ + る(동사·접미어)」
「いえる」: 아물다, 낫다

* いやす[癒(や)す] : 치유하다, 고치다

432. 筏(いかだ) : 떼, 뗏목 [뗏목 벌(筏)]

어원은 「엮다」(어간은 엮)
『엮 〉 역 〉 익 〉 이가 〉 いか』
「いか + だ(접미어)」
뗏목은 나무를 엮어 만든 것이다.
「いかだ」: 떼, 뗏목

433. 厳めしい(いかめしい) : 엄숙하다, 엄중하다, 격렬하다 [엄할 엄(厳)]

어원은 「욱하다」(어근은 욱). '격한 마음이 불끈 일어나다'
『욱 〉 익 〉 이가 〉 いか』
「いか + みえ(見え, 보이다) + しい(…하다, …스럽다)」
「いかみえしい 〉 いかめしい」.(みえ 축약 → め)
격한 분위기가 보여서 엄중하다.

「いかめしい」: 엄중하다, 엄숙하다, 격렬하다

434. 怒る(いかる) : 성내다, 화내다 [성낼 노(怒)]

어원은「욱하다」(어근은 욱). '격한 마음이 불끈 일어나다'
『욱 〉 익 〉 이가 〉 いか』
「いか + る(동사·접미어)」
「いかる」: 성내다, 화내다

  *   いかり(怒) : 분노

435. 憤る(いきどおる) : 분개하다, 성내다 [분할 분(憤)]

어원은「욱하다」(어근은 욱). '격한 마음이 불끈 일어나다'
『욱 〉 익 〉 이기 〉 いき』
「いき('성·분개'의 뜻) + とおる(通る, 통하다)」→ いきとおる → いきどおる
분개(격한 마음)가 통하다.
「いきどおる」: 분개하다, 성내다

436. 戦(いくさ) : 전쟁, 싸움 [싸울 전(戦)]

어원은「버구다」(어간은 버구). '겨루다'의 방언(경남)
『버구 〉 비구 〉 히구 〉 이구 〉 いく』
  [탁음 비(び) → 청음 히(ひ) → 여린소리 이(い)]
「いく + さ(화살, や·矢의 고어)」
화살을 쏘며 서로 겨루는 것.
「いくさ」: 전쟁, 싸움

437. 憩う(いこう) : 푹 쉬다, 휴식하다 [쉴 게(憩)]

어원은「푹 쉬다」의「푹」
「푹」은 '곤한 몸을 매우 흡족하게 쉬는 모양'의 뜻.
『푹 〉픽 〉피고 〉히고 〉이고 〉 いこ』
  [반탁음 피(ぴ) → 청음 히(ひ) → 여린소리 이(い)]
「いこ + う(동사·접미어)」
「いこう」: 푹 쉬다, 휴식하다

---

438. 潔い(いさぎよい) : (미련 없이) 깨끗하다, 결백하다 [깨끗할 결(潔)]

풀어 쓰면,
「いさ(='いさむ·勇む'의 いさ, 어세를 강조) + きよい(清い, 깨끗하다)」
「いさきよい → いさぎよい」
「いさぎよい」: (미련 없이) 깨끗하다, 결백하다

  * いさむ(勇む) : 용기가 용솟음치다. <440번 참조>

---

439. 誘う(いざなう) : 꾀다, 권하다 [꾈 유(誘)]

어원은「어서」(반갑게 맞아들이거나 간절히 권하는 말)
『어서 〉이사 〉いさ 〉いざ』
「いざ + なう(동작을 나타냄)」
어서, 하면서 권하다.
「いざなう」: 권하다, 꾀다

440. 勇む(いさむ) : 기운이 솟다, 용기가 용솟음치다 [날쌜 용(勇)]

어원을 풀어 쓰면,
「용(한꺼번에 모아서 내는 센 힘) + 솟다(어간은 솟)」
『용솟 〉 용소 〉 요소 〉 오소 〉 이소 〉 이사 〉 いさ』
「いさ + む(동사·접미어)」
「いさむ」: 기운이 솟다, 용기가 용솟음치다

* 勇ましい(いさましい) : 용감하다

441. いざよう(猶予う) : ①주저하다, 망설이다 ②일렁이다, 흔들거리다

어원은 「일렁이다」(어근은 일렁)
『일렁 〉 이러 〉 일 〉 이자 〉 いざ』
「いざ + よう(동사화)」
마음이 일렁거려(흔들리어) 주저하다.
「いざよう」: 주저하다, 망설이다, 일렁이다, 흔들거리다

☛ 우리말 종성 「ㄹ」이 일본어로 바뀔 때, 자음이 「ㄱ, ㅁ, ㅅ, ㅈ, ㅊ, ㄷ」으로 바뀌며 모음(ㅣ, ㅡ, ㅏ 등)이 붙는다.

442. いさりび(漁り火) : 어화(漁火) [고기 잡을 어(漁)]

어원은 「어살」(물고기를 잡는 장치)
『어살 〉 어사리 〉 이사리 〉 いさり』
「いさり + ひ(火, 불)」 → いさりひ → いさりび
「いさりび」: 어화(漁火)

443. 礎(いしずえ) : 주춧돌, 초석 [주춧돌 초(礎)]

풀어 쓰면,
「いし(石, 돌) + すえる(据える, 설치하다)」
「いしすえ → いしずえ」
기둥 밑에 기초로 설치하는 돌.
「いしずえ」: 주춧돌, 초석

---

444. いじらしい : 애처롭다

어원은 「애처롭다」(어근은 애처)
『애처 〉 애치 〉 이치 〉 이지 〉 いじ』
「いじ + らしい(…답다, …인 것같이 생각되다)」
「いじらしい」: 애처롭다

---

445. 弄る(いじる) : 주무르다, 만지다 [희롱할 롱(弄)]

어원은 「만지다」(어간은 만지)
『만지 〉 마지 〉 아지 〉 이지 〉 いじ』.(ㅁ → ㅇ)
「いじ + る(동사·접미어)」
「いじる」: 주무르다, 만지다

《ㅁ→ㅇ》 변화
① すみません → すいません(미안합니다)
② あたる(当る) : 맞다
  어원은 「맞다」(어간은 맞)
  『맞 〉 앚 〉 앝 〉 아다 〉 あた』.(ㅁ → ㅇ)
  「あた + る(동사·접미어)」

「あたる」: 맞다
③ 鰻(うなぎ): 뱀장어, 장어
　어원은 「むなが(身長)」
　장어는 몸이 긴 물고기다.
　「むなが 〉 むなぎ 〉 うなぎ」.(ㅁ → ㅇ)
　「うなぎ」: 뱀장어, 장어
  * 「むなぎ」는 古語(나라, 헤이안).

446. 勤しむ(いそしむ) : 힘쓰다, 부지런히 노력하다 [부지런할 근(勤)]

어원은 「いそいそ」(어서어서)
「いそ + しむ(동사화)」
어서어서 쉬지 않고 노력하다.
「いそしむ」: 힘쓰다, 부지런히 노력하다

447. 抱く(いだく) : (껴)안다, 보듬다, 품다 [안을 포(抱)]

어원은 「보듬다」(어간은 보듬)
『보듬 〉 보드 〉 보다 〉 비다 〉 히다 〉 이다 〉 いだ』
　[탁음 비(び) → 청음 히(ひ) → 여린소리 이(い)]
「いだ + く(동사·접미어)」
「いだく」: 보듬다, (껴)안다, 품다

《일본 어원설》
「うで(腕, 팔) + く(동사·접미어)」 → うでく
「うでく → うだく → いだく」
팔로 안다.

448. 悼む(いたむ) : 애도하다, 슬퍼하다 [슬퍼할 도(悼)]

어원은 「いたい」(痛い, 아프다)
「いた(い) + む(동사·접미어)」 → いたむ
(죽음을) 아파하다(→애도하다)
「いたむ」: 애도하다, 슬퍼하다

☛ いたむ(痛む, 아프다)와 발음이 같으나 뜻이 다름.

449. 労る(いたわる) : 친절하게 돌보다, 위로하다 [일할 로(労)]

풀어 쓰면,
「いたい(痛い, 아프다) + わる(割る, 나누다)」
「いたい·わる → いたわる」
아픔을 같이 나누다(→위로하다).
「いたわる」: 위로하다, 친절하게 돌보다

450. 市(いち) : 저자, 시장 [저자 시(市)]

어원은 「팔다」(어간은 팔)
『팔 〉파 〉피 〉히 〉이 〉い』
 [반탁음 피(ぴ) → 탁음 히(ひ) → 여린소리 이(い)]
「い + じ(路. 길, 거리)」 → いじ → いち
(상품을) 파는 거리가 시장이다.
「いち」: 저자, 시장

☛ 우리말 종성 「ㄹ」이 일본어로 바뀔 때, 자음이 「ㄱ, ㅁ, ㅅ, ㅈ, ㅊ, ㄷ」으로 바뀌며 모음(ㅣ, ㅡ, ㅏ 등)이 붙는다.

451. いちご(苺,苺) : 딸기 [딸기 매(苺)]

어원은 '딸기'의 옛말 「싸올기」의 「올기」

『올기 〉 알기 〉 일기 〉 일고 〉 이치고 〉 いちご』

「いちご」 : 딸기

☛ 우리말 종성 「ㄹ」이 일본어로 바뀔 때, 자음이 「ㄱ, ㅁ, ㅅ, ㅈ, ㅊ, ㄷ」으로 바뀌며 모음(ㅣ, ㅡ, ㅏ 등)이 붙는다.

452. 著しい(いちじるしい) : 현저하다, 두드러지다 [나타날 저(著)]

「いち(一, 하나) + しるし(印. 표, 표지) + い(형용사·접미어)」

「いち·しるし·い → いちじるしい」

하나의 표지가 두드러지다.

「いちじるしい」 : 현저하다, 두드러지다

☛ しるす(印す) : 표하다, 표시하다. <1권 492번 참조>
　しるし(印) : 표, 표지

453. 慈しむ(いつくしむ) : 불쌍히 여기다, 사랑하다, 귀여워하다 [사랑 자(慈)]

어원은 「うつくしい」(美しい, 아름답다)

「うつくしい + む(동사·접미어)」 → うつくしむ

「うつくしむ → いつくしむ」

'아름다운 마음을 가지다'에서 의미가 확장됨.

「いつくしむ」 : 불쌍히 여기다, 사랑하다, 귀여워하다

454. 偽る(いつわる) : 거짓말하다, 속이다 [거짓 위(偽)]

본래말은 「いつはる」

어원은 「うそ」(嘘, 거짓말). 우리말로 표기하면 「우소」

『우소 〉 웃 〉 욷 〉 우츠 〉 이츠 〉 いつ』

「いつ + はる(하다의 뜻)」

「いつはる → いつわる」

「いつわる」: 거짓말하다, 속이다

* いつわり(偽り, 詐り) : 거짓(말)

455. 凍てる(いてる) : 얼다, 얼어붙다 [얼 동(凍)]

어원은 「얼다」(어간은 얼)

『얼 〉 일 〉 이데 〉 いて』

「いて + る(동사·접미어)」

「いてる」: 얼다, 얼어붙다

← 우리말 종성 「ㄹ」이 일본어로 바뀔 때, 자음이 「ㄱ, ㅁ, ㅅ, ㅈ, ㅊ, ㄷ」으로 바뀌며 모음(ㅣ, ㅡ, ㅏ,ㅔ 등)이 붙는다.

456. いでゆ(出湯, 温泉) : 온천

풀어 쓰면,

「いで(出づ의 연용형, 나오다) + ゆ(湯, 뜨거운 물)」

「いでゆ」: 온천

← おいでになる(御出でになる) : 오시다, 가시다, 계시다

457. 厭う(いとう) : 싫어하다 [싫어할 염(厭)]

어원은「아쳐ㅎ다」(어근은 아쳐). '싫어하다'의 옛말
『아쳐 〉 아처 〉 이초 〉 いちょ 〉 いと』.(요음 ちょ → 직음 と)
「いと + う(동사·접미어)」
「いとう」: 싫어하다

<연상> **이토** 히루부미(伊藤博文)를「싫어하다」→ いとう

☞ 伊藤博文(いとうひろぶみ, 1841~1909)
  1909年(明治42年)韓国統監を辞職した後,ハルビン駅において韓国の独立運動家「安重根」に狙撃されて死亡した.

458. 幼い, 稚い(いとけない) : 어리다, 순진하다 [어릴 유(幼)]

어원은「어리다」(어간은 어리)
『어리 〉 얼 〉 일 〉 이도 〉 いと』
「いと + け(気, 기운·기미) + ない(정도가 심하다는 뜻)」
「いとけない」: 어리다, 순진하다

☞ 우리말 종성「ㄹ」이 일본어로 바뀔 때, 자음이「ㄱ, ㅁ, ㅅ, ㅈ, ㅊ, ㄷ」으로 바뀌며 모음(ㅣ, ㅡ, ㅏ, ㅗ 등)이 붙는다.

459. 愛しい(いとしい) : 사랑스럽다, 귀엽다 [사랑 애(愛)]

어원은 「애틋하다」(어근은 애틋)
「애틋하다」는 '안타까워 애가 타는 듯하다, 정답다'라는 뜻.
『애틋 〉 애톳 〉 애토시 〉 이토시 〉 いとし』
「いとし + い(형용사·접미어)」
「いとしい」: 사랑스럽다, 귀엽다

460. 営む(いとなむ) : (일)하다, 경영하다, 영위하다 [경영할 영(営)]

어원은 「일하다」의 「일」
『일 〉 이도 〉 いと』
「いと + なむ(=なう, 동작을 나타냄) → いとなむ
일을 (계속) 하다(→경영하다의 뜻)
「いとなむ」: (일)하다, 경영하다, 영위하다

☛ 우리말 종성 「ㄹ」이 일본어로 바뀔 때, 자음이 「ㄱ, ㅁ, ㅅ, ㅈ, ㅊ, ㄷ」으로 바뀌며 모음(ㅣ, ㅡ, ㅏ, ㅗ 등)이 붙는다.

461. 暇(いとま) : 틈, 짬, 쉼 [겨를 가(暇)]

어원은 「틈」
『틈 〉 트마 〉 토마 〉 とま』
「い(접두사) + とま」 → いとま
시간의 한 틈
「いとま」: 틈, 짬, 쉼

462. 挑む(いどむ) : 도전하다, 덤벼들다 [돋울 도(挑)]

어원은「덤비다」(어간은 덤비)
『덤비 〉 더비 〉 도비 〉 도부 〉 도모 〉 どむ』.(bmw 변화, ㅂ → ㅁ)
「い(접두사) + どむ」
「いどむ」: 도전하다, 덤벼들다

463. 否む(いなむ) : 거절하다, 부정하다 [아닐 부(否)]

어원은「아니」(부정이나 반대의 뜻을 나타내는 말)
『아니 〉 이니 〉 이나 〉 いな』
「いな + む(동사·접미어)」
「いなむ」: 거절하다, 부정하다

464. いばら(茨, 荊, 棘) : 가시나무, (식물의) 가시 [가시나무 형(荊)]

어원을 풀어 쓰면,
「い(접두사) + はり(針. 바늘, 작은 가시)」
「いはり → いばり → いばら」
「いばら」: 가시나무, (식물의) 가시

465. いびき(鼾) : 코골이 [코 고는 소리 한(鼾)]

어원을 풀어 쓰면,
「いき(息, 호흡) + ひびき(響き, 울려 퍼지다)」
「いき·ひびき → いびき」
「いびき」: 코골이

← 響く(ひびく) : 울려 퍼지다. <303번 참조>

466. 訝しい(いぶかしい) : 의심(의아)스럽다, 수상쩍다 [맞이할 아 (訝)]

「いぶかる」(訝る, 수상하게 여기다)의 형용사화한 말이다.
「いぶかしい」 : 의심(의아)스럽다, 수상쩍다

☛ いぶかる(訝る) : 수상하게 여기다, 의심하다, 확실하지 않아 불안하게 생각하다
  어원은 「이본」. '희미한·혼미한'의 옛말.
  『이본 〉 이브 〉 이부 〉 いぶ』
  「いぶ + かる(동사화)」
  (태도가) 분명하지 않아 의심하다.
  「いぶかる」 : 수상하게 여기다, 의심하다, 확실하지 않아 불안하게 생각하다

467. 戒める(いましめる) : 경고하다, 경계를 강화하다 [경계할 계 (戒)]

문어형은 「いましむ」
「いま(忌ま, 꺼리다) + しむ(...하게 하다, 사역의 조동사)」
「いましむ → いましめる」.(하단화, 구어형)
(행동 등을) 꺼리도록 하다(→경고하다).
「いましめる」 : 경고하다, 경계를 강화하다

☛ いむ(忌む) : 꺼리다, 미워하고 싫어하다. <169번 참조>

468. いまだ(未だ) : 아직, 이때까지 [아닐 미(未)]

풀어 쓰면,
「いま(今. 지금, 현재) + まだ(未だ, 아직)」
「いま·まだ → いまだ」
지금은 아직.
「いまだ」 : 아직, 이때까지

<연상>　まだ(未だ, 아직) → 이 정도 성과로「아직」**마다** 할 때가 아니다.

469. 忌む(いむ) : 꺼리다, 꺼리고 피하다, 미워하고 싫어하다 [꺼릴 기(忌)]

어원은「에다」(어간은 에). '피하다'의 옛말.
『에 〉 이 〉 い』
「い + む (동사·접미어)」
「いむ」 : 꺼리다, 꺼리고 피하다, 미워하고 싫어하다

470. 卑しい(いやしい) : 천하다, 저속하다 [낮을 비(卑)]

어원은「야하다」(어근은 야)
「야하다」는 '천하게 아리땁다'의 뜻.
『야 〉 이야 〉 いや』
「いや + しい(...하다, …스럽다)」
「いやしい」 : 천하다, 저속하다

471. 刺, 苛(いら) : (초목이나 물고기 지느러미의) 가시 [찌를 자(刺)]

「가시」는 「바늘'처럼 뽀족하게 돋친 것」의 뜻에서,
어원은 「발」('바늘'의 경상 방언)
『발 〉 바라 〉 비라 〉 히라 〉 이라 〉 いら』
  [탁음 비(び) → 청음 히(ひ) → 여린소리 이(い)]
「いら」 : (초목이나 물고기 지느러미의) 가시

472. いらだつ(苛立つ) : 초조해하다, 애가 타다 [가혹할 가(苛)]

풀어 쓰면,
いらいら(苛苛, 초조한 모양)+たつ(立つ, 일어나다)
「いらたつ → いらだつ」
「いらだつ」 : 초조해하다, 애가 타다

- いらいら(苛苛, 刺刺) : 초조한 모양
  「いら(가시) + いら(가시)」
  가시(いら, 刺) 방석에 앉은 것처럼 초조하다.

쉬어 가는 곳(11)

田을 두고 서로 다른 해석

전답(田畓)은 「논」과 「밭」을 말한다. 일본어로 「밭」은 「はた(畑)」, 「논」은 「た」(田) 또는 すいでん(水田)이라고 한다. 「밭」을 뜻하는 「田」이 일본에서는 「논」으로 사용하고 있다.

일본에서의 「밭」(畑)은 「畑 = 火 + 田」로서, 「불(火)이 있는 논(田)」이라는 의미다. 우리는 「논」(畓)이 「畓 = 水 + 田」로서, 「물(水)이 있는 밭(田)」이라는 의미다. 즉, 일본에서는 「불논」이 「밭」이고, 한국에서는 「물밭」이 「논」인 셈이다.

본론으로 돌아와서, 일본어로 「들」이 「の(野)」이다. 서울 한강 남쪽에 「노들」이라는 지명이 있다. 「노들」의 「노」가 「들」을 의미하는 것인지는 확실하지 않다.

일본에서는 「밭」이 「불논」이다. 밭을 만들려면 들에 불을 질러 잡목을 태우고 나서 만든다. 따라서 「불 지른 들 = 불논」 등식이 성립하고, 「들 = 논」이 된다. 이렇게 보면, 「들」을 의미하는 「の(野)」의 어원이 「논」이라고 볼 수 있지 않을까. [논 〉 노 〉 の]

473. 射る(いる) : 쏘다 [쏠 사(射)]

어원을 풀어 쓰면,
「や(矢, 화살) + る(동사·접미어)」
「やる → いる」
「いる」: 쏘다

474. 曰く(いわく) : 가라사대, 왈 [가로 왈(曰)]

어원은 「이바구」('이야기'의 경상 방언)
『이바구 〉 이하구 〉 이아구 〉 이와구 〉 いわく』
　[탁음 바(ば) → 청음 하(は) → 여린소리 아(あ)]
이바구를 말하다.
「いわく」: 가라사대, 왈

475. ういういしい(初初しい) : 앳되다, 어리고 숫되다, 순진하다
　　　[처음 초(初)]

어원은 「앳되다」의 「앳」
『앳 〉 웃 〉 웅 〉 우히 〉 우이 〉 うい』
「うい + うい + しい(…하다, …스럽다)」
「ういういしい」: 앳되다, 어리고 숫되다, 순진하다

476. 穿つ(うがつ) : (구멍을) 뚫다 [뚫을 천(穿)]

어원은 「송곳」의 옛말인 「솔옷」의 「옷」
『옷 〉 웃 〉 욱 〉 우가 〉 うが』
「うが + つ(동사·접미어)」

송곳으로 구멍을 뚫다.
「うがつ」: (구멍을) 뚫다

* 솔옷 : 「솔 + 옷」(합성어)

☛ 「웃,욱」을 일본어로 표기하면 촉음 「うっ」으로, 「웃,욱」은 일본어에서 같은 발음임.

477. 臼(うす) : 절구, 맷돌 [절구 구(臼)]

어원은 「확」
「확」은 '방앗공이로 찧을 수 있게 돌절구 모양으로 우묵하게 판 돌'.
『확 〉 학 〉 훅 〉 훗 〉 후스 〉 우스 〉 우す』
「うす」: 절구, 맷돌

☛ 「훅,훗」을 일본어로 표기하면 촉음 「ふっ」으로, 「훅,훗」은 일본어에서 같은 발음임.

478. 渦(うず) : 소용돌이 [소용돌이 와(渦)]

어원은 「용돌이」(=소용돌이)
『용돌(이) 〉 용도 〉 요도 〉 오도 〉 온 〉 옺 〉 웇 〉 우즈 〉 うず』
「うず」: 소용돌이

《일본 어원설》
「うす(臼, 맷돌) + みず(水, 물)」
「うす·みず → うず」
맷돌에서 물이 도는 모양(소용돌이).

479. 蹲る(うずくまる) : 웅크리다, 쭈그리고 앉다 [쭈그릴 준(蹲)]

어원은 「웅숭크리다」
「웅숭크리다」는 '춥거나 두려워 몸을 궁상맞게 몹시 웅크리다'.
『웅숭크 〉 우수크 〉 우주쿠 〉 うずく』
「うずく + まる(동사를 만듦)」
「うずくまる」: 웅크리다, 쭈그리고 앉다

480. 埋める(うずめる) : 묻다, 파묻다, 매장하다 [묻을 매(埋)]

어원은 「묻다」(어간은 묻)
『묻 〉 뭊 〉 모즈 〉 오즈 〉 うず』.(ㅁ → ㅇ)
「うず + める(동사화)」
「うずめる」: 묻다, 파묻다, 매장하다

* 埋まる(うずまる) : 파묻히다
  埋もる(うずもる) : 파묻히다(문어형)
  埋もれる(うずもれる) : =うずまれる. 「うずもる」의 하단화.

《ㅁ → ㅇ》 변화
① すみません → すいません(미안합니다)
② あたる(当る) : 맞다
   어원은 「맞다」(어간은 맞)
   『맞 〉 앚 〉 앋 〉 아다 〉 あた』.(ㅁ → ㅇ)
   「あた + る(동사·접미어)」
   「あたる」: 맞다
③ 鰻(うなぎ) : 뱀장어, 장어
   어원은 「むなが(身長)」
   장어는 몸이 긴 물고기다.

「むなが 〉 むなぎ 〉 うなぎ」.(ㅁ → ㅇ)
「うなぎ」: 뱀장어, 장어
* 「むなぎ」는 古語(나라, 헤이안 시대)

481. 失せる(うせる) : 없어지다, 사라지다 [잃을 실(失)]

어원은 「없어지다」(어근은 없어)
『없어 〉 업서 〉 어서 〉 우서 〉 우세 〉 うせ』
「うせ+る(동사·접미어)」
「うせる」: 없어지다, 사라지다

482. うたたね(うたた寝) : 선잠, 얕은 잠

어원은 「얕다」
『얕다 〉 야타다 〉 유타다 〉 우타다 〉 うたた』
「うたた + ね(寝, 잠)」
얕은 잠(선잠)
「うたたね」: 선잠, 얕은 잠

483. うちわ(団扇) : 부채

어원은 「부채」
『부채 〉 부치어 〉 보치아 〉 후치아 〉 우치아 〉 우치와 〉 うちわ』
 [탁음 부(ぶ) → 청음 후(ふ) → 여린소리 우(う)]
「うちわ」: 부채

484. 俯く(うつむく) : 머리를 숙이다, 고개를 숙이다 [구부릴 부(俯)]

어원은 「아래」
『아래 〉 알 〉 울 〉 우츠 〉 うつ』
「うつ + むく(向く, 향하다)」 → うつむく
아래를 향하다(→머리를 숙이다)
「うつむく」 : 머리를 숙이다, 고개를 숙이다

* あおむく(仰向く) : (고개를 젖히거나 몸을 뉘어) 위를 향하다(보다)

☛ 우리말 종성 「ㄹ」이 일본어로 바뀔 때, 자음이 「ㄱ, ㅁ, ㅅ, ㅈ, ㅊ, ㄷ」으로 바뀌며 모음(ㅣ, ㅡ, ㅏ 등)이 붙는다.

485. 空ろ, 虚ろ(うつろ) : 속이 텅 빔, 얼빠진 모양 [빌 공(空)]

어원은 「비다」
『비다 〉 빈 〉 붇 〉 붗 〉 보츠 〉 호츠 〉 우츠 〉 うつ』
 [탁음 부(ぶ) → 청음 후(ふ) → 여린소리 우(う)]
「うつ + ろ(접미어)」
「うつろ」 : 속이 텅 빔, 얼빠진 모양

* うつけ(空け·虚け) : 멍청함, 속이 비어 있음

486. うとむ(疎む) : 싫어하다, 친하게 생각지 않다, 멀리하다 [성길 소(疎)]

어원은 「아쳐후다」(어근은 아쳐. '싫어하다'의 옛말)
『아쳐 〉 우쳐 〉 우쵸 〉 うちょ 〉 うと』.(요음 ちょ → 직음 と)
「うと + む(동사·접미어)」

「うとむ」: 싫어하다, 친하게 생각지 않다, 멀리하다

* うとい(疎い) : 소원하다, 친하지 않다
  うとましい(疎ましい) : (매우) 싫다, 지겹다.

☛ 「いとう」(厭う, 싫어하다)와 같은 어원(語源)이다.

---

487. 促す(うながす) : 재촉하다, 독촉하다 [재촉할 촉(促)]

어원은 「うなぐ」(項ぐ, 목덜미에 걸치다)의 타동사화.
「うなぐ → うながす」
목덜미에 (손을) 걸쳐서 밀다(→재촉하다).
「うながす」: 재촉하다, 독촉하다

* うなじ(項) : 목덜미. <38번 참조>

☛ うなぐ(項ぐ) : うなじに掛ける(목덜미에 걸치다).〈デジタル大辞泉(小学館)〉

---

488. 鰻(うなぎ) : 뱀장어, 장어 [장어 만(鰻)]

어원을 풀어 쓰면,
「む(身, 몸의 옛말) + なが(長, 긴)」
「むなが → むなぎ → うなぎ」.(ㅁ → ㅇ)
장어는 몸이 긴 물고기다.
「うなぎ」: 뱀장어, 장어

☛ 몸(身) :『몸 〉모 〉무(む) 〉미(み)』
  「む」는 「み」(身)의 옛말.

489. うぬぼれる(己惚れる, 自惚れる) : (실력 이상으로)자부하다, 자만하다

풀어 쓰면,
「おの(己. 자기, 자신) + ほれる(惚れる. 반하다, 넋을 잃다)」
자기 자신에게 넋을 잃다(→자만하다)
「おのほれる → うぬほれる → うぬぼれる」.(ㅗ → ㅜ, 모음교체)
「うぬぼれる」: 자만하다, (실력 이상으로) 자부하다

490. うねる : 꾸불꾸불하다, 물결치다

어원은 「울다」(어간은 울)
「울다」는 '바느질한 것 따위가 반반하지 못하고 우글쭈글해지다'.
『울 〉 우울 〉 우우 〉 웅 〉 운 〉 うね』.(ん음가는 ㄴ,ㅁ,ㅇ)
「うね + る(동사·접미어)」
「うねる」 : 꾸불꾸불하다, 물결치다

* うねうね : 구불구불(꾸불꾸불)

491. 呻く(うめく) : 신음하다, 감탄하여 소리내다 [읊조릴 신(呻)]

어원은 「음」(감탄사)
『음 〉 으메 〉 우메 〉 うめ』
「うめ + く(동사·접미어)」
「うめく」: 신음하다, 감탄하여 소리내다

492. 浦(うら) : 후미(물가가 휘어서 굽어진 곳), 해변 [개 포(浦)]

어원을 풀어 쓰면,
「うち(内, 내) + ら(방향, 장소를 나타냄)」
「うちら → うら」
외해(外海)에 대조되는 내측의 곳
「うら」: 후미(물가가 휘어서 굽어진 곳), 해변

493. 麗らか(うららか) : 화창한 모양, 명랑한 모양 [고울 려(麗)]

「うらうら(햇빛이 밝고 화창한 모양) + か(상태, 성질을 나타냄)」
「うらうらか 〉うららか」
「うららか」: 화창한 모양, 명랑한 모양

➡ うらうら : 햇빛이 밝고 화창한 모양
   어원은 「밝다」(어간은 밝)
   『밝 〉 발 〉 불 〉 보라 〉 호라 〉 오라 〉 うら』
    [탁음 부(ぶ) → 청음 후(ふ) → 여린소리 우(う)]
   「うら·うら」: 햇빛이 밝고 화창한 모양

494. 瓜(うり) : 오이, 참외 등 박과 식물의 총칭 [오이 과(瓜)]

어원은 「물이」
「물이」는 '오이'의 경상 방언.
『물이 〉 무리 〉 우리 〉 うり』.(ㅁ → ㅇ)
「うり」: 오이, 참외 등 박과 식물의 총칭

495. 漆(うるし) : 옻나무, 옻(칠) [옻 칠(漆)]

어원은 「옻」
『옻 〉옷 〉오시 〉우시 〉うし』
「うし」 글자 사이에 「る」가 들어가 「うるし」가 됨
「うるし」 : 옻나무, 옻(칠)

496. 潤む(うるむ) : 습기로 흐려지다, 눈물을 머금다 [불을 윤(潤)]

어원은 「어리다」(어간은 어리)
「어리다」는 '눈에 눈물이 조금 괴다'.
『어리 〉우루 〉うる』
「うる + む(동사·접미어)」
「うるむ」 : 습기로 흐려지다, 눈물을 머금다

497. 潤う(うるおう) : 습기를 띠다, 축축해지다, 윤택해지다 [불을 윤(潤)]

어원은 「붇다」(물에 젖어서 부피가 커지다)의 활용 「불어」
『불어 〉부러 〉불 〉보루 〉호루 〉오루 〉うる』
　[탁음 부(ぶ) → 청음 후(ふ) → 여린소리 우(う)]
「うる + おう(동사화)」
물에 붇어서 축축해지다.
「うるおう」 : 습기를 띠다, 축축해지다, 윤택해지다

* 潤い(うるおい) : 습기, 물기를 머금음, 정취, 혜택

<출처> : 「日本古語大辞典」(松岡静雄)

498. うるわしい(麗しい,美しい) : 아름답다, 예쁘다 [고울 려(麗)]

어원은「아름답다」(어근은 아름)
『아름 〉아르음 〉아르으 〉우루으 〉우루와 〉우루와』
「うるわ + しい(...하다, ...스럽다)」
「うるわしい」: 아름답다, 예쁘다

499. 熟れる(うれる) : 익다, 여물다 [익을 숙(熟)]

어원은「올-」
「올-」은 '빨리 여무는'의 뜻.(올밤, 올벼)
『올 〉오래 〉우래 〉うれ』
「うれ + る(동사·접미어)」
「うれる」: 익다, 여물다

500. 鱗(うろこ) : 비늘 [비늘 린(鱗)]

어원을 풀어 쓰면,
「うお(魚, 물고기) + こ(=こう. 甲, 딱지) → うおこ
「うおこ → うろこ」
물고기 껍질에 있는 딱지(비늘).
「うろこ」: 비늘

- 魚(うお) : 물고기, 생선. <32번 참조>

501. うろたえる(狼狽える) : 당황하다, 허둥대다, 갈팡질팡하다

어원은「얼떨떨하다」의「얼떨」

「얼떨떨하다」는 '뜻밖의 일로 당황하거나, 일이 너무 복잡하여 매우 얼떨하다'.
(1) 얼 : 『얼 〉 울 〉 우로 〉 うろ』
(2) 떨 : 『떨 〉 떠 〉 따 〉 た』
「うろた + える(동사를 만듦)」
「うろたえる」 : 당황하다, 허둥대다, 갈팡질팡하다

---

502. うろつく(彷徨く) : 헤매다, 방황하다, 서성거리다

어원은 「うろうろ」(어슬렁어슬렁, 목적도 없이 이리저리 돌아다니는 모양)
「うろ + -つく(의성어·의태어에 붙어 소리·동작·모양이 그렇게 됨을 나타냄)」
「うろつく」 : 헤매다, 방황하다, 서성거리다

- うろうろ : 어슬렁어슬렁, 목적도 없이 이리저리 돌아다니는 모양
  『어(슬)렁어(슬)렁 〉 어렁어렁 〉 어러어러 〉 우로우로 〉 うろうろ』

---

503. 抉る(えぐる) : 에다, 도려내다 [도려낼 결(抉)]

풀어 쓰면,
「える(彫る. 에다, 도려내다) + くる(刳る, 속을 도려내다)」
「える·くる → えくる → えぐる」
「えぐる」 : 에다, 도려내다

- える(彫る) : 에다(도려내듯 베다)
  어원은 「에다」(어간은 에)
  『에 〉 え』
  「える」 : 에다

- くる(刳る) : 속을 도려내다
  어원은 「끌」
  『끌 〉 끄루 〉 꾸루 〉 くる』

'끌'로 속을 도려내다.
「くる」 : 속을 도려내다

504. えにし(縁) : 인연, 특히 남녀간의 인연 [인연 연(縁)]

풀어 쓰면,
「えん(縁, 인연) + し(강조의 의미)」
「えんし 〉 えにし」.(엔=에니)
「えにし」 : 인연, 특히 남녀간의 인연

505. 海老(えび) : 새우 [바다 해(海)]

어원은 「새비」('새우'의 경상·전북 방언)
『새비 〉 애비 〉 えび』.(ㅅ → ㅇ).
「えび」 : 새우

506. 獲る(える) : 사냥이나 고기잡이해서 동물을 잡다, 쟁취하다 [얻을 획(獲)]

어원은 「얻다」(어간은 얻)
「얻다」는 '구하거나 찾아서 가지다', '권리·재산 등을 획득하다'의 뜻.
『얻 〉 어 〉 에 〉 え』
「え + る(동사·접미어)」
「える」 : 사냥이나 고기잡이해서 동물을 잡다, 쟁취하다

  *   えもの(獲物) : 수렵물, 사냥감

507. 選る(える) : 고르다, 뽑다 [가릴 선(選)]

어원은 「뽑다」(어간은 뽑)
『뽑 〉 뽀 〉 빼 〉 해 〉 애 〉 え』
　[반탁음 빼(ペ) → 청음 해(ヘ) → 여린소리 애(え)]
「え + る(동사·접미어)」
「える」: 뽑다, 고르다

508. 尾(お) : 꼬리 [꼬리 미(尾)]

「꼬리」는 동물의 몸의 '작은' 부분을 가리키는 것에서,
어원은 お-(小. 작은)
「お」: 꼬리

* しっぽ(尻尾) : 꼬리

509. 老いる(おいる) : 늙다, 나이를 먹다 [늙을 로(老)]

어원은 「늙다」(어간은 늙)
『늙 〉 늘 〉 을 〉 올 〉 오올 〉 오오 〉 오이 〉 おい』.(ㄴ→ㅇ, 'ㄴ두음법칙'과 유사)
「おい + る(동사·접미어)」
「おいる」: 늙다, 나이를 먹다

510. 負う(おう) : 지다, 짊어지다, 업다 [질 부(負)]

어원은 「업다」(어간은 업)
『업 〉 어 〉 오 〉 お』
「お + う(동사·접미어)」

「おう」: 업다, 지다, 짊어지다

---

511. 公(おおやけ) : 공, 정부 [공평할 공(公)]

「おお(大, 큰) + や(屋, 집) + け(家, 집)」
큰 집이 정부다.
「おおやけ」: 공, 정부

- ほんけ(本家) : 본가, 종가
  そうけ(宗家) : 종가, 본가

---

512. 厳か(おごそか) : 엄숙함 [엄할 엄(厳)]

어원을 풀어 쓰면,
「おご(=おごる. 驕る, 거만하다) + そか(상태를 나타냄)」
스스로를 거만하게 하는 행동.
「おごそか」: 엄숙함

- おごる(驕る) : 거만하다. <514번 참조>

---

513. 怠る(おこたる) : 게으름을 피우다, 태만히 하다 [게으를 태(怠)]

풀어 쓰면,
「おこなう(行なう, 일하다) + たるむ(弛む, 느슨해지다)」
「おこなう + たるむ」→ おこたる
일하는 것이 느슨해지다.
「おこたる」: 게으름을 피우다, 태만히 하다

- 弛む(たるむ) : 느슨해지다. <804번 참조>

514. 驕る, 傲る(おごる) : 거만하다, 교만하다 [교만할 교(驕)]

어원을 풀어 쓰면,
「おお(大, 큰) + ほこる(誇る. 뽐내다, 뻐기다)」
「おお·ほこる → おこる → おごる」
크게 자신을 뽐내다(→거만하다)
「おごる」 : 거만하다, 교만하다

↞ ほこる(誇る) : 뽐내다, 뻐기다. <1012번 참조>

515. 怖じる(おじる) : 무서워하다, 두려워하다 [두려워할 포(怖)]

어원은 「벌벌」(추위, 두려움으로 크게 자꾸 떠는 모양)
『벌(벌) 〉 볼 〉 보지 〉 호지 〉 오지 〉 おじ』
  [탁음 보(ぼ) → 청음 호(ほ) → 여린소리 오(お)]
「おじ + る(동사·접미어)」
「おじる」 : 무서워하다, 두려워하다

↞ 우리말 종성 「ㄹ」이 일본어로 바뀔 때, 자음이 「ㄱ, ㅁ, ㅅ, ㅈ, ㅊ, ㄷ」으로 바뀌며 모음(ㅣ, ㅡ, ㅏ, ㅗ 등)이 붙는다.

516. 襲う(おそう) : ①옷을 껴입다 ②습격하다, 덮치다 [엄습할 습(襲)]

(1) 어원은 「옷」(衣)
  『옷 〉 오소 〉 おそ』
  「おそ + う(동사·접미어)」
  「おそう」 : 옷을 껴입다

(2) '옷을 껴입다'는 몸을 덮는 행위이다. 이 말의 뜻이 확장되어,
「おそう」: 덮치다, 습격하다

---

517. おそくとも(遅くとも) : 늦어도 [더딜 지(遅)]

어원은 「おそい」(遅い, 늦다)
「おそい → おそく」
「おそく + とも(=ても, …더라도)」
「おそくとも」: 늦어도

> **어원산책**
>
> **しの(篠) : 조릿대(산대), 볏과의 여러해살이 식물**
>
> 어원은 「산대」의 「산」
> 『산 〉사노 〉시노 〉しの』
> 「しの」: 조릿대(산대)
>
> ☛ 篠突く雨(しのつくあめ) : (가느다란 조릿대 다발이 내리찌르듯이) 줄기차게 내리는 비, 장대비, 작달비

쉬어 가는 곳(12)

「설」의 어원

설의 어원으로 여러 설(說) 있다.

① 낯설다에서 유래되었다는 설이 있다. 한해를 맞이할 때 낯설게 느낀다고 하여 생긴 주장이다(설은 날 〉 설날).
② 서럽다, 싫다에서 유래되었다는 설이 있다. 나이를 먹는 것이 서러워 붙여진 이름이라고 한다.
③ 나이를 뜻하는 「살」의 옛말인 「설」에서 유래되었다는 설이 있다. 설이 되면 한 살을 더 먹기 때문에 나온 설(說)이다.
④ 서다(立)에서 유래되었다는 설이 있다. 설은 한해의 기운이 새롭게 서는 날이기 때문이다. [예, 입춘(立春)을 설 立으로 표기].

이상은 민간의 「설」에 대한 유래이고 학문적으로 연구한 것에 의하면 다음과 같다. 『설이 원단(元旦, 설날 아침)과 나이(歲) 두 뜻을 가지고 있다. 「설」의 본뜻은 '태양'의 뜻을 지닌다고 하겠다. 「햇살」의 「살」이 바로 태양을 의미하는 것이다. 일본어 「さらす(晒す)」는 '햇볕에 쬐다'라는 뜻인데, 사라(さら)가 태양을 의미한다. 소라(そら, 空)는 하늘이라는 뜻인데 태양은 하늘에 있기 때문이다.』〈서정범, 국어어원사전〉

위 설명에서 「설, 살(사라), 솔」은 태양을 의미한다는 것을 알았다. 영어에서 「solar」는 「해의」라는 뜻이고, 따라서 「Sol」은 '해'(태양)를 가리킨다. 우리말에서도 사람의 생존과 밀접한 말은 지구상의 주요 언어와 뿌리를 같이한다는 사실을 알 수 있으며 그 수도 꽤 있을 것으로 생각한다. 예로부터 최대 명절로 쇠고 있는 「설」은 새로운 해를 맞이한다는 마음의 각오이고, 태양의 고마움을 표하는 '태양절'이라 할 수 있다.

음력으로 1월을 정월(正月)이라고 하는데, 음력 1월은 설(구정)이 있는 달이기 때문에 음력 1월을 「설달」이라고 부르는 것도 좋을 것이다. 「설날」을 일본어로는 元旦(がんたん), 元日(がんじつ)라고 한다.

518. 煽てる(おだてる) : 치켜세우다, 부추기다 [부채질할 선(煽)]

풀어 쓰면,
「おし(押し, 밀다) + たてる(立てる, 세우다)」
「おし·たてる → おたてる → おだてる」
밀어서 세우다(→치켜세우다)
「おだてる」: 치켜세우다, 부추기다

519. おっかない : 무섭다, 두렵다

어원은 「오들오들」
「오들오들」은 '무서워서 몸을 잇따라 심하게 떠는 모양'.
『오들 〉 오드 〉 옫 〉 옥 〉 오가 〉 오까 〉 おっか』.(촉음은 강조의 의미)
「おっか + ない(정도가 심하다는 뜻)」
「おっかない」: 무섭다, 두렵다

* 「옫,옥」을 일본어로 표기하면 촉음 「おっ」으로, 「옫,옥」은 일본어에서 같은 발음임.

520. 貶める(おとしめる) : 폄하다, 깎아내리다, 얕보다 [낮출 폄(貶)]

문어형은 「おとしむ」
어원은 「얕보다」의 「얕」('낮추어'의 뜻)
『얕 〉 야토 〉 요토 〉 오토 〉 おと』
「おと+しむ(동사화)」→ おとしむ → おとしめる.(하단화, 구어형)
낮추어 하다(→폄하다).
「おとしめる」: 얕보다, 폄하다, 깎아내리다

521. 脅す(おどす) : 으르다, 위협하다, 협박하다 [위협할 협(脅)]

어원은「おどおど」(두려워하는 모양, 벌벌)
「おど + す(=せる의 文語, ...하게 하다)」
두렵게 하다.
「おどす」: 으르다, 위협하다, 협박하다

- おどおど : 두려워하는 모양, 벌벌
 어원은「오들오들」(춥거나 무서워서 몸을 매우 떠는 모양)
 『오들오들 〉 오드오드 〉 오도오도 〉 おどおど』
 「おどおど」: 두려워하는 모양, 벌벌

522. 訪れる(おとずれる) : 방문하다, 찾다, 찾아오다 [찾을 방(訪)]

문어형은「おとづる」
어원은「찾다」(어간은 찾)
『찾 〉 촟 〉 초즈 〉 ちょづ 〉 とづ』.(요음 ちょ → 직음 と)
「お(접두사) + とづ + る(동사·접미어)」→ おとづる
「おとづる → おとづれる → おとずれる」.(하1단화, 구어형)
「おとずれる」: 찾다, 방문하다, 찾아오다

* づ·ず는 같은 발음임.

523. 衰える(おとろえる) : 쇠하다, 쇠퇴하다 [쇠할 쇠(衰)]

어원을 풀어 쓰면,
「おとる(劣る, 뒤떨어지다) + う(계속, 반복을 나타냄)」
「おとるう → おとろう → おとろえる」.(하1단화)
뒤떨어지는 것이 계속되다(→쇠퇴하다).

「おとろえる」: 쇠하다, 쇠퇴하다

◆ おとる(劣る) : 뒤떨어지다. <60번 참조>

---

524. 鬼(おに) : 귀신 [귀신 귀(鬼)]

어원은 「혼」('넋 魂')
「귀신」은 「사람이 죽은 뒤에 남는다는 '혼'(魂)」이다.
『혼 〉 호니 〉 오니 〉 おに』
「おに」: 귀신

---

525. 自ら(おのずから) : 저절로, 자연히, 스스로 [스스로 자(自)]

「おの(己, 자신) + ずから(…에 의해서, 그 사람 스스로의)」
그 자신 스스로.
「おのずから」: 저절로, 자연히, 스스로

◆ おの(己) : 자신, 자기
  어원은 「나」(자기 자신)
  『나 〉 노 〉 の』
  「お(접두사) + の」
  「おの」: 자신, 자기

---

526. 怯える, 脅える(おびえる) : 겁내다, 무서워하다 [겁낼 겁(怯)]

어원은 「어비」
「어비」는 '아이들에게 무서운 것이라는 뜻으로 내는 소리'.
『어비 〉 오비 〉 おび』
「おび + える(동사를 만듦)」

「おびえる」: 겁내다, 무서워하다

* 脅かす(おびやかす) : 위협하다

---

527. 夥しい(おびただしい) : (수량이) 매우 많다 [많을 과(夥)]

풀어 쓰면,
「おび('겁나다'의 뜻) + ただ(多多, 수가 많은 모양) + しい(...하다, ...스럽다)」
「おびたたしい → おびただしい」
겁나게 많다(→매우 많다).
「おびただしい」 : (수량이) 매우 많다

☛ おび : '겁나다'의 뜻. <526번 참조>

---

528. 帯(おび) : (허리에 두르는) 띠, 띠 모양의 것 [띠 대(帯)]

어원은 「바」
「바」는 '삼이나 칡 따위로 세 가닥을 지어 굵다랗게 드린 줄'.
『바 〉 비 〉 び』
「お(접두사) + び」
「おび」 : 띠, 띠 모양의 것

---

529. 負ぶう(おぶう) : (아기를) 업다 [질 부(負)]

어원은 「업다」(어간은 업)
『업 〉 어부 〉 오부 〉 おぶ』
「おぶ + う(동사·접미어)」
「おぶう」 : (아기를) 업다

530. 朧(おぼろ) : 몽롱한 모양, 희미한 모양, 아련한 모양 [흐릿할 롱(朧)]

어원은 「아련하다」(어근은 아련)
「아련하다」는 '똑똑히 분간하기 힘들게 아렴풋하다'.
『아련 〉 아려 〉 알 〉 올 〉 오보 〉 おぼ』
「おぼ + ろ(상태를 나타냄)」
「おぼろ」: 아련한 모양, 몽롱한 모양, 희미한 모양

☛ 우리말 종성 「ㄹ」이 일본어로 바뀔 때, 자음이 「ㄱ, ㅁ(ㅂ), ㅅ, ㅈ, ㅊ, ㄷ」으로 바뀌며 모음(ㅣ, ㅡ, ㅏ, ㅗ 등)이 붙는다.

531. 阿る(おもねる) : 아첨하다, 알랑거리다 [언덕 아(阿)]

어원은 「알랑거리다」의 어근 「알랑」
『알랑 〉 아라 〉 알 〉 올 〉 오모 〉 おも』
「おも + ねる(동사화)」
「おもねる」: 알랑거리다, 아첨하다

☛ 우리말 종성 「ㄹ」이 일본어로 바뀔 때, 자음이 「ㄱ, ㅁ, ㅅ, ㅈ, ㅊ, ㄷ」으로 바뀌며 모음(ㅣ, ㅡ, ㅏ, ㅗ 등)이 붙는다.

532. おもはゆい(面映ゆい) : 낯간지럽다, 부끄럽다 [낯 면(面)]

'부끄러우면 얼굴이 붉어지는 것'에서,
어원은 「붉다」(어간은 붉)
『붉 〉 불 〉 발 〉 바알 〉 바아 〉 바유 〉 하유 〉 はゆ』. [탁음 바(ば) → 청음 하(は)]
「おも(面, 얼굴) + はゆ + い(형용사·접미어)」
「おもはゆい」: 낯간지럽다, 부끄럽다

533. 趣(おもむき) : 재미, 정취, 멋, 느낌, 의도, 취지 [뜻 취(趣)]

어원을 풀어 쓰면,
「おも(面, 얼굴) + むき(向き. 방향, 향하는 쪽)」
마음이 있어 얼굴이 향하는 방향.
「おもむき」: 재미, 정취, 멋, 느낌, 의도, 취지

534. 赴く, 趣く(おもむく) : 향하여 가다, 향하다 [나아갈 부(赴)]

어원을 풀어 쓰면,
「おも(面, 얼굴) + むく(向く, 향하다)」
얼굴을 향하다(→향하여 가다)
「おもむく」: 향하여 가다, 향하다

535. おやじ(親父) : 아버지, 직장의 책임자·가게 주인

어원은 「아버지」
『아버지 〉 오바지 〉 오하지 〉 오아지 〉 오야지 〉 おやじ』
 [탁음 바(ば) → 청음 하(は) → 여린소리 아(あ)]
「おやじ」: 아버지, 직장의 책임자·가게 주인

536. 及ぶ(およぶ) : 미치다, 달하다, 이르다 [미칠 급(及)]

어원은 「이르다」(어간은 이르)
『이르 〉 일 〉 이일 〉 이이 〉 오오 〉 오요 〉 およ』
「およ + ぶ(동사·접미어)」
「およぶ」: 미치다, 달하다, 이르다

 * 及ぼす(およぼす) : 미치게 하다

537. 檻(おり) : 우리, 감방 [난간 함(檻)]

어원은 「우리」
『우리 〉 오리 〉 おり』
「おり」: 우리, 감방

---

538. 織る(おる) : 짜다 [짤 직(織)]

어원은 「올」(실의 가닥)
『올 〉 오루 〉 おる』
올을 짜다.
「おる」: 짜다

* おりもの(織物) : 직물

---

539. 愚か(おろか) : 어리석음, 바보스러움, 모자람 [어리석을 우(愚)]

어원은 「얼-」('덜된', '모자라는'의 뜻)
『얼 〉 올 〉 오로 〉 おろ』
「おろ + か(상태, 성질을 나타냄)」
「おろか」: 어리석음, 바보스러움, 모자람

☛ 「얼-」
① '덜된', '모자라는', '어중간한'의 뜻을 더하는 접두사.
② '분명하지 못하게', '대충'의 뜻을 더하는 접두사.

540. 疎か(おろそか) : 소홀함 [성길 소(疎)]

어원은 「얼-」('대충'의 뜻의 접두사)
『얼 〉 올 〉 오로 〉 おろ』
「おろ + そか(상태를 나타냄)」 → おろそか
대충하는 모양(→일을 소홀히 함)
「おろそか」: 소홀함

541. 甲斐(かい) : 보람, 값어치

어원은 「값어치」의 「값」
『값 〉 갑 〉 가비 〉 가히 〉 가이 〉 かい』
  [탁음 비(び) → 청음 히(ひ) → 여린소리 이(い)]
「かい」: 보람, 값어치

542. 蚕(かいこ) : 누에 [누에 잠(蚕)]

어원은 「고치」
『고치 〉 곷 〉 갗 〉 갛 〉 가히 〉 가이 〉 かい』
「かい + こ(子. 새끼, 자식)」
고치의 자식(누에). '누에'가 자라 고치로 변함.
「かいこ」: 누에

《일본 어원설》
「かい(飼い, 기르다) + こ(子, 자식)」 → かいこ(누에)
집에서 자식처럼 애지중지 기르는 것이 누에다.

543. 揭げる(かかげる) : 내걸다, 게양하다 [높이 들 게(揭)]

어원을 풀어 쓰면,
「かか(語勢를 나타내는 말) + あげる(上げる, 올리다)」
「かか・あげる → かかげる」
「かかげる」: 내걸다, 게양하다

544. かかし : 허수아비

어원은 「꼭두각시」의 「각시」
『각시 〉 가가시 〉 かかし』
「꼭두각시」는 남의 조종에 따라 움직이는 사람으로 「허수아비」다.
「かかし」: 허수아비

545. 欠かす(かかす) : 빠뜨리다, 거르다, 결하다 [이지러질 결(欠)]

어원은 「거르다」(어간은 거르)
『거르 〉 걸 〉 갈 〉 가가 〉 かか』
「かか + す(동사·접미어)」
「かかす」: 거르다, 빠뜨리다, 결하다

* かける(欠ける) : 결여하다, 부족하다
* かかせない(欠かせない) : 빠뜨릴 수 없다, 없어서는 안 된다

☛ 우리말 종성 「ㄹ」이 일본어로 바뀔 때, 자음이 「ㄱ, ㅁ, ㅅ, ㅈ, ㅊ, ㄷ」으로 바뀌며 모음(ㅣ, ㅡ, ㅏ 등)이 붙는다.

546. 踵(かかと) : 발뒤꿈치, 신뒤축 [발꿈치 종(踵)]

어원은 「뒤꿈치」의 「꿈치」

『꿈치 〉 꾸치 〉 까치 〉 깢 〉 깥 〉 까토 〉 가가토 〉 かかと』

「かかと」: 발뒤꿈치, 신뒤축

* 까치발 : 발뒤꿈치를 든 발.
* 「까치발 구두」는 10cm 이상급 아찔한 높이의 굽을 가진 구두를 가리켜 이르는 「킬힐(kill heel)」을 말함.

547. 屈む(かがむ) : 구부러지다, 굽다, (몸을) 굽히다 [굽힐 굴(屈)]

어원은 「굽다」(어간은 굽)

『굽 〉 갑 〉 각 〉 가가 〉 かが』

「かが + む(동사·접미어)」

「かがむ」: 굽다, 구부러지다, (몸을) 굽히다

* 屈める(かがめる) : 구부리다, 굽히다

☛ 「갑,각」을 일본어로 표기하면 촉음 「かっ」으로, 「갑,각」은 일본어에서 같은 발음임.

548. 柿(かき) : 감, 감나무 [감 시(柿)]

어원은 「감」

『감 〉 가 〉 か』

「か + き(木, 나무)」

「かき」: 감, 감나무

* 干し柿(ほしがき) : 곶감

549. 垣(かき) : 울타리, 담 [담 원(垣)]

어원은 「그루」(나무를 세는 단위)
『그루 〉글 〉갈 〉가기 〉かき』
옛날 울타리는 나무를 엮어 만드는 것에서.
「かき」 : 울타리, 담

* かきね(垣根) : 울타리
* かきま(垣間) : 울타리 빈틈
* かいまみる(垣間見る) : 틈으로 살짝 (엿)보다
  (かきまみる → かいまみる)

☛ 우리말 종성 「ㄹ」이 일본어로 바뀔 때, 자음이 「ㄱ, ㅁ, ㅅ, ㅈ, ㅊ, ㄷ」으로 바뀌며 모음(ㅣ, ㅡ, ㅏ 등)이 붙는다.

550. 香しい, 芳しい(かぐわしい) : 향기롭다 [향기 향(香)]

어원은 「옷곳ᄒ다」의 「곳ᄒ다」(어간은 곳ᄒ). '향기롭다'의 옛말.
(1) 곳 : 『곳 〉갓 〉각 〉가구 〉かぐ』
(2) ᄒ : 『ᄒ 〉하 〉와 〉わ』
「かぐわ + しい(…하다, …스럽다)」
「かぐわしい」· 향기롭「다」

* 「아래아」 음가는 'ㅏ'와 'ㅗ'의 중간음(국립국어원).

☛ 「갓,각」을 일본어로 표기하면 촉음 「かっ」으로, 「갓,각」은 일본어에서 같은 발음임.

551. 崖(がけ) : 절벽, 벼랑 [벼랑 애(崖)]

「깎아지른 절벽」에서,
어원은 「깎아」(어간은 깎)
『깎 〉 까께 〉 가께 〉 がけ』
「がけ」 : 절벽, 벼랑

* 깎아지르다 : 벼랑 따위가 반듯하게 깎아 세운 듯 가파르다.

552. 囲う(かこう) : 에워싸다, 둘러싸다 [에워쌀 위(囲)]

어원은 「가두다」(어간은 가두)
「가두다」는 '벽으로 둘러싸서 밖으로 나오지 못하게 하다'.
『가두 〉 갇 〉 각 〉 가고 〉 かこ』
「かこ + う(동사·접미어)」
「かこう」 : 에워싸다, 둘러싸다

* 「갇,각」을 일본어로 표기하면 촉음 「かっ」으로, 「갇,각」은 일본어에서 같은 발음임.

◂ かこむ(囲む, 둘러싸다)와 같은 어원임.

553. 託つ(かこつ) : 핑계 삼다, 탓하다 [부탁할 탁(託)]

어원을 풀어 쓰면,
「かり(仮. 임시, 가짜) + こと(言, 말)」
「かり·こと → かこ」
「かこ + つ(동사·접미어)」 → かこつ
가짜의 말로 이유를 들다.

「かこつ」: 핑계 삼다, 탓하다

* 託ける(かこつける) : 빙자하다, 구실 삼다

---

554. 鵲(かささぎ) : 까치 [까치 작(鵲)]

어원을 풀어 쓰면,
(1) 까치 :『까치 〉까시 〉까사 〉かさ』
(2) 작(까치 '작') :『작 〉자기 〉사기 〉さぎ』
「かささぎ」: 까치

<출처> :「大言海」

---

555. 嵩張る(かさばる) : 부피가 커지다 [높은 산 숭(嵩)]

풀어 쓰면,
「かさ(嵩, 부피) + はる(張る, 뻗다)」
「かさはる → かさばる」
「かさばる」: 부피가 커지다

← かさ(嵩) : 부피
  어원은 「크기」(넓이, 부피, 양 등의 큰 정도)
  『크기 〉큭 〉칵 〉캇 〉카사 〉かさ』
  「かさ」· 부피

* 「칵,캇」을 일본어로 표기하면 촉음 「かっ」으로, 「칵,캇」은 일본어에서 같은 발음임.

556. 傾ぐ(かしぐ) : 기울다, 기울어지다 [기울 경(傾)]

어원은 「기울다」(어간은 기울)
『기울 〉 길 〉 갈 〉 가시 〉 かし』
「かし + ぐ(동사·접미어)」
「かしぐ」: 기울다, 기울어지다

* 傾げる(かしげる) : 기울이다, 갸웃하다

☜ 우리말 종성 「ㄹ」이 일본어로 바뀔 때, 자음이 「ㄱ, ㅁ, ㅅ, ㅈ, ㅊ, ㄷ」으로 바뀌며 모음(ㅣ, ㅡ, ㅏ 등)이 붙는다.

557. 滓(かす) : 앙금, 찌꺼기 [찌꺼기 재(滓)]

어원은 「거르다」(어간은 거르)
『거르 〉 걸 〉 갈 〉 가스 〉 かす』
액체를 거르고 나서 남은 것(찌꺼기).
「かす」: 찌꺼기, 앙금

☜ 우리말 종성 「ㄹ」이 일본어로 바뀔 때, 자음이 「ㄱ, ㅁ, ㅅ, ㅈ, ㅊ, ㄷ」으로 바뀌며 모음(ㅣ, ㅡ, ㅏ 등)이 붙는다.

《일본 어원설》
「こす」(漉す, 거르다)가 바뀐 말.
「こす → かす」
「かす」: 찌꺼기, 앙금

558. 幽か(かすか) : 희미함, 어렴풋함 [그윽할 유(幽)]

어원은「거슴츠레」의「거슴」.
「거슴츠레」는 '졸리거나 술에 취해서 눈이 흐리멍덩하며 거의 감길 듯한 모양'.
『거슴 〉가슴 〉가스 〉かす』
「かす + か(상태, 성질을 나타냄)」
「かすか」: 희미함, 어렴풋함

559. 霞む(かすむ) : 안개가 끼다, 희미해지다 [노을 하(霞)]

풀어 쓰면,
「かすか(幽か. 희미함, 어렴풋함) + む(동사·접미어)」
「かす(か) + む」→ かすむ
시계(視界)가 희미해지다(→안개가 끼다).
「かすむ」: 안개가 끼다, 희미해지다

* かすみ(霞) : 안개, 특히 봄 안개

☛ 霞が関(かすみがせき) : 東京都 千代田区(ちよだく) 남부 일대. 외무성을 비롯한 여러 관청이 있음, 관청가를 일컬음.

560. 片(かた) : 한쪽, 중심에서 벗어나 한쪽에 치우침 [조각 편(片)]

어원은「켠」. 규범 표기는 '편'(≒쪽).
『켠 〉컨 〉칸 〉캄 〉캅 〉칻 〉카다 〉かた』
  ① bmw 후진 변화(ㅁ → ㅂ)
  ② ん 음가 : ㄴ, ㅁ, ㅇ
「かた」: 둘중의 한쪽, 한쪽

* かたよる(片寄る) : (한쪽으로) 치우치다

☛ 「캅, 칻」을 일본어로 표기하면 촉음 「かっ」으로, 「캅, 칻」은 일본어에서 같은 발음임.

---

561. 難い(かたい) : 어렵다, 힘들다 [어려울 난(難)]

어원은 「겹다」(어간은 겹)
「겹다」는 '정도나 양이 지나쳐 참거나 견뎌 내기 어렵다'.
『겹 〉 갑 〉 갇 〉 가다 〉 かた』
「かた + い(형용사·접미어)」
「かたい」 : 어렵다

* -がたい : …하기 어렵다

☛ 「갑,갇」을 일본어로 표기하면 촉음 「かっ」으로, 「갑,갇」은 일본어에서 같은 발음임.

---

562. 傾げる(かたげる) : 기울이다 [기울 경(傾)]

문어형은 「かたぐ」
「かた(片, 한쪽) + ぐ(동사·접미어)」 → かたぐ
「かたぐ → かたげる」.(하1단화, 구어형)
한쪽으로 하다(→기울이다)
「かたげる」 : 기울이다

쉬어 가는 곳(13)

「이불」의 「불」은 진짜 불(火)이다

「이불」에서 「이」는 「잠」을 뜻하고, 「불」은 「불(火)」을 뜻한다. 수렵채집의 시대에는 덮을 만한 것이 없어 가장 따뜻한 보온 수단은 바로 불(火)이었다. 동굴이나 움막 등에서 잠을 잘 때 옆에 불을 피워 놓고 잤다. 일본어에서 고어인 「いぬ(寝ぬ)」는 '잠자다'의 뜻이고, 「いめ(夢·寝目)」는 '꿈'(현대어는 ゆめ)이라는 뜻이다. 우리말에서는 「잠」을 뜻하는 '이'는 '이불'이란 말에 남아 있는 셈이다.

잘 때 피우는 것이 바로 「이 + 불」이다. 또한 모닥불로 이불을 피워 놓고 자면 맹수의 습격도 막아 준다. 그래서 날씨가 더운 여름에도 안전을 위해 주변에 불을 피워놓고 잠을 잤던 것이다. 여기에다 귀 밝은 「이누」(犬. いぬ, 개)와 함께 하면 보초를 세우는 셈이다.

지금도 「이불 피고 자자」라는 말을 사용하고 있는데, 「피고」를 「펴고」로 많은 사람들이 해석하고 있다. 그러나 이 글을 보신 분들은 「피고」는 「피우고」를 뜻한다는 것을 아셨을 것이다. 지금의 이불은 문명화된 불 없는 이불이라 방 안에서도 사용할 수 있고 종류도 많다. 솜이불, 명주솜 이불, 거위털 이불 등등….

그리고, 그 시절 옛날이 그리워서 하는 이벤트가 캠프파이어(campfire)가 아닐까….

563. 傍ら(かたわら) : 곁, 옆, …함과 동시에 [곁 방(傍)]

풀어 쓰면,
「かた(片, 한쪽) + は(=はた. 端, 가) + ら(접미어)」→ かたはら
「かたはら → かたわら」
한쪽 가(→곁, 옆)
「かたわら」: 곁, 옆, …함과 동시에

564. 餓える, 飢える(かつえる) : 굶주리다 [주릴 아(餓)]

어원은 「굶주리다」의 「굶주」
『굶주 〉 구주 〉 가즈 〉 かつ』
「かつ + える(동사화)」
「かつえる」: 굶주리다

☛ 「うえる」(飢える. 굶주리다, 배곯다)의 문어적 말씨이다.

565. 鰹(かつお) : 가다랑어 [가물치 견(鰹)]

어원은 「가다랑어」(가다랑魚)
『가다랑 〉 가다어 〉 가다오 〉 가드오 〉 かつお』(ㄹ 탈락)
「かつお」: 가다랑어

  * 「카츠오부시」(かつおぶし, かつお節)는 육수를 내는 재료로 많이 사용.

566. 担ぐ(かつぐ) : 메다, 짊어지다 [멜 담(担)]

어원은 「かた」(肩, 어깨). 우리말로 표기하면 「가타」.

『가타 〉 같 〉 갖 〉 かつ』
「かつ + ぐ(동사·접미어)」
짐은 어깨에 메는 것이다.
「かつぐ」: 메다, 짊어지다

* かた(肩) : 어깨. <1권 212번 참조>

☛ 일본 어원설에서 「かた」(肩, 어깨)가 변한 말이라고 설명하고 있으나, 일본어는 '가나'가 음절문자로 자음과 모음으로 나눌 수 없어 답답한 면이 있다.

567. 嘗て, 曾て(かつて) : 일찍이, 예전부터 [맛볼 상(嘗)]

어원은 「고릿적」의 「고릿」. '옛날의 때'
『고릿 〉 고리 〉 골 〉 갈 〉 가츠 〉 かつ』
「かつ + て(접미어)」
옛날의 때(→일찍이)
「かつて」: 일찍이, 예전부터

☛ 우리말 종성 「ㄹ」이 일본어로 바뀔 때, 자음이 「ㄱ, ㅁ, ㅅ, ㅈ, ㅊ, ㄷ」으로 바뀌며, 모음(ㅣ, ㅡ, ㅏ 등)이 붙는다.

568. かつら(鬘) : 다리, 가발 [머리 장식 만(鬘)]

어원은 「다리」
「다리」는 '예전에 여자들의 머리숱이 많아 보이라고 덧넣었던 딴머리'.
『다리 〉 드리 〉 드라 〉 つら』
「か(=かみ. 髪, 머리) + つら」
「かつら」: 다리, 가발

569. 糧(かて) : 양식, 식량 [양식 량(糧)]

본래 말은 「かりて」
어원은 「거리 + 때(끼니)」
『거리때 〉 가리때 〉 かりて 〉 かて』
「かて」: 양식, 식량

☛ 거리 : 음식 따위를 만드는 데 주로 쓰이는 재료.

570. 彼方(かなた) : 저쪽, 저편 [저 피(彼)]

풀어 쓰면,
「か(彼. 저, 저것) + の + かた(方. 쪽, 방향)」
「かの·かた → かのた → かなた」
「かなた」: 저쪽, 저편

571. 奏でる(かなでる) : (관현악) 악기를 연주하다 [아뢸 주(奏)]

문어형은 「かなづ」(奏づ)
어원은 「켜다」의 활용 「켠다」(어간은 켠)
「켠다」는 '현악기의 줄을 활 따위로 문질러 소리를 내다'.
『켠 〉 켜나 〉 카나 〉 かな』
「かな + づ(동사·접미어)」 → かなづ → かなでる.(하1단화, 구어형)
「かなでる」: (관현악) 악기를 연주하다

572. かなめ(要) : 가장 중요한 점·부분, 사북 [요긴할 요(要)]

어원을 풀어 쓰면,
「かに(蟹, 게) + め(目, 눈)」
「かにめ → かなめ」
사북이 '게'의 눈을 닮은 것에서.
「かなめ」: 가장 중요한 점·부분, 사북

* 사북 : 가장 중요한 부분을 비유적으로 이르는 말.

573. 蟹(かに) : (바다의) 게 [게 해(蟹)]

어원은 「게」
『게 〉 거이 〉 가이 〉 강 〉 간 〉 가니 〉 かに』
「かに」: (바다의) 게

* ん의 음가 : ㄴ,ㅁ,ㅇ

574. 予て(かねて) : 미리, 전부터, 진작부터 [미리 예(予)]

어원은 「가늠하다」(어근은 가늠)
「가늠하다」는 '목표나 기준에 맞고 안 맞음을 헤아려 보다'.
『가늠 〉 가느 〉 가네 〉 かね』
「かね + て(부사화)」
'미리' 가늠해 보고 나서 실행에 옮기는 것에서.
「かねて」: 미리, 전부터, 진작부터

575. 庇う(かばう) : 감싸다, 비호하다 [덮을 비(庇)]

일본 포털사이트에서 庇う(かばう)의 어원으로 「cover(카바, 덮개)」를 들고 있는데 이것은 잘못된 설명이다. 차라리, 「カッパ」(비옷, 포르투갈어 capa)를 어원으로 들면 어떨지 모르겠다.
우리말 어원으로는 「갑옷」의 「갑」이다(갑 : 단단한 물질로 된 껍데기).
『갑 〉 가바 〉 かば 〉 かば·う』
「かばう」: 감싸다, 비호하다

576. 被さる(かぶさる) : 덮이다, 씌워지다 [입을 피(被)]

かぶる(被る. 쓰다, 뒤집어쓰다)에서
「かぶさる」: 덮이다, 씌워지다

* おっかぶさる(押っ被さる) : 뒤덮이다(かぶさる의 힘줌말)

☛ かぶる(被る) : 쓰다, 뒤집어쓰다. <1권 61번 참조>

577. 兜(かぶと) : 투구 [투구 두(兜)]

어원은 「갑옷」
『갑옷 〉 가부옷 〉 가부옽 〉 가부오토 〉 가부토 〉 かぶと』
우리말 「갑옷」을 일본에서 '투구'로 받아들인 것에서.
「かぶと」: 투구

* よろい(鎧) : 갑옷. <1130번 참조>

<출처> : 岩波古語辞典

578. 構える(かまえる) : 꾸미다, 만들어 내다, 자세를 취하다 [얽을 구(構)]

어원은 「꾸미다」(어간은 꾸미)
『꾸미 〉 까미 〉 까마 〉 かま』
「かま + える(동사를 만듦)」
「かまえる」: 꾸미다, 만들어 내다, 자세를 취하다

579. 瓶(かめ) : 꽃병, 독, 항아리 [병 병(瓶)]

어원은 「꽃병」
『꽃병 〉 꼬벼 〉 꼬배 〉 까배 〉 까매 〉 かめ』.(bmw 변화, ㅂ → ㅁ)
「かめ」: 꽃병, 독, 항아리

580. 亀(かめ) : 거북 [거북 귀(亀)]

어원은 「거북」
『거북 〉 가북 〉 가부 〉 가배 〉 가매 〉 かめ』.(bmw 변화, ㅂ → ㅁ)
「かめ」: 거북

← 「늪」의 발음 변화와 유사하다.
　『늪 〉 눕 〉 누바 〉 누마 〉 ぬま』.(bmw 변화, ㅂ → ㅁ).

581. 醸す(かもす) : 빚다, 양조하다 [빚을 양(醸)]

어원은 「곰팡이」의 「곰」
『곰 〉 감 〉 가모 〉 かも』
「かも + す(동사·접미어)」

누룩곰팡이를 번식시켜 만든 누룩으로 술을 빚는다.
「かもす」: 빚다, 양조하다

- 곰팡이 : 「곰 + 팡이(벌레)」 합성어.

---

582. 鴎(かもめ) : 갈매기 [갈매기 구(鴎)]

어원은 「갈매기」의 「갈매」
『갈매 〉 가매 〉 가모 〉 かも』
「かも + め('떼를 지어 모인 새'의 뜻)」
「かもめ」: 갈매기

---

583. 粥(かゆ) : 죽, 카유 [죽 죽(粥)]

어원은 「끓이다」(어근은 끓)
『끓 〉 끌 〉 꿀 〉 꾸울 〉 꾸우 〉 꾸유 〉 까유 〉 かゆ』
「죽」은 물을 넣고 끓인 음식이다.
「かゆ」: 죽, 카유

* 흔히, おかゆ(お粥)로 사용한다.

---

584. 絡む(からむ) : 휘감기다, 얽히다 [이을 락(絡)]

「얽히다」는 '노끈이나 줄 따위가 이리저리 걸리다'에서,
어원은 「걸리다」(어간은 걸리)
『걸리 〉 갈리 〉 가리 〉 가라 〉 から』
「から + む(동사·접미어)」
「からむ」: 휘감기다, 얽히다

* からめる(絡める) : 휘감다, 얽다, 관련시키다

---

585. 雁(かり) : 기러기 [기러기 안(雁)]

어원은 「기러기」
「기러기 〉 기럭 〉 기러 〉 가러 〉 가리 〉 かり」
「かり」: 기러기

---

586. 嗄れる(かれる) : 목이 쉬다 [잠길 사(嗄)]

어원은 「칼칼하다」(어근은 칼칼)
「칼칼하다」는 '목소리가 조금 쉰 듯하고 거친 느낌이 있다'.
『칼 〉 카래 〉 かれ』
「かれ + る(동사·접미어)」
「かれる」: 목이 쉬다

* 枯れる(かれる) : (초목이) 마르다, 시들다

---

587. 軽やか(かろやか) : 가붓함, 발랄하고 경쾌함 [가벼울 경(軽)]

어원은 「かるい」(軽い, 가볍다)
'かる(軽) + やか(...그러한 느낌을 주는 모양)」→ かるやか → かろやか
「かろやか」: 가붓함, 발랄하고 경쾌함

---

588. 鑑みる(かんがみる) : 거울삼아 비추어 보다 [거울 감(鑑)]

풀어 쓰면,
「かがみ(鏡, 거울) + みる(見る, 보다)」

「かがみ·みる → かがみる → かんがみる」
「かんがみる」: 거울삼아 비추어 보다

589. 兆す(きざす) : 징조가 보이다 [조 조(兆)]

풀어 쓰면,
「き(気. 기, 기운) + さす(射す, 비치다)」 → きさす → きざす
기운이 비치다.
「きざす」: 징조가 보이다

* 兆し(きざし) : 조짐, 징조

590. 雉(きじ) : 꿩 [꿩 치(雉)]

어원은 「꿩」
「꿩 〉 꿕 〉 끼 〉 き」
「き + し(새를 의미)」 → きし → きじ
「きじ」: 꿩

☛ 「し, す」는 '새'를 의미하는데 어원은 「새」이다.
  (새 〉 し, す)

장끼와 까투리

수꿩은 「장끼」, 암꿩은 「까투리」라고 한다. 장끼의 장은 장골(壯骨)의 '장'이라고 한다. 「까투리」를 풀어 쓰면, 「갓 + 투리」이다. 「갓」은 「가시나(계집아이)」할 때 「가시」를 줄인 말이다. 「투리」는 '새'라는 뜻인데 일본어 とり(鳥)와 발음이 비슷하다. 아무튼, 「까투리」는 재미있는 우리말이라 할 수 있다.

591. 軋む(きしむ) : 삐걱거리다 [삐걱거릴 알(軋)]

「삐걱(삐거덕)거리다」는 「크고 단단한 물건이 서로 닿아서 '갈릴' 때 나는 소리」에서, 어원은 「갈리다」(어간은 갈리)
『갈리 〉 가리 〉 갈 〉 길 〉 기시 〉 きし』
「きし + む(동사·접미어)」
「きしむ」: 삐걱거리다

☛ 우리말 종성 「ㄹ」이 일본어로 바뀔 때, 자음이 「ㄱ, ㅁ, ㅅ, ㅈ, ㅊ, ㄷ」으로 바뀌며 모음(ㅣ, ㅡ, ㅏ 등)이 붙는다.

592. 築く(きずく) : 쌓다, 토석으로 다져서 쌓아올리다 [쌓을 축(築)]

본래 말은 「きつく」
어원은 「쌓다」(어간은 쌓)
『쌓 〉 싸 〉 쓰 〉 つ』
「き(城·柵, 성채) + つ + く(동사·접미어)」
「きつく → きづく → きずく」
(성채를) 쌓다
「きずく」: 쌓다, 토석으로 다져서 쌓아올리다

☛ き(城·柵) : 성채(적을 막기 위해 담을 쌓은 곳)
삼국사기 백제(百濟) 편에 「潔城」을 「結己」, 「悅城」을 「悅己」로 쓰고 있어 「己」(기)는 「성채」(城)을 의미하고 있다.(岩波古語辞典)

593. 絆(きずな) : 끊기 어려운 정, 인연 [얽어 맬 반(絆)]

풀어 쓰면,
「ひき(引き, 당기다) + つな(綱, 밧줄)」
「ひき·つな → きつな → きづな → きずな」.(づ와 ず는 같은 발음)
밧줄을 당기듯이 서로 당기는 정.
「きずな」 : 끊기 어려운 정, 인연

594. 競う(きそう) : 다투다, 경쟁하다, 겨루다 [다툴 경(競)]

어원은 「겨루다」(어간은 겨루)
『겨루 〉 결 〉 길 〉 기소 〉 きそ』
「きそ + う(동사·접미어)」
「きそう」 : 겨루다, 다투다, 경쟁하다

☛ 우리말 종성 「ㄹ」이 일본어로 바뀔 때, 자음이 「ㄱ, ㅁ, ㅅ, ㅈ, ㅊ, ㄷ」으로 바뀌며, 모음(ㅣ, ㅡ, ㅏ, ㅗ 등)이 붙는다.

<연상> 기소(きそ, 起訴)해서 법정에서 「다투다」 → きそう(다투다)

595. 鍛える(きたえる) : 단련하다, 맹렬히 훈련하다 [쇠 불릴 단(鍛)]

어원은 「굳다」(어간은 굳)
「굳다」는 '단단하게 되다', '힘이나 뜻이 강하다'.
『굳 〉 구다 〉 기다 〉 きた』
「きた + える(동사를 만듦)」 → きたえる
몸을 단단하게 하다.
「きたえる」 : 단련하다, 맹렬히 훈련하다

596. 狐(きつね) : 여우 [여우 호(狐)]

어원은 여우의 우는 소리 「낏낏」
『낏(끗) 〉 깆 〉 끼츠 〉 きつ』
「きつ + ね(첨가어)」
「きつね」: 여우

<출처> : 大言海

597. 菌, 茸(きのこ) : 버섯(=たけ) [버섯 균(菌)]

풀어 쓰면,
「き(木, 나무) + の + こ(子, 아들)」
버섯은 나무의 아들이다.
「きのこ」: 버섯

- たけ(茸) : 버섯
  「버섯」은 대나무(竹, たけ)처럼 직립(直立) 하고 있는 모습에서.
  「たけ」: 버섯

* しいたけ(椎茸) : 표고버섯(떡갈나무, 밤나무 등에 기생)
  まつたけ(松茸) : 송이버섯

598. きび(黍, 稷) : 기장, 수수 [기장 서(黍)]

어원은 「기장」
『기장 〉 기자 〉 깆 〉 깁 〉 기비 〉 きび』
「きび」: 기장, 수수

☛ 「깇,깁」을 일본어로 표기하면 촉음 「きっ」으로, 「깇,깁」은 일본어에서 같은 발음임.

《일본 어원설》
「き(黄, 노랑) + み(実, 열매)」→ きみ → きび.(bmw 후진변화, ㅁ → ㅂ)
기장은 노란 열매의 곡식이다.

---

599. くまで(くま手) : 갈퀴

어원은 「검다」(어간은 검)
「검다」는 '흩어진 물건을 손이나 갈퀴 따위로 긁어모으다'.
『검 〉 굼 〉 구마 〉 くま』
「くま + て(手, 손)」→ くまて → くまで
「くまで」: 갈퀴

---

600. 肝(きも) : 간 [간 간(肝)]

어원은 「간」
『간 〉 감 〉 가모 〉 기모 〉 きも』
「きも」: 간

☛ 「ん」의 음가는 「ㄴ, ㅁ, ㅇ」

---

601. きらめく(煌めく) : 빛나다, 번쩍이다 [빛날 황(煌)]

풀어 쓰면,
「きらきら(반짝반짝) + めく(…인 듯하다, …경향을 띠다)」
「きらめく」: 빛나다, 번쩍이다

281

☛ きらきら : 반짝반짝, 빛나는 모양
　어원은「빛깔」의「깔」
　『깔 〉 낄 〉 끼라 〉 きら 〉 きら·きら』
　별의「빛깔」이 반짝반짝 빛나다.
　「きらきら」: 반짝반짝, 빛나는 모양

602. 茎(くき) : (풀 등의) 줄기 [줄기 경(茎)]

어원은「줄구지」의「구지」. '줄기'의 방언(경남)
『구지 〉 굊 〉 국 〉 구기 〉 くき』
「くき」: (식물) 줄기

* 나무의 줄기는 幹(みき)

☛ 「궂,국」을 일본어로 표기하면 촉음「くっ」으로, 「궂,국」은 일본어에서 같은 발음임.

603. くぐつ(傀儡) : 꼭두각시

어원은「꼭두각시」의「꼭두」
『꼭두 〉 꾹두 〉 꾹드 〉 꾸구드 〉 くぐつ』
「くぐつ」: 꼭두각시

604. 括る(くくる) : 묶다, 매다, 끝맺다 [묶을 괄(括)]

어원은「꾸리다」(어간은 꾸리)
「꾸리다」는 '짐이나 물건 등을 싸서 묶다'
『꾸리 〉 꿀 〉 꾸구 〉 くく』
「くく + る(동사·접미어)」

282

「くくる」: 묶다, 매다, 끝맺다

← 우리말 종성 「ㄹ」이 일본어로 바뀔 때, 자음이 「ㄱ, ㅁ, ㅅ, ㅈ, ㅊ, ㄷ」으로 바뀌며 모음(ㅣ, ㅡ, ㅏ, ㅜ 등)이 붙는다.

《일본 어원설》
어원은 「くるくる」(뱅글뱅글, 여러 겹으로 감는 모양)
「くる + くる」 → くくる
여러 겹으로 감아 한데 「묶다」

605. 潜る(くぐる) : ①잠수하다 ②(몸을 구부려) 빠져나가다, (밑으로) 통과하다 [무자맥질할 잠(潜)]

(1) 어원은 「것구로」(어근은 것구). '거꾸로'의 옛말
『것구로 〉 것굴 〉 거구 〉 구구 〉 くぐ』
「くぐ + る(동사·접미어)」 → くぐる
잠수할 때 몸을 거꾸로 해서 들어가는 것에서.
「くぐる」: 잠수하다

(2) 잠수하듯이 밑으로 통과하다.
「くぐる」: (몸을 구부려) 빠져나가다, (밑으로) 통과하다

606. -ぐさ(種) : (동사 연용형에 붙어서) …재료, …거리

어원은 「웃음거리」의 「거리」
『거리 〉 걸 〉 굴 〉 구사 〉 ぐさ』
「-ぐさ」: (동사 ます형에 붙어서) …재료, …거리

* わらいぐさ(笑いぐさ) : 웃음거리

☛ 우리말 종성 「ㄹ」이 일본어로 바뀔 때, 자음이 「ㄱ, ㅁ, ㅅ, ㅈ, ㅊ, ㄷ」으로 바뀌며 모음(ㅣ, ㅡ, ㅏ 등)이 붙는다.

---

607. 奇しくも(くしくも) : 이상하게도, 기묘하게도 [기특할 기(奇)]

어원은 「굿」
『굿 〉구시 〉 くし』
「くし → くしく → くしく + も(조사)」
「굿」을 하면 이상하게도 액땜을 하는 것 같아.
「くしくも」: 이상하게도, 기묘하게도

* くしく : 文語 형용사 「くし」의 연용형.

☛ くすり(薬, 약)의 어원과 같음.

쉬어 가는 곳(14)

도리이(とりい, 鳥居)

「도리이」(とりい, 鳥居)는 신사(神社)에서 신역(神域)과 인간이 사는 속세(俗世)를 구분하는 것으로 「신사(神社) 입구에 세운 기둥문」을 말한다. 「도리이」는 일반적으로 신사를 상징하는 것이지만, 불교사원에서도 볼 수 있다. 반면에 「도리이」가 없는 신사도 있다고 한다. 그리고 신사의 구획정리로 경내에서 떨어진 곳에서도 「도리이」를 가끔 볼 수 있다.

「도리이」의 기원으로 여러 설이 있지만 우리와 관련된 설은 두 가지가 있다.
첫째, 「솟대」설이다. 솟대는 신성한 장소, 경계의 상징, 또는 마을의 수호신으로 세우는 신목(神木)이다. 삼한(三韓)시대에 신을 모시던 장소인 소도(蘇塗)에서 유래한 것이라고 한다. 솟대는 긴 나무 끝에 새가 앉아 있는 모습인데 그 새는 청동오리나 기러기라고 한다.

둘째, 「홍살문(紅살門)」설이다. 홍살문은 궁전, 관아, 능, 묘, 원(園), 충신·열녀·효자를 배출한 마을 앞에 세우던 붉은 색을 칠한 나무문이다. 신라시대에 처음 만들어졌으며 고려시대를 거쳐 조선시대에 많이 만들어진 나무 건축물로 출입의 기능보다 상징성이 더 중요시되었던 문이다.

도리이(とりい, 鳥居)의 「日本 어원설」을 살펴보면 크게 두 가지가 있다. 첫째는 「새」(鳥)와 관련된 설이고, 둘째는 문을 지나가는 뜻의 「통행」과 관련된 설이다. 「日本 어원설」도 따지고 보면 우리와 불가분의 관계에 있다.

첫째의 「새」와 관련된 설은 「솟대」에 앉아 있는 청동오리나 기러기와 연관성이 있다. 또한 「とりい(鳥居)」에서 「とり」(鳥, 새)의 어원 역시 우리말 「닭」이다.

그리고, 둘째의 「통행」(通り入る)과 관련된 설은 「문」(門)을 뜻하는 우리말 「돌쩌귀」의 「돌」(door, 문)과 관련이 있다(돌 〉 도리 〉 とり).

608. 挫く(くじく) : ①삐다, 접질리다 ②(기세를) 꺾다 [꺾을 좌(挫)]

(1) 어원은 「꺾다」(어간은 꺾)
   『꺾 〉 꾺 〉 꾹 〉 꽂 〉 꾸지 〉 くじ』
   「くじ + く(동사·접미어)」
   발목을 꺾어 발을 삐다.
   「くじく」 : 삐다, 접질리다

(2) 어원은 「꺾다」(어간은 꺾)
   『꺾 〉 꾺 〉 꾹 〉 꽂 〉 꾸지 〉 くじ』
   「くじ + く(동사·접미어)」
   「くじく」 : (기세를) 꺾다

☛ 「꾹, 꽂」을 일본어로 표기하면 촉음 「くっ」으로, 「꾹, 꽂」은 일본어에서 같은 발음임.

609. 鯨(くじら) : 고래 [고래 경(鯨)]

어원은 「고래」
『고래 〉 골 〉 고지 〉 구지 〉 くじ』
「くじ + ら(접미어)」
「くじら」 : 고래

☛ 우리말 종성 「ㄹ」이 일본어로 바뀔 때, 자음이 「ㄱ, ㅁ, ㅅ, ㅈ, ㅊ, ㄷ」으로 바뀌며 모음(ㅣ, ㅡ, ㅏ 등)이 붙는다.

<연상> 「고래」는 정말 **크지라**(전라 방언) → くじら(고래)

610. 葛(くず) : 칡 [칡 갈(葛)]

어원은 「끅」('칡'의 제주 방언)
『끅 〉 꾹 〉 꽃 〉 꾸즈 〉 くず』
「くず」 : 칡

☜ 「꾹,꽃」을 일본어로 표기하면 촉음 「くっ」으로, 「꾹,꽃」은 일본어에서 같은 발음임.

《일본 어원설》
어원은 우리말 「구수하다」(어근 구수)
『구수 〉 구스 〉 구즈 〉 くず』
칡은 맛이 구수한 것에서 유래되었다.
「くず」 : 칡

<출처> 日本古語大辭典(松岡靜雄,まつおか しずお)

611. 燻べる(くすべる) : 그슬리다 [연기 낄 훈(燻)]

문어형은 「くすぶ」
어원은 「그슬리다」의 어근 「그슬」
『그슬 〉 그스 〉 구스 〉 くす』
「くす+ぶ(동사·접미어)」 → くすぶ → くすべる.(하1단화, 구어형)
「くすべる」 : 그슬리다

612. 糞(くそ) : 대변 [똥 분(糞)]

「구더기」는 「굳 + 어기」의 합성어에서,
어원은 「굳어기」의 「굳」

『굳 〉굿 〉구소 〉くそ』
구더기는 대변을 먹는 것에서.
「くそ」: 대변

613. くちずさむ(口ずさむ) : 읊조리다, 흥얼거리다 [입 구(口)]

어원은 「입주리다」('읊조리다'의 옛말)
(1) 입 : くち(口)
(2) 주리(다) : 『주리 〉줄 〉주사 〉ずさ』
「くち(입) + ずさ + む(동사·접미어)」→ くちずさむ
「くちずさむ」: 읊조리다, 흥얼거리다

☛ 우리말 종성「ㄹ」이 일본어로 바뀔 때, 자음이「ㄱ, ㅁ, ㅅ, ㅈ, ㅊ, ㄷ」으로 바뀌며 모음(ㅣ, ㅡ, ㅏ 등)이 붙는다.

614. 朽ちる(くちる) : 썩다 [썩을 후(朽)]

어원은 「곯다」(어간은 곯)
「곯다」는 '속이 물크러져 상하다'(상하다-썩어서 먹을 수 없게 되다).
『곯 〉골 〉굴 〉구지 〉くち』
「くち + る(동사·접미어)」
「くちる」: 썩다

☛ 「くさる」(腐る. 부패하다, 썩다)와 같은 어원이다.

☛ 우리말 종성「ㄹ」이 일본어로 바뀔 때, 자음이「ㄱ, ㅁ, ㅅ, ㅈ, ㅊ, ㄷ」으로 바뀌며 모음(ㅣ, ㅡ, ㅏ 등)이 붙는다.

615. 覆る(くつがえる) : 뒤집히다, 전복되다 [뒤집힐 복(覆)]

본래 말은
「かっ-(동사에 붙어 그 동작을 강조) + かえる(反る, 뒤집히다)」
「かっかえる → かつかえる → くつかえる → くつがえる」
「くつがえる」 : 뒤집히다, 전복되다

* くつがえす(覆す) : 뒤엎다

---

616. 曲る(くねる) : 휘어 구부러지다, 구불거리다 [굽을 곡(曲)]

어원은 「굽다」(어간은 굽)
『굽 〉 구비 〉 구미 〉 굼 〉 군 〉 구네 〉 くね』.(bmw 변화, ㅂ → ㅁ)
「くね + る(동사·접미어)」
「くねる」 : 휘어 구부러지다, 구불거리다

* ん 음가 : ㄴ, ㅁ, ㅇ

---

617. 踵(くびす) : 발꿈치(=かかと) [발꿈치 종(踵)]

어원은 「꿈치」
(1) 꿈 : 『꿈 〉 꾸미 〉 꾸비 〉 くび』.(bmw 후진 변화, ㅁ → ㅂ)
(2) 치 : 『치 〉 지 〉 시 〉 스 〉 す』
「くびす」 : 발꿈치

☛ かかと(踵. 발뒤꿈치, 발꿈치)와 같은 어원(語源)이다.

618. 窪(くぼ) : 움푹 팸, 구덩이 [웅덩이 와(窪)]

어원은 「구멍」
『구멍 〉 구머 〉 구모 〉 구보 〉 くぼ』.(bmw 후진 변화, ㅁ → ㅂ)
「くぼ」: 움푹 팸, 구덩이

* 窪む(くぼむ) : 움푹 들어가다

619. 熊(くま) : 곰 [곰 웅(熊)]

어원은 「곰」
『곰 〉 고마 〉 구마 〉 くま』
「くま」: 곰

620. くまなく(隈無く) : 구석구석까지, 빠짐없이 [굽이 외(隈)]

풀어 쓰면,
「くま(隈, 구석지고 으슥한 곳) + なく(無く)」
구석도 빼지 않고
「くまなく」: 구석구석까지, 빠짐없이

<연상> 「くま」(隈, 구석지고 으슥한 곳)
  → 곰(くま, 熊)은 「구석지고 으슥한」 굴에서 동면한다

621. 鞍(くら) : 안장 [안장 안(鞍)]

어원은 「길마」의 「길」
「길마」는 '짐을 싣거나 수레를 끌기 위하여 소나 말의 등에 얹는 기구'.

『길 〉 기라 〉 구라 〉 くら』
「くら」: 안장

---

622. 倉, 蔵, 庫(くら) : 곳간, 곳집, 창고 [곳집 창(倉)]

어원은 「골방」의 「골」
「골방」은 좁고 구석진 방으로, 예전에 '창고'로 쓰던 방이다.
『골 〉 고라 〉 구라 〉 くら』
「くら」: 곳간, 곳집, 창고

- 大蔵省 (おおくらしょう, 대장성)
  메이지 유신에서 2001년까지 존속한 중앙관청. 재무성, 금융청으로 개편.

---

623. 厨(くりや) : 주방 [부엌 주(厨)]

풀어 쓰면,
「つくり(造り, 만들다) + や(屋, 집)」
「つくり·や → くりや」
음식을 만드는 곳(집)
「くりや」: 주방

---

624. 刳る(くる) : 후벼 파다, 속을 도려내다 [가를 고(刳)]

어원은 「끌」
「끌」을 동사화한 말이다('끌'로 파내다).
『끌 〉 끄루 〉 꾸루 〉 くる』
「くる」: 후벼 파다, 속을 도려내다

625. 包み(くるみ) : 휘감아 쌈, 싼 것, 보따리 [쌀 포(包)]

어원은 「꾸러미」('꾸리어 싼 물건', 예-선물 꾸러미)
『꾸러미 〉 꾸루미 〉 くるみ』
「くるみ」: 휘감아 쌈, 싼 것, 보따리

* 包む(くるむ) : 감싸다, 둘러싸다
  包める(くるめる) : 한데 합치다

626. 桑(くわ) : 뽕나무 [뽕나무 상(桑)]

어원은 「구디」('꾸지뽕나무'의 옛말)
『구디 〉 굳 〉 궁 〉 구하 〉 구와 〉 くわ』
「くわ」: 뽕나무

☛ 鍬(くわ) : 괭이(땅을 파거나 흙을 고르는 데 쓰는 농기구)
  어원은 「괭이」
  『괭이 〉 괘이 〉 고이 〉 구이 〉 구아 〉 구와 〉 くわ』
  「くわ」: 괭이

627. 企てる(くわだてる) : 기도하다, 계획하다 [꾀할 기(企)]

풀어 쓰면,
「くわしい(詳しい, 상세하다) + たてる(立てる. 세우다, 만들다)」
「くわたてる → くわだてる」
상세하게 세우다.
「くわだてる」: 기도하다, 계획하다

☛ くわしい(詳しい) : 상세하다, 만들다. <1권 466번 참조>

628. 貶す(けなす) : 폄하하다, 깎아내리다, 헐뜯다 [낮출 폄(貶)]

어원은 「깎아내리다」의 「깎아」
『깎아 〉 까아 〉 깡 〉 깐 〉 까나 〉 깨나 〉 けな』.(ん의 음가는 ㄴ, ㅁ, ㅇ)
「けな + す(동사·접미어)」
「けなす」: 깎아내리다, 폄하하다, 헐뜯다

629. 獣(けだもの, けもの) : 짐승 [짐승 수(獣)]

풀어 쓰면,
「け(毛, 털) + だ(=の의 뜻) + もの(物)」
털이 있는 것이 「짐승」이다.
「けだもの, けもの」: 짐승

630. けち : 인색함, 쩨쩨함, 또 그런 사람

어원은 「깍쟁이」의 「깍쟁」
「깍쟁이」는 '인색하고 이기적인 사람을 얕잡아 이르는 말'.
『깍쟁 〉 까재 〉 깨재 〉 깨지 〉 けち』
「けち」: 인색함, 쩨쩨함, 또 그런 사람

631. 請う, 乞う(こう) : 청하다, 기원하다 [청할 청(請)]

어원은 「꼭」
『꼭 〉 꼬 〉 고오 〉 고우 〉 こう』
'꼭' 들어달라고 청하거나 기원을 하는 것에서.
「こう」: 청하다, 기원하다

632. 香ばしい(こうばしい) : 향기롭다, (음식을 굽거나 볶는 냄새가) 구수하다 [향기 향(香)]

어원은 「곳답다」(어근은 곳). '향기롭다'의 옛말.
『곳 〉 곱 〉 고옵 〉 고오바 〉 こうば』
「こうば + しい(…하다, …스럽다)」
「こうばしい」 : 향기롭다, (음식을 굽거나 볶는 냄새가)구수하다

☛ 「곳,곱」을 일본어로 표기하면 촉음 「こっ」으로, 「곳,곱」은 일본어에서 같은 발음임.

633. 被る, 蒙る(こうむる) : 행위·은혜 등을 입다, 피해를 당하다 [입을 피(被)]

「かぶる」(被る, 뒤집어쓰다)가 변한 말이다.
「かぶる → かむる → かうむる → こうむる」.(bmw 변화, ㅂ→ㅁ)
「こうむる」 : 행위·은혜 등을 입다, 피해를 당하다

☛ かぶる(被る) : 쓰다, 뒤집어쓰다. <1권 61번 참조>

634. 焦がれる(こがれる) : 연모하다, 애타게 그리다, 몹시 동경하다 [탈 초(焦)]

문어형은 「こがる」
어원은 「그리다」(어간은 그리)
『그리 〉 글 〉 골 〉 고가 〉 こが』
「こが + る(동사·접미어)」 → こがる → こがれる(하단화, 구어형)
「こがれる」 : 애타게 그리다, 연모하다, 몹시 동경하다

☛ 우리말 종성 「ㄹ」이 일본어로 바뀔 때, 자음이 「ㄱ, ㅁ, ㅅ, ㅈ, ㅊ, ㄷ」으로 바뀌며 모음(ㅣ, ㅡ, ㅏ 등)이 붙는다.

---

635. 苔(こけ) : 이끼 [이끼 태(苔)]

풀어 쓰면,
「こ(小, 작은) + け(毛, 털)」→ こけ
작은 털 같은 식물이 군집한 것이 「이끼」다.
「こけ」: 이끼

---

636. 倒ける, 転ける(こける) : 넘어지다, 쓰러지다 [넘어질 도(倒)]

문어형은 「こく」(倒く)
어원은 「꼬꾸라지다」의 「꼬꾸」. '앞으로 쓰러지다'
『꼬꾸 〉 こく』
「こく → こける」.(하1단화, 구어형)
「こける」: 넘어지다, 쓰러지다

---

637. 拗れる(こじれる) : 악화되다, 뒤틀리다, 비꼬이다 [우길 요(拗)]

어원은 「궂다」(어간은 궂)
「궂다」는 「"비나 눈이 내려 날씨가 나쁘다', '언짢고 나쁘다'」의 뜻.
『궂 〉 곶 〉 고지 〉 こじ』
「こじ + れる(동사를 만듦)」→ こじれる
궂게 되다(나쁘게 되다).
「こじれる」: 악화되다, 뒤틀리다, 비꼬이다

　＊ 拗らせる(こじらせる) : 악화시키다, 꼬이게 만들다

638. 漉す(こす) : 거르다, 여과하다 [거를 록(漉)]

어원은 「거르다」(어간은 거르)
『거르 〉 걸 〉 골 〉 고스 〉 こす』
「こす」 : 거르다, 여과하다

☛ 우리말 종성 「ㄹ」이 일본어로 바뀔 때, 자음이 「ㄱ, ㅁ, ㅅ, ㅈ, ㅊ, ㄷ」으로 바뀌며 모음(ㅣ, ㅡ, ㅏ 등)이 붙는다.

639. 狡い(こすい) : 교활하다, 간사하다 [교활할 교(狡)]

어원은 「간사하다」(어근은 간사)
『간사 〉 가사 〉 고사 〉 고스 〉 こす』
「こす + い(형용사·접미어)」
「こすい」 : 간사하다, 교활하다

☛ 간사하다(奸邪하다) : 「간사할 간(奸), 간사할 사(邪)」로 고유어를 한자어로 사용한 것임.

640. 挙る(こぞる) : 모두 다 모이다 [들 거(挙)]

어원은 「고루고루」(두루두루 빼놓지 아니하고)
『고루 〉 골 〉 고조 〉 こぞ』
「こぞ + る(동사·접미어)」
「こぞる」 : 모두 다 모이다

* こぞって(挙って) : 모두, 빠짐없이

☛ 우리말 종성 「ㄹ」이 일본어로 바뀔 때, 자음이 「ㄱ, ㅁ, ㅅ, ㅈ, ㅊ, ㄷ」으로 바뀌며 모음(ㅣ, ㅡ, ㅏ, ㅗ 등)이 붙는다.

641. 堪える(こたえる) : 참다, 견디다 [견딜 감(堪)]

어원은 「견디다」(어간은 견디)
『견디 〉 겨디 〉 고디 〉 고다 〉 こた』
「こた + える(동사를 만듦)」
「こたえる」 : 견디다, 참다

642. 拘る(こだわる) : 구애되다 [잡을 구(拘)]

「구애되다」가 '거리끼거나 얽매이게 되다'의 뜻에서,
어원은 「거리끼다」(어간은 거리끼)
『거리끼 〉 걸끼 〉 거끼 〉 걲 〉 걱 〉 각 〉 곡 〉 곧 〉 고다 〉 こだ』
「こだ + わる(동사화)」
「こだわる」 : 구애되다

* 拘らず(こだわらず) : 구애되지 않고

☞ 「곡,곧」을 일본어로 표기하면 촉음 「こっ」으로, 「곡,곧」은 일본어에서 같은 발음임.

643. こつこつ(矻矻) : 꾸준히, 꾸준히 노력하는 모양 [돌 골(矻)]

어원은 「꾸준하다」(어근은 꾸준)
『꾸준 〉 꾸주 〉 꼬주 〉 꼬즈 〉 꼬쯔 〉 こつ』
「こつこつ」 : 꾸준히, 꾸준히 노력하는 모양

644. ごつごつ : 울퉁불퉁하고 딱딱한 모양, 거친 모양

어원은 「거칠다」(어간은 거칠)
『거칠 〉 거치 〉 고치 〉 고츠 〉 ごつ』
「ごつごつ」: 거친 모양, 울퉁불퉁하고 딱딱한 모양

645. ことごとく(悉く) : 전부, 모두, 모조리 [다 실(悉)]

어원은 「ことごと」(事事, 모든 일)
「ことごと+く(부사화)」
모든 일, 전부
「ことごとく」: 전부, 모두, 모조리

646. ことほぐ(寿ぐ, 言祝ぐ) : =ことぶく. 축하하는 말을 하다, 축복하다 [목숨 수(寿)]

어원은 「복」. '복'은 '福 복'으로 고유어.
『복 〉 보구 〉 호구 〉 ほぐ』.[탁음 보(ぼ) → 청음 호(ほ)]
「こと(言) + ほぐ」 → ことほぐ
말로 복을 빌다, 즉 축복하다.
「ことほぐ」: 축복하다, 축하하는 말을 하다,

 * ことぶき(寿) : 말로 축히하는 깃, 축수(祝壽), 경사

647. 如し(ごとし) : 같다, 비슷하다 [같을 여(如)]

어원은 「같다」(어간은 같)
『같 〉 가타 〉 고토 〉 ごと』
「ごと + し('형용사 접미어'처럼 사용)」
「ごとし」 : 같다, 비슷하다

* ごとく(如く) : …와 같이

648. ことわり(理) : 도리, 조리, 이유 [다스릴 리(理)]

풀어 쓰면,
「こと(言, 말) + わかり(分かり. 이해, 납득, 깨달음)」
「こと·わかり → ことわり」
「ことわり」 : 도리, 조리, 이유

649. 熟す(こなす) : 잘게 부수다, 소화시키다, 익숙하게 다루다 [익을 숙(熟)]

풀어 쓰면,
「こな(粉, 가루) + す(동사·접미어)」
가루로 하다(→잘게 부수다)
「こなす」 : 잘게 부수다, 소화시키다, 익숙하게 다루다

← こな(粉) : 가루, 분말, 밀가루. <131번 참조>

650. 捏ねる(こねる) : 반죽하다, 이기다, 개다 [꾸밀 날(捏)]

풀어 쓰면,
「こな(粉, 가루) + ねる(練る. 반죽하다, 이기다)」
「こな·ねる → こねる」
「こねる」: 반죽하다, 이기다, 개다

☛ ねる(練る) : 반죽하다, 이기다. <929번 참조>

651. 媚びる(こびる) : 아양 떨다, 교태 부리다 [아첨할 미(媚)]

어원은 「간살」('간사스럽게 아양을 떠는 태도')
『간살 > 가사 > 갓 > 곳 > 곱 > 고비 > こび』
「こび + る(동사·접미어)」
「こびる」: 아양 떨다, 교태 부리다

☛ 「곳,곱」을 일본어로 표기하면 촉음 「こっ」으로, 「곳,곱」은 일본어에서 같은 발음임.

652. 瘤(こぶ) : 혹 [혹 류(瘤)]

「등뼈가 굽어 큰 '혹'같이 불거진 등」을 「곱사」라 하는데, 「혹등이 곱사」이다
어원은 「곱사」의 「곱」
『곱 > 고부 > こぶ』
「こぶ」: 혹

☛ 곱새('곱사'의 방언) = 「곱다(한쪽으로 약간 휘다)+새('등'을 의미)」

쉬어 가는 곳(15)

「물」 이야기

「미음」은 입쌀이나 좁쌀에 물을 충분히 붓고 푹 끓여 체에 걸러 낸 걸쭉한 음식이다. 미음을 米飮으로 한자 표기를 하는데, 아마 쌀을 주재료로 하기 때문에 그런 것 같다. 그런데, 여기서 「미음」의 「미」가 쌀을 의미하는 米가 맞는가 하는 점이다. 음식의 성격을 보면 죽보다도 물이 훨씬 많이 들어가는 물음식, 곡물 주스라 할 수 있다.

「미나리」는 밭에서 자라는 채소가 아니라 물이 있는 무논에서 자란다. 「미끌미끌」도 물과 관계있는 말이다. 비가 와서 땅이 물러지면 미끄럽다. 특히 진흙이 많은 땅은 물이 고여 더욱 미끄럽다. 따라서 「미」는 물을 의미한다고 봐도 무리는 아닐 것이다.

참고로, 고구려어는 지금은 사어(死語)가 되었지만 「미」가 「물」이란 뜻으로 광범위하게 쓰였다는 기록이 있다.

일본어에서 「い(井)」는 샘 또는 흐르는 물에서 물을 긷는 곳을 의미한다. 어원으로 물을 뜻하는 「みず(水)」의 「み」가 「い」로 바뀌었다는 설도 있다(미)이)い). 「いけ」(池)는 '물'이 괴어 있는 곳으로 '못'을 의미한다. 「いせき」(=せき, 井堰·堰)가 보(洑)인데 여기서 「い」는 '물'을 의미한다.

「이」 발음을 가진 단어로 「오이」의 경상 방언 「이」('물이'라고도 함)가 있는데, 「이」는 '물'이 많은 열매라는 것을 의미한다. 영어에서 '물'을 뜻하는 말로 「아쿠아(aqua, '물의')」가 있고, 유명한 폭포인 「이구아수(이과수) 폭포」에서 「이」는 '물'을 뜻하고, 「구아수」(guasu)는 크다는 뜻이라고 한다.

653. 拳(こぶし) : 주먹 [주먹 권(拳)]

어원을 풀어 쓰면,
「こ(小, 작은) + ふし(節, 마디)」
「こふし 〉 こぶし」
주먹은 작은 마디다.
「こぶし」: 주먹

---

654. 駒(こま) : 망아지 [망아지 구(駒)]

풀어 쓰면,
「こ(小, 작은) + うま(馬, 말)」
「こうま 〉 こま」
「こま」: 망아지

☛ 「꼬마」 말(馬)이 「こま」이다.

---

655. ごまかす(誤魔化す) : 속이다, 얼버무리다

에도(えど, 江戸) 시대에 나온 말이다.
「ごまどうらん」(胡麻胴乱, 밀가루와 참깨를 섞어 구워서 부풀린 막과자)을 진짜
「참깨 과자」(ごまかし, 胡麻菓子)라고 속여서 판 것에서 유래.
「ごまかし」→ ごまかす」
「ごまかす」: 속이다, 얼버무리다

---

656. 籠る(こもる) : 틀어박히다, 두문불출하다 [대바구니 롱(籠)]

어원은 「곰」(熊)

『곰 〉 고모 〉 こも』
「こも + る(동사·접미어)」
「곰」이 굴속에서 겨울잠을 자듯이 틀어박히다.
「こもる」: 틀어박히다, 두문불출하다

* とじこもる(閉じ籠る): 틀어박혀 나오지 않다, 두문불출하다

《일본 어원설》
「こみ(込み + いる(居る)」 → こみいる → こもる
안에 들어가 있기만 하다.
「こもる」: 틀어박히다, 두문불출하다

657. 暦(こよみ) : 달력 [책력 력(暦)]

풀어 쓰면,
「か. 日, 날) + よみ(読み, 읽기)」 → かよみ → こよみ
날을 읽는 것.
「こよみ」: 달력(カレンダー)

658. 懲らしめる(こらしめる) : 징계하다, 응징하다 [징계할 징(懲)]

풀어 쓰면,
「こる(懲る. 질리다, 懲りる의 문어형) + しむ(…하게 하다, 사역을 나타냄)」
「こる·しむ → こらしむ → こらしめる」.(하1단화, 구어형)
질리게 해서 (다시 못하게) 징계하다.
「こらしめる」: 징계하다, 응징하다

<연상> 그의 고리타분한 성격에 정말 질려 버리다
    → こりる(懲りる) : 질리다

659. 梱(こり) : 포장한 짐, 고리 [문지방 곤(梱)]

어원은 「고리」
「고리」는 '키버들의 가지나 대오리 따위로 엮어서 상자같이 만든 물건'(=고리짝)
『고리 〉 こり』
고리(상자)에 짐을 넣어 포장함.
「こり」: 포장한 짐, 고리

* 梱る(こる) : 짐을 꾸리다

660. 凝る(こる) : ①열중하다, 몰두하다 ②결리다 ③엉기다, 응고하다 [엉길 응(凝)]

(1) 어원은 「こ」(所. 곳, 장소)
   「こ + る(동사·접미어)」
   배워야 할 곳에 마음을 집중하다
   「こる」: 열중하다, 몰두하다

(2) 어원은 「결리다」(어간은 결리)
   「결리다」는 '몸의 어떤 부분이 뜨끔뜨끔 아프거나 뻐근한 느낌이 들다'.
   『결리 〉 겨리 〉 결 〉 걸 〉 골 〉 고루 〉 こる』
   「こる」: 결리다

* かたこり(肩凝り) : 어깨결림

(3) 어원은 「고다」(어간은 고)
   「고다」는 '졸아서 진하게 엉기도록 끓이다'.
   『고 〉 こ』
   「こ + る(동사·접미어)」
   「こる」: 엉기다, 응고하다

661. 衣(ころも) : 옷, 승려의 옷 [옷 의(衣)]

어원은 「옷고름」의 「고름」
『고름 〉 고롬 〉 고로모 〉 ころも』
「고름」이 고대에서는 옷의 뜻으로 사용.
「ころも」: 옷, 승려의 옷

662. こわい(強い·剛い) : 질기다, 딱딱하다, 세다 [강할 강(強)]

어원은 「굳다」(어간은 굳)
「굳다」는 '무른 물질이 단단하게 되다'.
『굳 〉 곧 〉 공 〉 고하 〉 고와 〉 こわ』
「こわ + い(형용사·접미어)」
「こわい」: 질기다, 딱딱하다, 세다

663. 育む(はぐくむ) : 기르다, 새끼를 품어 기르다 [기를 육(育)]

이 말을 풀어 쓰면,
「は(=はね. 羽, 날개) + くくむ(含む. 머금다, 입에 머금다)」
「は·くくむ → はぐくむ」
날개로 머금어서 품어 기르다.
「はぐくむ」: 기르다, 새끼를 품어 기르다

☞ くくむ(含む) : 머금다, (입에) 머금다
　「くち(口, 입) + ふくむ(含む. 머금다, 포함하다)」
　「くち·ふくむ → くふくむ → くくむ」
　「くくむ」: 머금다, (입에) 머금다

664. 苛む(さいなむ) : 꾸짖다, 책망하다 [가혹할 가(苛)]

어원은 「성」(노여움)
『성 〉 상 〉 사이 〉 さい』
「さい + なむ(=なう, 동작을 나타냄)」
성을 내다(→꾸짖다)
「さいなむ」 : 꾸짖다, 책망하다

665. 遮る(さえぎる) : 막다, 차단하다 [막을 차(遮)]

어원을 풀어 쓰면,
「さき(先, 앞) + きる(切る, 자르다)」 → さききる
「さききる → さいきる → さえきる → さえぎる」
앞을 자르다(→ 막다)
「さえぎる」 : 막다, 차단하다

666. 囀る(さえずる) : 지저귀다, 재잘대다 [지저귈 전(囀)]

어원은 「재잘대다」(어근은 재잘)
(1) 재 : 『재 〉 자이 〉 자에 〉 ざえ 〉 さえ』.(탁음 ざ → 청음 さ)
(2) 잘 : 『잘 〉 자루 〉 즈루 〉 ずる』
「さえずる」 : 재잘대다, 지저귀다

667. 冴える(さえる) : ①맑고 깨끗하다, 산뜻하다 ②뛰어나다, 훌륭하다 ③냉랭하다 [얼 호(冴)]

(1) 어원은 「산뜻하다」(어근은 산뜻)
  「산뜻하다」는 '기분이나 느낌이 깨끗하고 시원하다'.

『산뜻 〉 사뜨 〉 사드 〉 삳 〉 샇 〉 사헤 〉 사에 〉 さえ』
「さえ+る(동사·접미어)」
「さえる」: 맑고 깨끗하다, 산뜻하다

(2) 어원은 「잘하다」의 「잘」
『잘 〉 자알 〉 자아 〉 자에 〉 ざえ 〉 さえ』.(탁음 ざ → 청음 さ)
「さえ+る(동사·접미어)」
「さえる」: 뛰어나다, 훌륭하다

(3) 어원은 「さむい」(寒い. 춥다, 차다)의 「さむ」
「さむ」를 우리말로 표기하면 「사무」
『사무 〉 삼 〉 상 〉 사에 〉 さえ』.(ん 음가는 ㄴ,ㅁ,ㅇ)
「さえ+る(동사·접미어)」
「さえる」: 냉랭하다

---

668. 竿(さお) : 가늘고 긴 막대기, 장대 [낚싯대 간(竿)]

어원은 「상앗대」의 「상앗」
「상앗대」는 '배질을 할 때 쓰는 긴 막대'
『상앗 〉 상아 〉 사아 〉 사오 〉 さお』
「さお」: 가늘고 긴 막대기, 장대

* '삿대'는 '상앗대'의 준말.

---

669. 栄える(さかえる) : 성해지다, 번영하다, 번창하다 [영화 영(栄)]

어원은 「성해지다」의 「성해」
『성해 〉 서해 〉 사해 〉 샇 〉 삳 〉 삭 〉 사가 〉 さか』
「さか + える(동사를 만듦)」
「さかえる」: 성해지다, 번영하다, 번창하다

☚ 「샅,삭」을 일본어로 표기하면 촉음 「さっ」으로, 「샅,삭」은 일본어에서 같은 발음임.

670. 賢しい(さかしい) : =かしこい. 영리하다, 현명하다 [어질 현(賢)]

어원은 「슬기롭다」(어근은 슬기)
「슬기롭다」는 '지혜롭다', '현명하다'의 뜻
『슬기 〉 스기 〉 사기 〉 사가 〉 사카』
「さか + しい(...하다, ...스럽다)」
「さかしい」 : 영리하다, 현명하다

☚ 「さかしい」가 부정적인 의미로 '시건방지다'의 뜻도 있다.

671. 盛る(さかる) : 세차게 되다, 번창하다 [성할 성(盛)]

어원은 「세차다」(어간은 세차)
『세차 〉 사차 〉 샃 〉 삭 〉 사가 〉 사카』
「さか + る(동사·접미어)」
「さかる」 : 세차게 되다, 번창하다

* さかん(盛ん) : 번창함

☚ 「샃,삭」을 일본어로 표기하면 촉음 「さっ」으로, 「샃,삭」은 일본어에서 같은 발음임.

672. 裂く(さく) : 찢다, 쪼개다, 가르다 [찢을 렬(裂)]

어원은 「찢다」(어간은 찢)
『찢 〉찌 〉지 〉자 〉ざ 〉さ』.(탁음 ざ → 청음 さ)
「さ + く(동사·접미어)」
「さく」: 찢다, 쪼개다, 가르다

* さける(裂ける) : 찢어지다

673. 蔑む(さげすむ) : 깔보다, 업신여기다 [업신여길 멸(蔑)]

어원은 「숙보다」의 「숙」
「숙보다」는 '업신여기다'의 뜻.
『숙 〉수게 〉사게 〉さげ』
「さげ + すむ(동사화)」
「さげすむ」: 업신여기다, 깔보다

☛ 「숙보다」의 표준어는 '업신여기다'.

674. さざえ(栄螺) : 소라 [소라 라(螺)]

어원은 「소라」
『소라 〉솔 〉살 〉사자 〉さざ』
「さざ+え(접미어)」
「さざえ」: 소라

☛ 우리말 종성 「ㄹ」이 일본어로 바뀔 때, 자음이 「ㄱ, ㅁ, ㅅ, ㅈ, ㅊ, ㄷ」으로 바뀌며 모음(ㅣ, ㅡ, ㅏ 등)이 붙는다.

675. 捧げる(ささげる) : 바치다, 받들어 올리다 [받들 봉(捧)]

본래 말은 「さしあげる」(差し上げる. 들어 올리다, 드리다)
「さしあげる → ささげる」
「ささげる」: 바치다, 받들어 올리다

676. 授ける(さずける) : (윗사람이 아랫사람에게)주다, 하사하다 [줄 수(授)]

문어형은 「さずく」
어원은 「주다」의 활용 「줄」
『줄 〉잘 〉자즈 〉ざず 〉さず』.(탁음 ざ → 청음 さ)
「さず + く(동사·접미어)」→ さずく → さずける(하단화, 구어형)
「さずける」: (윗사람이 아랫사람에게) 주다, 하사하다

☛ 우리말 종성 「ㄹ」이 일본어로 바뀔 때, 자음이 「ㄱ, ㅁ, ㅅ, ㅈ, ㅊ, ㄷ」으로 바뀌며 모음(ㅣ, ㅡ, ㅏ 등)이 붙는다.

677. さすらう(流離う) : 방랑하다, 떠돌다, 유랑하다 [흐를 류(流)]

어원은 「싸대다」(어간은 싸대). '싸다니다'의 뜻.
『싸대 〉싿 〉삳 〉삿 〉사스 〉さす』
「さす + らう(동사화)」→ さすらう
싸대다(→떠돌다)
「さすらう」: 방랑하다, 떠돌다, 유랑하다

678. 摩る, 擦る(さする) : 가볍게 문지르다, 어루만지다 [문지를 마(麻)]

어원은「쓸다」(어간은 쓸)
「쓸다」는 '가볍게 쓰다듬거나 문지르다'.
『쓸 〉쌀 〉싸스 〉さす』
「さす + る(동사·접미어)」
「さする」: 가볍게 문지르다, 어루만지다

☛ 우리말 종성「ㄹ」이 일본어로 바뀔 때, 자음이「ㄱ, ㅁ, ㅅ, ㅈ, ㅊ, ㄷ」으로 바뀌며 모음(ㅣ, ㅡ, ㅏ 등)이 붙는다.

679. 定める(さだめる) : 정하다, 결정하다, 분명히 하다 [정할 정(定)]

어원은「짓다」(어간은 짓)
「짓다」의 뜻 가운데, '이어져 온 일이나 말 따위의 결말이나 결정을 내다'.
『짓 〉잣 〉잗 〉자다 〉ざだ 〉さだ』.(탁음 ざ → 청음 さ)
「さだ + める(동사를 만듦)」
「さだめる」: 정하다, 결정하다, 분명히 하다

* さだか(定か) : 확실함, 분명함
* さだまる(定まる) : 정해지다, 결정되다

680. 幸(さち) : 행복, 행운, 자연에서 얻은 음식 [다행 행(幸)]

어원은「살」(화살)
『살 〉사치 〉さち』
「살」이 일본어로 바뀔 때「さ」또는「さち」로 바뀜.

화살로 사냥감을 잡으면 정말 「행운」이라는 뜻이다.
(활은 총에 비해 명중률이 낮다)
「さち」 : 행복, 행운, 자연에서 얻은 음식

<출처> : 岩波古語辞典

☛ 우리말 종성 「ㄹ」이 일본어로 바뀔 때, 자음이 「ㄱ, ㅁ, ㅅ, ㅈ, ㅊ, ㄷ」으로 바뀌며 모음(ㅣ, ㅡ, ㅏ 등)이 붙는다.

681. 聡い(さとい) : 총명하다 [귀 밝을 총(聡)]

어원은 「さとる」(悟る, 깨닫다)
잘 깨닫는 사람은 총명하다.
「さとる → さとい」
「さとい」 : 총명하다

☛ さとる(悟る) : 깨닫다. <683번 참조>

682. 諭す(さとす) : 잘 타이르다 [깨우칠 유(諭)]

「さとる」(悟る, 깨닫다)의 타동사형
깨닫게 하다, 잘 타일러서.
「さとす」 : 잘 타이르다

683. 悟る, 覚る(さとる) : 깨닫다, 터득하다 [깨달을 오(悟)]

어원은 「ᄎ리다」('깨닫다', '정신을 차리다'의 옛말)
『ᄎ리 〉 차리 〉 찰 〉 차도 〉 ちゃと 〉 さと』
[요음 ちゃ가 가까운 직음인 さ로 바뀜]

「さと + る(동사·접미어)」
「さとる」: 깨닫다, 터득하다

☛ 우리말 종성 「ㄹ」이 일본어로 바뀔 때, 자음이 「ㄱ, ㅁ, ㅅ, ㅈ, ㅊ, ㄷ」으로 바뀌며 모음(ㅣ, ㅡ, ㅏ, ㅗ 등)이 붙는다.

684. 鯖(さば) : 고등어 [잡회 정(鯖)]

어원은 「손」(고등어를 세는 단위, 한손은 2마리)
『손 〉 산 〉 삼 〉 사마 〉 사바 〉 さば』.(bmw 후진 변화, ㅁ → ㅂ)
「さば」: 고등어

* ん음가는 ㄴ,ㅁ,ㅇ

685. 裁く(さばく) : 재판하다, 중재하다 [마를 재(裁)]

풀어 쓰면,
「さ(접두사) + わく(分く, '分ける-가르다·구분하다' 문어형)」
「さわく→ さはく → さばく」
옳고 그름을 구분하다(재판하다)
「さばく」: 재판하다, 중재하다

☛ わく(分く) : 네이버 사전에는 실려 있지 않으나, 일본 포털 사이트(야후 재펜 등)에서 찾아볼 수 있음. <デジタル大辞泉(小学館)>

686. 捌く(さばく) : 칼로 분리(해체)하다, 도구를 잘 다루다, 복잡한 일을 적절히 처리하다 [깨뜨릴 팔(捌)]

「裁く」(さばく. 재판하다, 중재하다)와 같은 어원이다.

「さ(접두사) + わく(分く, '分ける-가르다·구분하다' 문어형)
「さわく→ さはく → さばく」
칼로 생선을 잘 가르다.
「さばく」: 칼로 분리(해체)하다, 도구를 잘 다루다, 복잡한 일을 적절히 처리하다

---

687. 侍(さむらい) : 무사 [모실 시(侍)]

풀어 쓰면,
「쌈(싸움) + 라기(사람을 뜻함)」
『쌈라기 〉 싸무라기 〉 싸무라이 〉 さむらい』
「さむらい」: 무사

☛ 라기(래기) : 사람을 낮추어 하는 말.(예.조무라기)

---

688. 鮫(さめ) : 상어 [상어 교(鮫)]

어원은 「상어」의 「상」
『상 〉 삼 〉 사메 〉 さめ』.(ん의 음가 : ㄴ, ㅁ, ㅇ)
「さめ」: 상어

☛ 「복어」는 「복魚」라고 쓰는데 「상어」를 「상魚」라고 쓰지 않는 이유는, '복어'는 지칭하는 한자(漢字)가 없고, '상어'는 지칭하는 한자 鮫(상어 교)가 있기 때문이다.

---

689. 鞘(さや) : 칼집 [칼집 초(鞘)]

풀어 쓰면,
「さす(挿す, 꽂다) + や(屋, 집)」
「さすや → さや」

꽂아서 넣어 두는 집.
「さや」: 칼집

690. さらう(攫う) : 채다, 날치기하다, 휩쓸다 [움킬 확(攫)]

어원은 「휩쓸다」의 「쓸다」(어간은 쓸)
『쓸 〉쌀 〉싸라 〉さら』
「さら + う(동사·접미어)」
「さらう」: 휩쓸다, 채다, 날치기하다

691. 浚う, 渫う(さらう) : 준설하다, 쳐내다 [파낼 설(渫)]

어원은 「설다」('걷다·치우다·정리하다'의 옛말)
『설 〉서라 〉사라 〉さら』
「さら+う(동사·접미어)」
「さらう」: 준설하다, 쳐내다

☛ 「설거지」는 '설다'에서 파생한 말이다.

692. 晒す(さらす) : 햇볕에 쬐다, 비바람을 맞히다, 바래다 [쬘 쇄(晒)]

어원은 「햇살」의 「살」
『살 〉사라 〉さら』
「さら + す(동사·접미어)」
햇살에 쬐다.
「さらす」: 햇볕에 쬐다, 비바람을 맞히다, 바래다

☛ 「햇살」의 「살」은 '해'(日)를 뜻함.(살 〉솔 〉Sol)

693. 沢(さわ) : 풀이 나 있는 저습지(低濕地), 계류(溪流) [못 택(澤)]

풀어 쓰면,
「さ(=ささ. 些々, 작은) + かわ(川. 하천, 강)」
「さかわ → さわ」
작은 하천이 흐르다, 못같이 생긴 곳이 저습지이다.
「さわ」: 풀이 나 있는 저습지(低濕地), 계류(溪流)

☛ ささ-(些々) : 작은/**사사**하다(작거나 적다) → ささ(작은)

694. 障る(さわる) : 방해가 되다 [막을 장(障)]

본래 말은 「さはる」(障る)
「さき(先, 앞) + はる(張る, 뻗다)」→ さはる
「さはる → さわる」
앞에 (나뭇가지가) 뻗어 있어 방해가 되다.
「さわる」: 방해가 되다

695. 虐げる(しいたげる) : 학대하다 [모질 학(虐)]

문어형은 「しいたぐ」
어원은 「시달구다」(어간은 시달구)
「시달구다」는 '남을 몹시 닦달해서 혼을 내다'의 뜻.
『시달구 〉 씨달구 〉 씨다구 〉 시이다구 〉 しいたぐ』
「しいたぐ → しいたげる」. (하단화, 구어형)
「しいたげる」: 학대하다

696. 強いる(しいる) : 강요하다 [강할 강(強)]

어원은 「시키다」(어간은 시키)
『시키 〉 식 〉 싀 〉 싣 〉 싷 〉 시히 〉 시이 〉 しい』
「しい + る(동사·접미어)」
(억지로)시키다(→강요하다)
「しいる」 : 강요하다

- 「식,싣」을 일본어로 표기하면 촉음 「しっ」으로, 「식,싣」은 일본어에서 같은 발음임.

697. 萎れる(しおれる) : 시들다, 풀이 죽다 [시들 위(萎)]

어원은 「시들다」(어간은 시들)
『시들 〉 시드 〉 싣 〉 십 〉 시보 〉 시호 〉 시오 〉 しお』
 [탁음 보(ぼ) → 청음 호(ほ) → 여린소리 오(お)]
「しお + れる(동사화)」
「しおれる」 : 시들다, 풀이 죽다

- 「싣,십」을 일본어로 표기하면 촉음 「しっ」으로, 「싣,십」은 일본어에서 같은 발음임.

698. しがみつく(しがみ付く) : 달라붙다, 매달리다 [깨물 교(噛)]

풀어 쓰면,
「しがみ(噛み, 꽉 깨물다) + つく(付く. 붙다, 달라붙다)」
「しがみつく」 : 달라붙다, 매달리다

- しがむ(噛む) : 꽉 깨물다

「しっかり(確り. 단단히, 꼭) + かむ(嚙む, 물다)」
「しかむ → しがむ」
「しがむ」: 꽉 깨물다.

---

699. しかめる(顰める) : 찡그리다, 찌푸리다 [찡그릴 빈(顰)]

문어형은 「しかむ」
어원은 「찡그리다」의 「찡그」
『찡그 〉 징그 〉 지그 〉 지가 〉 じか 〉 しか』.(탁음 じ → 청음 し)
「しか + む(동사·접미어)」 → しかむ → しかめる」.(하1단화, 구어형)
「しかめる」: 찡그리다, 찌푸리다

> **어원산책**
>
> **いさめる(諫める) : 간(諫)하다, 충고하다**
>
> 어원은 「이르다」(어간은 이르). '잘 깨닫도록 일의 이치를 밝혀 말해 주다'.
> 『이르 〉 일 〉 이사 〉 いさ』
> 「いさ + める(동사화)」
> 「いさめる」: 간(諫)하다, 충고하다
>
> ☛ 우리말 종성 「ㄹ」이 일본어로 바뀔 때, 자음이 「ㄱ, ㅁ, ㅅ, ㅈ, ㅊ, ㄷ」으로 바뀌며 모음(ㅣ, ㅡ, ㅏ 등)이 붙는다.

쉬어 가는 곳(16)

지명 이야기 「시미즈」(淸水, しみず)

시즈오카(静岡)현 후지산이 보이는 곳에 「淸水」라고 쓰고 「시미즈」라고 읽는 도시가 있다. 예부터 풍부한 물이 인근 공단을 키우고 시미즈의 자랑인 녹차를 기른다. 이곳은 아주 옛날부터 수많은 상선들과 선원이 드나드는 흥청대던 항구였다. 무엇보다 기나긴 항로에 필요한 물을 이곳 시미즈에서 조달했다.

「淸水」에서 「水」는 「미즈」다. 문제는 맑을 「淸」을 왜 「し」라고 읽는가 하는 점이다. 어느 기록을 봐도 淸을 「し」로 읽는 것은 없다. 시미즈에는 3개의 강이 흐르고 있지만 오염이 너무 심해 식수로는 사용할 수 없다고 한다.

시미즈 시청에 의하면 시미즈라는 지명은 1,000여년 전 이곳의 주민들과 선원들이 식수로 사용한 샘물이 있었고 그 샘물에서 지명이 유래되었다는 기록이 남아 있다.

「淸水」를 「きよみず」로 읽지 않고 「しみず」로 읽는 이유는 이 지명의 유래가 「샘물」이기 때문이다. 「샘」(새미)은 「せみ」, 「물」은 「みず」로 합치면 「せみみず」, 이 말이 「しみず」로 바뀌었다.[せみみず 〉 せみず 〉 しみず]

시미즈에는 오늘날까지 그 샘터가 남아 있다는 센소사(禪叢寺, せんそうじ)라는 절이 있고, 지금도 구멍을 뚫으면 물이 나온다고 한다. 그리고, 센소사(禪叢寺)라는 절의 이름도 「샘솟다」에서 유래된 것으로 보인다.[샘솟 〉 샌소 〉 せんそう]

700. しくじる : 실패하다, 실수하다, (잘못 따위로) 해고되다

풀어 쓰면,
「し(=する) + くずれる(崩れる, 무너지다)」
「し·くずれる → しくずる → しくじる」
하는 것이 무너지다(→실패하다)
「しくじる」: 실패하다, 실수하다, (잘못 따위로) 해고되다

- くずれる(崩れる) : 무너지다. <112번 참조>

701. 時雨(しぐれ) : (늦가을부터 초겨울에 걸쳐 오는) 한 차례 지나가는 비 [비 우(雨)]

풀어 쓰면,
「し('비'를 뜻함) + くれ(暮れ, 저물다)」
「しくれ → しぐれ」
「しぐれ」: (늦가을부터 초겨울에 걸쳐 오는)한 차례 지나가는 비

- し : '비', '바람'을 뜻함
  어원은 「치다」(어간은 치)
  「치다」는 '바람이 세차게 불거나 비, 눈 따위가 세차게 뿌리다'.
  『치 〉시 〉し』
  「し」: '비', '바람'을 뜻함

702. 滴(しずく) : 물방울 [물방울 적(滴)]

어원을 풀어 쓰면,
「すい(水, 물) + つく(着く. 닿다, 접촉하다)」
「すいつく → しつく → しづく → しずく」.(수이 〉쉬 〉시)

물이 나뭇잎 등에 접촉하여 생기는 것.
「しずく」: 물방울

---

703. 慕う(したう) : 연모하다, 사모하다, 뒤를 좇다 [그릴 모(慕)]

어원은 「좇다」(어간은 좇)
『좇 〉 짛 〉 짙 〉 지타 〉 じた 〉 した』.(탁음 じ → 청음 し)
「した + う(동사·접미어)」
(마음을) 좇다(→연모하다)
「したう」: 연모하다, 사모하다, 뒤를 좇다

---

704. したたか(強か, 健か) : 대단히 강한 모양, 세게 [강할 강(強)]

어원은 「시다」(세다의 방언)
『시다 + 시다 〉 した + した 〉 したた』
「したた + か(상태, 성질을 나타냄)」
「시다」(세다)를 중첩해서 의미를 강조한 말이다.
「したたか」: 대단히 강한 모양, 세게

---

705. 淑やか(しとやか) : 정숙함, 얌전함 [맑을 숙(淑)]

어원은 「쉿」
「쉿」은 '소리를 내지 말라는 뜻으로 급하게 내는 소리'.
『쉿 〉 쉳 〉 쉬도 〉 시도 〉 しと』
「しと + やか(그러한 느낌을 주는 모양)」
「しとやか」: 정숙함, 얌전함

706. 撓う(しなう) : (탄력이 있어 부러지지 않고) 휘다, 휘어지다 [휠 요(撓)]

어원은 「しなやか」(嫋か. 낭창낭창함, 자늑자늑함)
「しな(やか) + う(동사·접미어)」 → しなう
낭창낭창해서 부러지지 않고 잘 휘어진다.
「しなう」 : 휘다, 휘어지다

✦ しなやか(嫋か) : 낭창낭창함, 자늑자늑함. <707번 참조>

707. しなやか(嫋か) : 낭창낭창함, 자늑자늑함, 나긋나긋함 [예쁠 뇨(嫋)]

어원은 「자늑자늑」
「자늑자늑」은 '동작이 조용하며 가볍고 진득하게 부드럽고 가벼운 모양'.
『자늑 〉 자느 〉 자나 〉 지나 〉 じな 〉 しな』.(탁음 じ → 청음 し)
「しな + やか(그러한 느낌을 주는 모양)」
「しなやか」 : 자늑자늑함, 낭창낭창함, 나긋나긋함

708. 老舗(しにせ) : 노포, 대대로 내려온 유명한 가게 [가게 포(舗)]

어원은 「싱~」('형'의 경상 방언)
「싱~」은 영어 「senior」(연장자, 나이가 많은)와 같은 뿌리의 말이다.
『싱 〉 신 〉 시니 〉 しに』.(ん음가는 ㄴ,ㅁ,ㅇ)
「しに + みせ(店, 가게)」 → しにせ
창업한지 오래되고(나이가 많고) 유명한 가게.
「しにせ」 : 노포, 대대로 내려온 유명한 가게

709. 凌ぐ(しのぐ) : 참고 견디어 내다 [얼음 릉(凌)]

어원은 「心」의 우리 한자음 「마음 심」
『심 〉신 〉시노 〉しの』.(ん음가는 ㄴ,ㅁ,ㅇ)
굳센 마음으로 참고 견디다.
「しの + ぐ(동사·접미어)」
「しのぐ」: 참고 견디어 내다

710. 忍ぶ(しのぶ) : ①참다 ②숨다, 숨기다, 남이 모르게 하다 [참을 인(忍)]

(1) 어원은 「心」의 우리 한자음 「마음 심」
　『심 〉신 〉시노 〉しの』.(ん 음가 : ㄴ,ㅁ,ㅇ)
　「しの + ぶ(동사·접미어)」
　굳센 마음으로 참다.
　「しのぶ」: 참다

(2) 어원은 「숨다」(어간은 숨)
　『숨 〉심 〉신 〉시노 〉しの』.(ん 음가 : ㄴ,ㅁ,ㅇ)
　「しの + ぶ(동사·접미어)」
　「しのぶ」: 숨다, 숨기다, 남이 모르게 하다

  *　しのび恋(しのびこい) : 몰래 하는 사랑

711. 偲ぶ(しのぶ) : 그리워하다, 연모하다 [책선할 시(偲)]

「그리워하다」는 '사랑하여 몹시 보고 싶어 하다'에서,
어원은 「사랑」
『사랑 〉사라 〉살 〉사알 〉사아 〉상 〉싱 〉신 〉시노 〉しの』

「しの + ぶ(동사·접미어)」
「しのぶ」: 그리워하다, 연모하다

* ん 음가 : ㄴ, ㅁ, ㅇ

---

712. 芝(しば) : 잔디 [지초 지(芝)]

어원은 「잔디」
『잔디 〉 자디 〉 잗 〉 짇 〉 집 〉 지바 〉 じば 〉 しば』.(탁음 じ → 청음 し)
「しば」: 잔디

※ 「짇,집」을 일본어로 표기하면 촉음 「じっ」으로, 「짇,집」은 일본어에서 같은 발음임.

☛ しばふ(芝生) : 잔디밭
풀어 쓰면,
「しば(芝, 잔디) + はた(畑, 밭)」
「しば·はた → しば·は → しばふ」
「しばふ」: 잔디밭

---

713. 渋い(しぶい) : 떫다, 떠름하다 [껄끄러울 삽(渋)]

어원은 「씹다」(어간은 씹. '쓰다'의 방언.
『씹 〉 씨부 〉 시부 〉 しぶ』
しぶ + い(형용사·접미어)
떫다와 씹다는 맛이 다르지만, 모두 좋지 않은 맛이다.
「しぶい」: 떫다, 떠름하다

714. しぶく(重吹く) : 물보라치다, 비바람치다

「し('비·바람'을 뜻함)+ふく(吹く, 불다)」
「しふく → しぶく」
「しぶく」: 물보라치다, 비바람치다

* しぶき(飛沫) : 비말, 물보라

◆ し : '비', '바람'을 의미
   어원은 「치다」(어간은 치)
   「치다」는 '바람이 세차게 불거나 비, 눈 따위가 세차게 뿌리다'.
   『치 〉 시 〉 し』
   「し」: '비', '바람'을 의미

715. しぶとい : 고집이 세다, 완고하다, 끈질기다

어원은 「심」('소'의 힘줄)
『심 〉 시 〉 し』
「し + ふとい(太い, 굵다)」
「しふとい → しぶとい」
황소 심줄같이 굵고 질기다.
「しぶとい」: 고집이 세다, 완고하다, 끈질기다

716. 凍みる(しみる) : 얼어붙다, 얼어붙을 정도로 차다 [얼 동(凍)]

어원은 「시리다」(어간은 시리)
『시리 〉 실 〉 시미 〉 しみ』
「しみ + る(동사·접미어)」
찬 기운으로 손이 시려 얼어붙다.

「しみる」: 얼어붙다, 얼어붙을 정도로 차다

☛ 우리말 종성 「ㄹ」이 일본어로 바뀔 때, 자음이 「ㄱ, ㅁ, ㅅ, ㅈ, ㅊ, ㄷ」으로 바뀌며 모음(ㅣ, ㅡ, ㅏ 등)이 붙는다.

717. 染みる(しみる) : 스며들다, 배다 [물들 염(染)]

어원은 「스미다」(어간은 스미). '물 등 액체가 배어들다'
『스미 〉 시미 〉 しみ』
「しみ + る(동사·접미어)」
「しみる」: 스며들다, 배다

* しみじみ(染染, 沁沁) : 마음속에 깊이 느끼는 모양

718. じめじめ : 습기가 많은 모양, 축축이, 질펀질펀

어원은 「질다」(어간은 질)
「질다」는 '물기가 많다'의 뜻.
『질 〉 지메 〉 じめ』
「じめじめ」: 습기가 많은 모양, 축축이, 질펀질펀

☛ 우리말 종성 「ㄹ」이 일본어로 바뀔 때, 자음이 「ㄱ, ㅁ, ㅅ, ㅈ, ㅊ, ㄷ」으로 바뀌며 모음(ㅣ, ㅡ, ㅏ, ㅔ 등)이 붙는다.

719. しょっちゅう(初中) : 늘, 언제나, 부단히

풀어 쓰면,
「しょ(初, 처음)+ちゅう(中, 가운데)」
「しょちゅう → しょっちゅう」.(촉음은 강조의 뜻)
처음의 자세가 늘 가운데 있는.

「しょっちゅう」: 늘, 언제나, 부단히

---

720. 戯れる(じゃれる) : 재롱부리다, 장난하다 [희롱할 희(戱)]

어원은 「재롱」
『재롱 〉 재로 〉 자로 〉 자래 〉 じゃれ』
「じゃれ + る(동사·접미어)」
「じゃれる」: 재롱부리다, 장난하다

---

721. 白ける(しらける) : 바래서 허예지다, 퇴색하다 [흰 백(白)]

문어형은 「しらく」(白く)
「しら-(白. 흰, 본바탕의) + く(동사·접미어)」
「しらく → しらける」.(하1단화, 구어형)
희게 되다.
「しらける」: 바래서 허예지다, 퇴색하다

---

722. 白げる, 精げる(しらげる) : 쓿다, 정미하다 [흰 백(白)]

문어형은 「しらぐ」(白ぐ)
어원은 「쓿다」(어간은 쓿, 발음은 '쓸타')
「쓿다」는 '거친 쌀, 조 등 곡식을 찧어 속꺼풀을 벗기고 깨끗하게 하다'.
『쓿 〉 쓸 〉 쓰라 〉 씨라 〉 しら』
「しら + ぐ(동사·접미어)」
「しらぐ → しらげる」.(하1단화, 구어형)
「しらげる」: 쓿다, 정미하다

723. 退く(しりぞく) : 물러나다, 후퇴하다 [물러날 퇴(退)]

「しり(尻. 엉덩이, 뒤, 뒤쪽) + そく(退く, 물러나다)」
「しりそく → しりぞく」
「しりぞく」: 물러나다, 후퇴하다

* 退ける(しりぞける) : 물리치다, 격퇴하다

<연상> 쏙(쏘구) 뒤로 빠지다(→물러나다) → そく(退く, 물러나다)

724. 記す(しるす) : 적다, 쓰다 [기록할 기(記)]

어원은 「씨다」의 활용 「씰」.'쓰다'의 경남·전라 방언.
『씰 〉 씨루 〉 しる』
「しる + す(동사·접미어)」
「しるす」: 쓰다, 적다

725. 焦れる(じれる) : 초조해하다, 안달이 나다 [탈 초(焦)]

어원은 「졸이다」(어간은 졸이)
「졸이다」는 '속을 태우다시피 초조해하다'.
『졸이 〉 조리 〉 졸 〉 질 〉 지래 〉 じれ』
「じれ + る(동사·접미어)」
「じれる」: 초조해하다, 안달이 나다

726. じわじわ : 천천히 조금씩 확실하게 사물이 진행되는 모양

어원은 「천천히」

『천천 〉친친 〉칭칭 〉징징 〉지와지와 〉じわじわ』.(ん음가 : ㄴ,ㅁ,ㅇ)
「じわじわ」: 천천히 조금씩 확실하게 사물이 진행되는 모양

727. しんどい : 힘이 들다, 지치다

어원은 「심들다」(어간은 심들). '힘들다'의 방언
『심들 〉심드 〉신드 〉신도 〉しんど』.(ん음가 : ㄴ,ㅁ,ㅇ)
「しんど + い(형용사·접미어)」
「しんどい」: 힘이 들다, 지치다

728. 据える(すえる) : 붙박다, 설치하다 [근거 거(据)]

어원은 「세우다」(어간은 세우)
「세우다」는 '어떤 물체를 땅 위에 수직의 상태로 있게 하다'.
『세우 〉수우 〉수에 〉すえ』
「すえ + る(동사·접미어)」
「すえる」: 붙박다, 설치하다

729. 饐える(すえる) : (음식물이 상해) 쉬다, 시큼해지다 [쉴 의(饐)]

어원은 「쉬다」(어간은 쉬)
『쉬 〉수이 〉수에 〉すえ』
「すえ + る(동사·접미어)」
「すえる」: (음식물이 상해) 쉬다, 시큼해지다

730. 透かす(すかす) : 틈새를 만들다, 성기게 하다 [통할 투(透)]

어원은 「성기다」(어간은 성기). '물건의 사이가 뜨다'

『성기 〉 서기 〉 스기 〉 스가 〉 すか』
「すか + す(동사·접미어)」
「すかす」: 성기게 하다, 틈새를 만들다

* すく(透く) : 틈이 나다, 성기다, 들여다보이다
* すかすか : 틈이 많은 모양, 구멍이 숭숭난 모양

---

731. 清清しい(すがすがしい) : 상쾌하다, 시원하다 [맑을 청(清)]

어원은 「상큼하다」(어근은 상큼). '보기에 시원스럽고 좋다'의 뜻.
『상큼 〉 상크 〉 사크 〉 수크 〉 수카 〉 수가 〉 すが』
「すが + すが + しい(...하다, ...스럽다)」
「すがすがしい」: 상쾌하다, 시원하다

---

732. 縋る(すがる) : 매달리다, 의지하다, 기대다 [매달 추(縋)]

어원은 「술」
「술」은 '기(旗), 띠, 책상보, 옷 등에 장식으로 다는 여러 가닥의 실'.
『술 〉 수가 〉 すが』
「すが + る(동사·접미어)」
'술'이 본체에 매달려 있는 모습에서.
「すがる」: 매달리다, 의지하다, 기대다

☛ 우리말 종성 「ㄹ」이 일본어로 바뀐 때, 자음이 「ㄱ, ㅁ, ㅅ, ㅈ, ㅊ, ㄷ」으로 바뀌며 모음(ㅣ, ㅡ, ㅏ 등)이 붙는다.

---

733. 掬う(すくう) : 떠내다, 건져 올리다 [움킬 국(掬)]

어원은 「쑥」('길게 뽑아내는 모양')

『쑥 〉 쑤구 〉 すく』
「すく + う(동사·접미어)」
쑥 뽑아 건져 올리다.
「すくう」 : 떠내다, 건져 올리다

---

734. 健やか(すこやか) : 튼튼함, 건강함 [튼튼할 건(健)]

본래 말은 「すくやか」
「すくすく(쑥쑥 자라는 모양) + やか(그러한 느낌을 주는 모양)」
「すくやか → すこやか」
아기가 쑥쑥 자라서 「튼튼하다」.
「すこやか」 : 튼튼함, 건강함

- すくすく : 쑥쑥, 무럭무럭
  어원은 「쑥쑥」
  『쑥쑥 〉 쑤꾸쑤꾸 〉 すくすく』

---

735. 荒ぶ(すさぶ) : =すさむ. 삭막하다 [거칠 황(荒)]

어원은 「스산하다」(어간은 스산).
「스산하다」는 '몹시 어수선하고 쓸쓸하다, 날씨가 흐리고 으스스하다'.
『스산 〉 스사 〉 すさ』
「すさ + ぶ(동사·접미어)」
「すさぶ」 : 삭막하다(쓸쓸하고 막막하다)

---

736. 凄まじい(すさまじい) : 무섭다, 무시무시하다, 굉장하다 [쓸쓸할 처(凄)]

어원은 「서슬 퍼렇다」의 「서슬」

「서슬」은 '쇠붙이로 만든 연장이나 유리 조각의 날카로운 부분'
『서슬 〉 스슬 〉 스살 〉 스사마 〉 すさま』.(살 → 사마)
「すさま + しい(...하다, ...스럽다)」 → すさましい → すさまじい
서슬이 시퍼렇게 기세가 등등하다(→무시무시하다)
「すさまじい」: 무섭다, 무시무시하다, 굉장하다

☛ 우리말 종성 「ㄹ」이 일본어로 바뀔 때, 자음이 「ㄱ, ㅁ, ㅅ, ㅈ, ㅊ, ㄷ」으로 바뀌며 모음(ㅣ, ㅡ, ㅏ 등)이 붙는다.

737. 濯ぐ(すすぐ) : 씻다, 헹구다 [씻을 탁(濯)]

어원은 「씻다」(어간은 씻)
『씻 〉 씨 〉 쓰 〉 스스 〉 すす』
「すす + ぐ(동사·접미어)」
「すすぐ」: 씻다, 헹구다

738. 裾(すそ) : 옷자락, 산기슭 [자락 거(裾)]

어원은 「옷자락」의 「자락」
『자락 〉 자라 〉 잘 〉 줄 〉 주소 〉 ずそ 〉 すそ』.(탁음 ず → 청음 す)
「すそ」: 옷자락, 산기슭

☛ 우리말 종성 'ㄹ'이 일본어로 바뀔 때, 자음이 「ㄱ, ㅁ, ㅅ, ㅈ, ㅊ, ㄷ」으로 바뀌며 모음(ㅣ, ㅡ, ㅏ, ㅗ 등)이 붙는다.

739. 簾(すだれ) : 발 [발 렴(簾)]

어원은 「설대」의 「설」. 「설대」는 '가느다란 대(竹)'.
『설 〉 서 〉 스 〉 す』

「す + たれ(垂れ. 늘어뜨림, 드리운 물건)」
「すたれ → すだれ」
가느다란 대를 묶어 늘어뜨리는 물건이 「발」이다.
「すだれ」: 발

740. 廃れる(すたれる) : 쓰이지 않게 되다, 소용없게 되다, 스러지다 [폐할 폐(廃)]

문어형은 「すたる」
어원은 「스러지다」(어근은 스러)
「스러지다」는 '형체나 현상 따위가 차차 희미해지면서 없어지다'.
『스러 〉 슬 〉 스다 〉 すた』
「すた + る(동사·접미어)」 → すたる → すたれる(하단화, 구어형)
「すたれる」: 스러지다, 쓰이지 않게 되다, 소용없게 되다

☛ 우리말 종성 「ㄹ」이 일본어로 바뀔 때, 자음이 「ㄱ, ㅁ, ㅅ, ㅈ, ㅊ, ㄷ」으로 바뀌며 모음(ㅣ, ㅡ, ㅏ 등)이 붙는다.

741. 漁る(すなどる) : 물고기나 조개를 잡다 [고기 잡을 어(漁)]

풀어 쓰면,
「すな(沙, 모래) + とる(取る, 잡다)」
강의 모래에서 물고기나 조개를 잡다.
「すなとる 〉 すなどる」
「すなどる」: 물고기나 조개를 잡다

742. 脛(すね) : 정강이(무릎 아래에서 앞뼈가 있는 부분) [정강이 경(脛)]

어원은 「서구니」(규범 표기는 '정강이')
『서구니 〉 석니 〉 서니 〉 스니 〉 스내 〉 すね』
「すね」: 정강이

743. 術(すべ) : 방법, 수단 [재주 술(術)]

어원은 「솜씨」('일을 처리하는 수단이나 수완')
『솜씨 〉 소씨 〉 소시 〉 솟 〉 솝 〉 숩 〉 수배 〉 すべ』
「すべ」: 수단, 방법

- 「솟,솝」을 일본어로 표기하면 촉음 「そっ」으로, 「솟,솝」은 일본어에서 같은 발음임.

744. 速やか(すみやか) : 빠름, 신속함 [빠를 속(速)]

풀어 쓰면,
「すすみ(進み, 나아가다) + やか(그러한 느낌을 주는 모양)」
「すすみ·やか 〉 すみやか」
나아가는 모습이 「신속한 모양」을 말한다.
「すみやか」: 빠름, 신속함

* 速やかに(すみやかに) : 신속히

- 進む(すすむ) : 나아가다. <1권 264번 참조>

745. すみれ(菫) : 제비꽃 [제비꽃 근(菫)]

어원은 「씨름꽃」(제비꽃의 다른 이름)

『씨름 〉쓰름 〉스름 〉스미 〉すみ』.(ㄹ 탈락)

「すみ + れ(접미어)」

「すみれ」: 제비꽃

☛ くも(雲, 구름), すもう(相撲, 씨름)의 발음 변화와 유사하다.
  「구름 〉구모 〉くも」.(ㄹ 탈락)
  「씨름 〉쓰름 〉쓰모 〉すもう」.(ㄹ 탈락)

쉬어 가는 곳(17)

지명(地名) 이야기 「あびこ」(我孫子)

지바(千葉) 현(県) 북서부에 있는 「아비꼬(我孫子)」라는 시가 있다. 아비꼬(我孫子)라는 지명은 매우 난해한 지명으로 알려져 있다. 그래서 예전에 일본국철 채용시험에 자주 출제가 되었다고도 한다.

이 지역에 살지 않는 일본인에게 「我孫子」를 읽어 보게 한 TV프로그램이 있었는데, 「아손시, 가손시」라고 읽었다고 한다. 그러면 이러한 이유는 무엇일까. 지명의 유래가 우리말에 있기 때문이다. 그러면, 아비꼬(我孫子)의 유래는 무엇일까. 「아비꼬」에서 「아비」는 결혼하여 자식을 둔 아들을 이르는 말 또는 시부모가 며느리에게 남편인 아들을 이르는 말이다. 그리고 꼬(子)는 자식을 말한다.

일본의 지명 유래사전에서는 「我」는 접두어, 「孫子」는 국가적인 성씨의 임의적인 표기라고 풀이하고 있다. 지명에 접두사가 들어가는 이유도 그렇고, 손자와 국가적인 성씨에 무슨 관계가 있는지 설명이 없다.

아비꼬 시사편찬위원회의 관계자에 따르면, 관동지역은 도래인 또는 귀화인이라고 부르는 사람들이 한반도에서 많이 건너와 살았던 곳이다. 아비꼬 고분군이 있어 거기에서 많은 유물이 출토되었는데, 그중 특히 기와들을 보면 여러 무늬들이 새겨져 있는데 그것들은 대부분 한반도로부터 건너온 것이다. 백제식 기와문양을 사용한 그들은 우리말을 쓴 왕족이었다. 「아비꼬(我孫子)」라는 지명은 「아비의 자식」 즉 「손자」를 가리키는 말에서 유래된 것이다.

746. せがむ : 조르다, 졸라대다

어원은 「조르다」(어간은 조르)
『조르 〉 졸 〉 젤 〉 제가 〉 <u>ぜが</u> 〉 せが』.(탁음 ぜ → 청음 せ)
「せが + む(동사·접미어)」
「せがむ」: 조르다, 졸라대다

☛ 우리말 종성 「ㄹ」이 일본어로 바뀔 때, 자음이 「ㄱ, ㅁ, ㅅ, ㅈ, ㅊ, ㄷ」으로 바뀌며 모음(ㅣ, ㅡ, ㅏ 등)이 붙는다.

747. 堰(せき) : =いせき. 보(洑), 봇둑 [둑 언(堰)]

「い」는 '오이'의 방언으로 '물이'라고도 함. '물'이 많은 열매라 「이」라고 함.
어원은 '물'을 의미하는 「이」
『이(い) + ふせぎ(防ぎ, 막다)』→ いふせぎ
「い·ふせぎ → いせぎ → いせき」
「いせき」에서 앞말이 생략되어 「せき」가 됨
물을 막은 것이 '보'다.
「せき」: =いせき. 보, 봇둑

* せきとめる(せき止める, 堰き止める) : (흐르는 물 등을) 막다

748. 切ない(せつない) : 애달프다, 애절하다 [끊을 절(切)]

어원은 「섧다」(어간은 섧)
「섧다」는 '원통하고 슬프다'.
『섥 〉 설 〉 셀 〉 세츠 〉 せつ』
「せつ + ない(정도가 심하다는 뜻)」: 애달프다, 애절하다
「せつない」: 애달프다, 애절하다

☞ 우리말 종성 「ㄹ」이 일본어로 바뀔 때, 자음이 「ㄱ, ㅁ, ㅅ, ㅈ, ㅊ, ㄷ」으로 바뀌며 모음(ㅣ, ㅡ, ㅏ 등)이 붙는다.

---

749. 蟬(せみ) : 매미 [매미 선(蟬)]

어원은 매미의 우는 소리 「샘」

『샘 〉새미 〉せみ』

「せみ」: 매미

☞ 우리나라 매미는 「맴맴」하고 울지만, 일본의 매미는 「샘~」하고 운다.

---

750. 競る(せる) : 다투다, 경쟁하다 [겨룰 경(競)]

어원은 「쌔리다」(어간은 쌔리)

「쌔리다」는 '때리다'의 방언(경상, 전라)

『쌔리 〉쌔루 〉せる』

서로 때리며 다투다.

「せる」: 다투다, 경쟁하다

  * 競り売り(せりうり) : 경매

---

751. 忙しい(せわしい) : 바쁘다, 틈이 없다 [바쁠 망(忙)]

어원은 「서둘다」(어간은 서둘)

「서둘다」는 '일을 빨리 해치우려고 급하게 바삐 움직이다'.

『서둘 〉서두 〉섣 〉셷 〉셸 〉세하 〉세와 〉せわ』

「せわ + しい(...하다, ...스럽다)」

「せわしい」: 바쁘다, 틈이 없다

* せわしない(忙しない) : 「せわしい」의 힘줌말, 「ない」는 '정도가 심하다'는 뜻.

---

752. 沿う(そう) : 따르다, 따라가다 [따를 연(沿)]

어원은 「쫓다」(어간은 쫓)
「쫓다」는 '어떤 대상을 잡거나 만나기 위하여 뒤를 급히 따르다'.
『쫓 〉 쪼 〉 조 〉 ぞ 〉 そ』.(탁음 ぞ → 청음 そ)
「そ + う(동사・접미어)」
「そう」 : 따르다, 따라가다

☛ 「좇다」 : 목표, 이상, 행복 따위를 추구하다

---

753. 添える(そえる) : 첨부하다, 붙이다 [더할 첨(添)]

어원은 「소」
「소」는 '다른 것에 붙여 쓰는 중심 재료'의 뜻.(활을 만드는 재료로서의 대나무)
『소 〉 소오 〉 소에 〉 そえ』
「そえ + る(동사・접미어)」
「소」를 붙이다.
「そえる」 : 붙이다, 첨부하다

---

754. 適う(そぐう) : 어울리다, 걸맞다 [맞을 적(適)]

「쏙」은 여러 가지 뜻이 있다.
여기서는 "옷차림이나 몸매가 아주 매끈한 모양"
『쏙 〉 쏘구 〉 そぐ』
「そぐ + う(동사・접미어)」
「쏙」 빼입은 옷차림이 몸에 잘 어울리다.
「そぐう」 : 어울리다, 걸맞다

☛ 이 말은 보통 不定形으로 쓰임.

「そぐわない」(適わない) : 어울리지 않다, 맞지 않다

755. 提げる(さげる) : (손에) 들다, (어깨나 허리 등에) 늘어뜨리다 [끌 제(提)]

문어형은 「さぐ」(提ぐ)
어원은 「손」
『손 〉 소 〉 사 〉 さ』
「さ + ぐ(동사·접미어)」 → さぐ → さげる.(하단화, 구어형)
「さげる」 : (손에) 들다, (어깨나 허리 등에) 늘어뜨리다

756. 損なう(そこなう) : 손상하다, 파손하다 [덜 손(損)]

풀어 쓰면,
「そん(損, 손상) + おこなう(行なう. 하다, 행하다)」
「そん·おこなう → そおこなう → そこなう」
「そこなう」 : 손상하다, 파손하다

* そんがい(損害) : 손해

757. 謗る(そしる) : 비난하다, 비방하다 [헐뜯을 방(謗)]

어원은 「씹다」(어간은 씹)
「씹다」는 '다른 사람의 행동·말을 의도적으로 꼬집거나 공개적으로 비난하다'
『씹 〉 십 〉 솝 〉 솟 〉 소시 〉 そし』
「そし + る(동사·접미어)」
「そしる」 : 비난하다, 비방하다

☛ 「솝,솟」을 일본어로 표기하면 촉음 「そっ」으로, 「솝,솟」은 일본어에서 같은 발음임.

758. 雪ぐ(そそぐ) : =すすぐ. 씻다, 설욕하다, 헹구다 [눈 설(雪)]

어원은 「씻다」(어간은 씻)
『씻 〉 씨 〉 시시 〉 소소 〉 そそ』
「そそ + ぐ(동사·접미어)」
「そそぐ」 : 씻다, 설욕하다, 헹구다

* すすぐ(濯ぐ) : 씻다, 헹구다

759. 唆す(そそのかす) : 꼬드기다, 부추기다 [부추길 사(唆)]

어원은 「살살」(남을 살그머니 달래거나 꾀는 모양)
『살살 〉 사사 〉 소소 〉 そそ』
「そそ + の(=のる. 宣る, 말하다) + かす(동사화)」 → そそのかす
살살 꾀며 말하다.
「そそのかす」 : 꼬드기다, 부추기다

760. そそる : 돋우다, 자아내다

「자아내다」에서, 어원은 「자아」의 기본형 「잣다」(어간은 잣)
『잣 〉 좟 〉 조소 〉 ぞそ 〉 そそ』.(탁음 ぞ → 청음 そ)
「そそ+る(동사·접미어)」
「そそる」 : 자아내다, 돋우다

* 잣다 : 물레 따위로 섬유에서 실을 뽑다. 양수기나 펌프로 낮은 데 있는 물을 빨아올리다.

761. ぞっと : 춥거나 무서워서 소름이 끼치는 모양, 오싹, 섬뜩

어원은 「섬뜩」
『섬뜩 〉 서뜨 〉 소또 〉 조또 〉 ぞっと』
「ぞっと」 : 춥거나 무서워서 소름이 끼치는 모양, 오싹, 섬뜩

* ぞっとする : 소름이 끼치다

762. 妬む(そねむ) : 시기하다, 질투하다 [미워할 질(妬)]

어원은 「샘하다」(어근은 샘)
「샘하다」는 '자기보다 나은 사람을 미워하다(시기하다)'.
『샘 〉 솜 〉 손 〉 소네 〉 そね』.(ん의 음가는 ㄴ, ㅁ, ㅇ)
「そね + む(동사·접미어)」
「そねむ」 : 시기하다, 질투하다

763. 園(その) : 동산, 정원, 뜰 [동산 원(園)]

어원을 풀어 쓰면,
「せ(背. 등, 뒤) + の(野, 들)」
「せの → その」
뒤에 있는 들(後園)이 정원이다.
「その」 : 동산, 전원, 뜰

764. 峙つ, 聳つ(そばだつ) : 높이(우뚝) 솟다 [언덕 치(峙)]

어원은 「솟다」(어간은 솟)
『솟 〉 솝 〉 소바 〉 そば』

342

「そば + たつ(立つ, 서다)」→ そばたつ → そばだつ
「そばだつ」: 높이(우뚝) 솟다

☞ 「솟,솝」을 일본어로 표기하면 촉음 「そっ」으로, 「솟,솝」은 일본어에서 같은 발음임.

---

765. 聳える(そびえる) : 솟다, 우뚝 솟다 [솟을 용(聳)]

어원은 「솟다」(어간은 솟)
『솟 〉 솝 〉 소비 〉 そび』
「そび + える(동사를 만듦)」
「そびえる」: 솟다, 우뚝 솟다

☞ 「솟,솝」을 일본어로 표기하면 촉음 「そっ」으로, 「솟,솝」은 일본어에서 같은 발음임.

---

766. 濡つ(そぼつ) : 촉촉히 젖다, 촉촉히 내리다 [적실 유(濡)]

어원은 「젖다」(어간은 젖). '물이 배어 축축하게 되다'.
『젖 〉 좆 〉 좁 〉 조보 〉 ぞぼ 〉 そぼ』.(탁음 ぞ → 청음 そ)
「そぼ + つ(동사·접미어)」
「そぼつ」: 촉촉히 젖다, 촉촉히 내리다

☞ 「좆,좁」을 일본어로 표기하면 촉음 「ぞっ」으로, 「좆,좁」은 일본어에서 같은 발음임.

767. 背く(そむく) : 등지다, 등을 돌리다 [등 배(背)]

풀어 쓰면,
「せ(背, 등) + むく(向く, 향하다)」
「せむく → そむく」
등을 향하다(→등지다).
「そむく」: 등지다, 등을 돌리다

768. 染める(そめる) : 물들이다, 염색하다 [물들일 염(染)]

「(염료를) 스미게 하다」에서, 어원은 「스미다」(어간은 스미)
『스미 〉 소미 〉 소매 〉 そめ』
「そめ + る(동사·접미어)」
「そめる」: 물들이다, 염색하다

769. -そめる(初める) : …하기 시작하다, 처음으로 …하다 [처음 초(初)]

어원은 「처음」
『처음 〉 첨 〉 촘 〉 초메 〉 ちょめ 〉 そめ』
(요음 ちょ가 가까운 직음 そ로 바뀜)
「そめ + る(동사·접미어)」
「 そめる」: 처음으로 …하다, …하기 시작하다,

770. そよかぜ(そよ風, 微風) : 산들바람, 미풍

풀어 쓰면,
「そよそよ(산들산들, 살랑살랑) + かぜ(風, 바람)」

「そよかぜ」: 산들바람, 미풍

☛ そよそよ : 산들산들, 살랑살랑
어원은「살랑살랑」
『살랑 〉솔롱 〉소롱 〉소오 〉소요 〉そよ』.(ㄹ 탈락)
「そよそよ」: 살랑살랑, 산들산들

---

771. 逸らす(そらす) : 딴 데로 돌리다, 빗나가게 하다 [달아날 일(逸)]

어원은「설맞히다」의「설」
「설맞히다」는 '총알이나 화살을 급소에 바로 맞히지 않고 빗맞히다'.
『설 〉솔 〉소라 〉そら』
「そら + す(동사·접미어)」
「そらす」: 딴 데로 돌리다, 빗나가게 하다

* それる(逸れる) : 빗나가다

---

772. そり(橇) : 썰매 [썰매 교(橇)]

어원은「썰매」의「썰」
『썰 〉써리 〉쏘리 〉そり』
「そり」: 썰매

☛「썰매」는 雪馬가 변해서 된 말이라고 보는 견해가 있음.

---

773. 反る(そる) : 휘다, 뒤로 젖혀지다 [돌이킬 반(反)]

풀어 쓰면,
「せ(背, 등) + おる(折る. 접다, 굽히다)」
「せおる → そる」.(세+오→소)

「そる」: 뒤로 젖혀지다, 휘다.

774. そわそわしい : 안절부절못하다, 뒤숭숭하다

어원은 「뒤숭숭하다」(어근은 뒤숭숭)
「뒤숭숭하다」는 '느낌이나 마음이 어수선하고 불안하다'.
『(뒤)숭숭 〉 송송 〉 소와소와 〉 そわそわ』
「そわそわ + しい(...하다, ...스럽다)」
「そわそわしい」: 뒤숭숭하다, 안절부절못하다

  * そわつく : 마음이 들뜨다, 안절부절 못하다

775. 平らげる(たいらげる) : 평정하다, (속어)모조리 먹어 치우다
   [평평할 평(平)]

문어형은 「たいらぐ」
「たいら(平ら, 평평함) + ぐ(동사·접미어)」 → たいらぐ
「たいらぐ → たいらげる」.(하1단화, 구어형)
「たいらげる」: 평정하다, (속어)모조리 먹어 치우다

  ☛ たいら(平ら) : 평평함. <304번 참조>

776. 絶える(たえる) : 끊어지다, 끝나다, 떨어지다, 없어지다 [끊을 절(絶)]

어원은 「다하다」(어간은 다). '어떤 현상이 끝나다'의 뜻.
『다: 〉 다아 〉 다에 〉 たえ』
「たえ + る(동사·접미어)」
「たえる」: 끝나다, 끊어지다, 떨어지다, 없어지다

777. 耐える(たえる) : 견디다, 참다 [견딜 내(耐)]

어원은 「참다」(어간은 참)
『참 〉창 〉차에 〉ちゃえ 〉たえ』.(요음 ちゃ → 직음 た)
「たえ + る(동사·접미어)」
「たえる」: 참다, 견디다

☛ 직음(直音, ちょくおん) : 요음(拗音,きゃ), 촉음(促音,きっ), 발음(撥音,ん) 이외의 가나(仮名) 한 자로 표시되는 음.

778. たおやか : 숙부드러운 모양, 단아하고 얌전한 모양

어원은 「참하다」(어근은 참)
「참하다」는 '말쑥하고 곱다, 성질이 찬찬하고 얌전하다'.
『참 〉창 〉차오 〉ちゃお 〉たお』.(요음 ちゃ → 직음 た)
「たお + やか(그러한 느낌을 주는 모양)」
「たおやか」: 숙부드러운 모양, 단아하고 얌전한 모양

* ん 음가는 ㄴ, ㅁ, ㅇ

779. 違う(たがう) : 틀리다, 어긋나다 [어긋날 위(違)]

어원은 「틀리다」(어간은 틀리)
『틀리 〉트리 〉틀 〉트가 〉타가 〉たが』
「たが + う(동사·접미어)」
「たがう」: 틀리다, 어긋나다

☛ 우리말 종성 「ㄹ」이 일본어로 바뀔 때, 자음이 「ㄱ, ㅁ, ㅅ, ㅈ, ㅊ, ㄷ」으로 바뀌며 모음(ㅣ, ㅡ, ㅏ 등)이 붙는다.

780. 類い(たぐい) : 같은 부류, 유례 [무리 류(類)]

어원은 「떼거리」(목적이나 행동을 같이하는 무리)
『떼거리 〉 따거리 〉 따구리 〉 따구이 〉 たぐい』.(ㄹ 탈락)
「たぐい」 : 같은 부류, 유례

781. 逞しい(たくましい) : 몸이 억세 보이다, 강하다, 씩씩하다 [쾌할 령(逞)]

어원은 「담금질」의 「담금」
「담금질」은 '부단하게 훈련을 시킴을 비유적으로 이르는 말'.
『담금 〉 다금 〉 다그마 〉 다구마 〉 たくま』
「たくま + しい(...하다, ...스럽다)」
몸을 담금질해서 억세 보이다.
「たくましい」 : 몸이 억세 보이다, 강하다, 씩씩하다

782. 巧む(たくむ) : 꾸미다, 고안하다, 꾀하다 [공교할 교(巧)]

풀어 쓰면,
た(手, 손) + くむ(組む, 짜다)」
손으로 잘 짜다(→꾸미다, 고안하다)
「たくむ」 : 꾸미다, 고안하다, 꾀하다

   * たくみ(巧み) : 교묘함, 기교, 솜씨가 좋음

783. たこ(蛸) : 문어 [갈거미 소(蛸)]

「문어」는 다리가 8개 있는 연체동물인 것에서

어원은 「달구지」의 「달구」.('달구지'는 '다리'의 경북 방언)

『달구 〉 다구 〉 다고 〉 たこ』

「たこ」: 문어

784. 凧(たこ) : 연(鳶) [연 궤(凧)]

「연」 꼬리가 '문어'(たこ, 蛸)를 닮은 것에서

어원은 「문어」(たこ)

「たこ」: 연

785. 嗜む(たしなむ) : 즐기다, 취미를 붙이다 [즐길 기(嗜)]

어원은 「즐기다」(어간은 즐기)

『즐기 〉 즈기 〉 즉 〉 작 〉 잣 〉 자시 〉 ぢゃし 〉 ちゃし 〉 たし』

① 탁음 ぢゃ → 청음 ちゃ

② 요음 ちゃ → 직음 た

「たし + なむ(=なう, 동작을 나타냄)」

「たしなむ」: 즐기다, 취미를 붙이다.

☞ 「작,잣」을 일본어로 표기하면 촉음 「ざっ」으로, 「작,잣」은 일본어에서 같은 발음임.

786. 携わる(たずさわる) : 관계하다, 종사하다 [이끌 휴(携)]

풀어 쓰면,

「た(手, 손) + ず(첨가어) + さわる(触る. 닿다, 손을 대다)」

(어떤 일에) 손을 대다(→종사하다)

「たずさわる」: 관계하다, 종사하다

* 携える(たずさえる) : 휴대하다, 손에 들다

787. だだ(駄駄) : 떼, 응석

어원은 「떼」
『떼 > 따 > 다다 > だだ』
「だだ」: 떼, 응석

---

788. 称える(たたえる) : 칭찬하다, 찬양하다 [일컬을 칭(称)]

어원은 「추다」의 활용 「출」
「추다」의 뜻 가운데, '어떤 사람을 정도 이상으로 크게 칭찬하여 말하다'.
『출 > 찰 > 차다 > ちゃた > たた』.(요음 ちゃ → 직음 た)
「たた + える(동사를 만듦)」→ たたえる
「たたえる」: 칭찬하다, 찬양하다

☛ 우리말 종성 「ㄹ」이 일본어로 바뀔 때, 자음이 「ㄱ, ㅁ, ㅅ, ㅈ, ㅊ, ㄷ」으로 바뀌며 모음(ㅣ, ㅡ, ㅏ 등)이 붙는다.

<연상> 「따따따(たたた), 따따따」 나팔을 부는 듯이 「찬양하다」→ たたえる

---

789. 湛える(たたえる) : ①가득 채우다 ②(얼굴에) 띠다 [괼 담(湛)]

(1) 어원은 「찰랑찰랑」
   『찰랑 > 차라 > 찰 > 차다 > ちゃた > たた』(요음 ちゃ → 직음 た)
   (물을) 찰랑찰랑 가득 채우다.
   「たた + える(동사를 만듦)」
   「たたえる」: 가득 채우다

(2) 어원은 「띠다」(어간은 띠)
   『띠 > 따 > 다다 > たた』

「たた + える(동사를 만듦)」
「たたえる」: (얼굴에) 띠다

- 우리말 종성 「ㄹ」이 일본어로 바뀔 때, 자음이 「ㄱ, ㅁ, ㅅ, ㅈ, ㅊ, ㄷ」으로 바뀌며 모음(ㅣ, ㅡ, ㅏ 등)이 붙는다.

---

790. 佇む(たたずむ) : 잠시 멈추어 서다, 서성거리다, 배회하다 [우두커니 설 저(佇)]

풀어 쓰면,
「たち(=立ち, 立つ의 ます형) + やすむ(休む, 쉬다)」
「たち·やすむ 〉 たたすむ 〉 たたずむ」
잠시 서서 쉬다(→쉬며 서성거리다).
「たたずむ」: 잠시 멈추어 서다, 서성거리다, 배회하다

---

791. 漂う(ただよう) : 떠돌다, 표류하다 [떠돌 표(漂)]

어원은 「떠돌다」(어간은 떠돌)
(1) 떠 : 『떠 〉 따 〉 た』
(2) 돌 : 『돌 〉 도올 〉 도오 〉 다오 〉 다요 〉 だよ』
「た·だよ + う(동사·접미어)」
「ただよう」: 떠돌다, 표류하다

어원산책

敵う(かなう) : 필적하다, 대적하다

어원은 「대적하다」의 유의어, 「겨루다」(어간은 겨루)
『겨루 〉 결 〉 갈 〉 가알 〉 가아 〉 강 〉 간 〉 가나 〉 かな』.(ん음가는 ㄴ,ㅁ,ㅇ)
「かな + う(동사·접미어)」
「かなう」: 필적하다, 대적하다

<연상> 일본의 음절문자 가나(**かな**, 仮名)는 한글에 「필적하지」 못한다.

쉬어 가는 곳(18)

빈대떡 이야기

「빈대떡」 어원에 대해서는 여러 설이 있지만 그중 하나만 언급하면, 예전에 빈대가 많아 빈대골로 불렸던 지금의 서울 정동이라는 지명에서 유래되었다는 것이다. 지금의 AI 세계화 시대에 이런 고리타분한 이야기는 이제 멀리할 때도 되었다. 옛날부터 우리 조상들은 시골 노인도 영어를 하며 살았다?(대표적인 말이 '형'의 뜻인 씨이~, senior).

「빈대떡」의 사전 정의는 '녹두(綠豆)를 물에 불려 껍질을 벗긴 후 맷돌에 갈아 나물·쇠고기(돼지고기) 등을 넣고 프라이팬에 부쳐 만든 것이다'. 간단하게 말하면 「빈대떡」은 녹두를 갈아서 만든 떡이다. 녹두(綠豆)는 콩과(콩科)에 속하는 콩의 일종이다. 따라서, 빈대떡은 콩떡인 것이다.

「'빈대'의 원형은 '비대'로 어근은 '빋'이다. '비지'는 콩(大豆)으로 두부를 만들고 남은 찌꺼기이다. 따라서 '비지'는 콩의 뜻을 가지고 있는 말이다」.(서정범, 국어어원사전).

그러면 「빈대, 비지」의 어원은 무엇일까. 大豆(콩), 綠豆(녹두), 小豆(팥)의 영어는 다음과 같다.
① bean(콩, 大豆), ② mung beans(녹두, 綠豆), ③ adzuki beans(팥, 小豆)]

여기서 보듯이 「bean」(빈)과 「빈대, 비지」는 같은 뿌리의 말이다. 그리고 '팥'을 영어로 「adzuki beans」이라고 하는데, 일본어 あずき(小豆)를 영어로 표기한 것이다. 이 말은 우리말 「풋」('팥'의 옛말)이 어원이다. 영어와 우리말은 뿌리를 같이 하는 말이 꽤 많은 것 같다.

353

792. 祟り(たたり) : 재앙, 응보, (뒤)탈 [빌미 수(祟)]

동사「たたる」(재앙을 내리다)의 명사형이다.
「たたり」: 재앙, 응보, (뒤)탈

- たたる(祟る) : 재앙을 내리다
  어원은「동티」
  『동티 〉도티 〉다티 〉다타 〉たた』
  「たた + る(동사·접미어)」
  「たたる」: 재앙을 내리다

* 동티 : 땅, 돌, 나무 따위를 잘못 건드려 지신(地神)을 화나게 하여 재앙을 받는 일. 또는 그 재앙.

793. 盾(たて) : 방패 [방패 순(盾)]

「방패」를 '세워서' 화살을 막는 것에서,
어원은「たてる(立てる, 세우다)」
「たてる → たて」
「たて」: 방패

- 예전에, 자신도 활을 쏘기 위해서는 방패를 몸앞에 세우고 전투를 했다. 방패를 손으로 들고 있으면 수비만 할 뿐 공격을 하기 어렵기 때문이다.

794. 辿る(たどる) : 더듬다, 더듬어 찾다 [천천히 걸을 천(辿)]

어원은「더듬다」(어간 더듬)
『더듬 〉더드 〉다도 〉たど』
「たど+る(동사·접미어)」

「たどる」: 더듬다, 더듬어 찾다

* たどたどしい(辿辿しい) : 더듬거리다

---

795. たばしる(迸る·迸る) : 세차게 흩날리다 [흩어져 달아날 병(迸)]

풀어 쓰면,
「た(접두사) + はしる(走る. 달리다, 물 등이 세차게 흐르다)」
「たはしる → たばしる」
눈(雪) 등이 세차게 달리다.
「たばしる」: 세차게 흩날리다

---

796. 堪る(たまる) : 참다, 견디다 [견딜 감(堪)]

어원은 「참다」(어간은 참)
『참 〉차마 〉ちゃま 〉たま』.(요음 ちゃ → 직음 た)
「たま+る(동사·접미어)」
「たまる」: 참다, 견디다

※ 보통은 부정(否定)을 수반하여, 堪りません(참지 못합니다).

☛ 직음(直音, ちょくおん) : 요음(拗音,きゃ), 촉음(促音,きっ), 발음(撥音,ん) 이외의 가나(仮名) 한 자로 표시되는 음.

---

797. 民(たみ) : 백성 [백성 민(民)]

풀어 쓰면,
「た(田, 논) + み(身, 몸)」
논에서 일하는 몸이 백성이다.

「たみ」: 백성

* みたみ(御民) : 천황의 백성

---

798. 矯める(ためる) : 굽은 것을 곧게 하다, 바로 잡다 [바로잡을 교(矯)]

문어형은 「たむ」
어원은 「잡다」(어간은 잡)
「잡다」의 뜻 가운데, '어느 한쪽으로 굽거나 잘못된 것을 바르게 만들다'.
『잡 〉 자 〉 ぢゃ 〉 ちゃ 〉 た』.
 ① 탁음 ぢゃ → 청음 ちゃ
 ② 요음 ちゃ → 직음 た
「た + む(동사·접미어)」→ たむ → ためる.(하단화, 구어형)
「ためる」: 굽은 것을 곧게 하다, 바로 잡다

---

799. 保つ(たもつ) : 유지하다, 지키다, 보전하다 [지킬 보(保)]

어원은 「디니다」(어간은 디니). '지니다'의 옛말.
「지니다」의 뜻 가운데, '본래의 모양을 그대로 간직하다'.
『디니 〉 딘 〉 딤 〉 담 〉 다모 〉 たも』.(ん음가는 ㄴ,ㅁ,ㅇ)
「たも + つ(동사·접미어)」
「たもつ」: 유지하다, 지키다, 보전하다

800. 袂(たもと) : 소맷자락, 옆, 곁 [소매 메(袂)]

풀어 쓰면,
「た(手, 손) +もと(下. 곁, 가까이, 아래)」
손 아래(→소맷 자락)
「たもと」 : 소맷자락, 옆, 곁

- もと(下) : 곁, 가까이, 아래
  어원은 「맡」('가까운 곳'의 뜻. 예-머리맡)
  『맡 〉 마토 〉 모토 〉 もと』
  「もと」 : 곁, 가까이, 아래

801. 弛む(たゆむ) : 방심하다, (마음이) 느즈러지다, 긴장이 풀어지다 [늦출 이(弛)]

어원은 「대움하다」(어근은 대움). '방심하다'의 제주 방언.
『대움 〉 대우 〉 다우 〉 다유 〉 たゆ』
「たゆ + む(동사·접미어)」
「たゆむ」 : 방심하다, (마음이) 느즈러지다, 긴장이 풀어지다

802. 樽(たる) : (술·간장 등을 넣어 두는) 나무통 [술통 준(樽)]

어원은 「따루다」(어간은 따루). '따르다'의 방언.
『따루 〉 たる』
술 등을 따루어서 보관하는 통(→나무통).
「たる」 : (술·간장 등을 넣어 두는) 나무통

803. 怠い, 懈い(だるい) : (피로나 병 등으로) 나른하다, 노곤하다 [게으를 태(怠)]

어원은 「탈」(몸에 생긴 병)
『탈 〉 타루 〉 たる』
「たる + い(형용사·접미어)」 → たるい → だるい
몸에 탈이 생겨 나른하다.
「だるい」: (피로나 병 등으로) 나른하다, 노곤하다

← 본래 말은 청음인 「たるい」로 추정됨. 순수 일본어인 「야마토고토바」(大和言葉)는 어두에 청음(淸音)이 오나,예외적으로 부정적인 의미의 단어는 어두에 탁음(濁音)이 오기도 함.

804. 弛む(たるむ) : 느슨해지다, 풀어지다, (밑으로)늘어지다 [늦출 이(弛)]

「たゆむ」(弛む. 방심하다, 마음이 느즈러지다)가 변화한 말.
「たゆむ → たるむ」
「たるむ」: 느슨해지다, 풀어지다, (밑으로) 늘어지다

← たゆむ(弛む) : 방심하다, 마음이 느즈러지다. <801번 참조>

805. 垂れる(たれる) : ①드리우다, 늘어뜨리다 ②드리워지다, 떨어지다 [드리울 수(垂)]

어원은 「드리다」(어간은 드리). '드리우다'의 옛말
『드리 〉 다리 〉 다래 〉 たれ』
「たれ + る(동사·접미어)」
「たれる」: 드리우다, 늘어뜨리다, 드리워지다, 떨어지다

* たらす(垂らす) : 늘어뜨리다, 드리우다.

---

806. 戯れる(たわむれる) : 놀다, 장난치다, 시시덕거리다 [희롱할 희(戯)]

어원은 「동무하다」의 「동무」
『동무 〉 당무 〉 다아무 〉 다와무 〉 たわむ』
「たわむ + れる(동사를 만듦)」
동무하며 장난치고 놀다.
「たわむれる」 : 놀다, 장난치다, 시시덕거리다

---

807. 因む(ちなむ) : 연관되다, 관련되다, 친하게 교제하다 [인할 인(因)]

어원은 「친하다」의 「친」(친할 親)
『친 〉 치나 〉 ちな』
「ちな+む(동사·접미어)」
'친하다'는 사이가 가깝다는 뜻이고, 서로 연관이 있다는 의미.
「ちなむ」 : 연관되다, 관련되다, 친하게 교제하다

* ちなみに(因みに) : 이와 관련하여, 덧붙여서

---

808. 巷(ちまた) : 길이 갈리는 곳, 번화한 거리, 항간(巷間) [거리 항(巷)]

풀어 쓰면,
「ち(=みち. 道, 길) + また(股. 갈라진 곳, 가랑이)」
길이 갈리는 삼거리는 번화한 거리이다.
「ちまた」 : 길이 갈리는 곳, 번화한 거리, 항간(巷間)

◆ また(股) : 갈라진 곳, 가랑이. <1040번 참조>

809. 塵(ちり) : 먼지, 티끌 [티끌 진(塵)]

어원은 「질그릇」의 「질」
「질그릇」은 '진흙만으로 구워 만든 그릇'을 말함.
『질 〉 지리 〉 ちり』
옛날 먼지는 '흙 먼지'가 대부분이었다.
「ちり」 : 먼지, 티끌

810. 費える(ついえる) : 줄다, 적어지다, 허비되다 [쓸 비(費)]

어원은 「줄다」(어간은 줄)
『줄: 〉 주: 〉 즈: 〉 즈어 〉 즈이 〉 つい』
「つい + える(동사를 만듦)」
「ついえる」 : 줄다, 적어지다, 허비되다

* 費やす(ついやす) : 쓰다, 낭비하다

811. 啄む(ついばむ) : 쪼아 먹다 [쫄 탁(啄)]

어원을 풀어 쓰면,
「つき(突き, 찌르다) + はむ(食む, 먹다)」
「つきはむ → ついはむ → ついばむ」.(イ音便)
부리로 찔러 먹다(쪼아 먹다).
「ついばむ」 : 쪼아 먹다

◆ くちばし(嘴) : =はし. 부리
「くち(口, 입) + はし(嘴, 부리)」 → くちはし → くちばし.

812. 杖柱(つえはしら) : 지팡이와 기둥, 크게 의지가 되는 사람

「つえ(杖, 지팡이) + はしら(柱, 기둥)」
「つえはしら」: 지팡이와 기둥, 크게 의지가 되는 사람

- つえ(杖) : 지팡이. <222번 참조>.

813. 柄(つか) : 손잡이, 칼자루, 붓대 [자루 병(柄)]

어원은 「잡다」(어간은 잡)
『잡 〉 작 〉 자가 〉 즈가 〉 つか』
잡는 부분(→손잡이)
「つか」 : 손잡이, 칼자루, 붓대

* 「잡,작」을 일본어로 표기하면 촉음 「ざっ」으로, 「잡,작」은 일본어에서 같은 발음임.

814. 束(つか) : 약간, 조금(네 손가락으로 쥔 정도의 길이) [묶을 속(束)]

어원은 「쪼께」('조금'의 경남·전라 방언)
『쪼께 〉 쯔께 〉 쯔까 〉 つか』
「つか」 : 약간, 조금

* つかのま(束の間) : 잠깐 동안, 순간

815. 塚(つか) : 총, 흙 무더기, 둔덕 [무덤 총(塚)]

어원은 「두덕」('둔덕'의 방언)

「둔덕」은 '땅의 가운데가 솟아서 불룩하게 언덕이 진 곳'.
『두덕 〉 드덕 〉 드더가 〉 듣가 〉 드가 〉 つか』
「つか」 : 둔덕, 총, 흙 무더기

《일본 어원설》
「つち(土, 흙) + はか(墓, 무덤)」
「つち·はか → つか」
「つか」 : 흙무덤, 총

---

816. 番う(つがう) : 짝이 되다 [차례 번(番)]

어원은 「짝」
『짝 〉 쯕 〉 쯔가 〉 つが』
「つが + う(동사·접미어)」
「つがう」 : 짝이 되다

* 番(つがい) : 한 쌍

---

817. 仕える, 事える(つかえる) : 시중들다, 봉사하다, 섬기다 [섬길 사(仕)]

어원은 「섬기다」(어간은 섬기)
『섬기 〉 서기 〉 스가 〉 쓰가 〉 つか』
「つか+える(동사를 만듦)」
「つかえる」 : 섬기다, 시중들다, 봉사하다

818. 番える(つがえる) : 둘을 서로 맞추다, 화살을 시위에 메기다
   [차례 번(番)]

어원은 「짝」
『짝 〉 짜가 〉 쯔가 〉 つが』
「つが + える(동사를 만듦)」
서로 짝이 되게 하다.
「つがえる」: 둘을 서로 맞추다, 화살을 시위에 메기다

819. 束ねる(つかねる) : 다발로 묶다 [묶을 속(束)]

문어형은 「つかぬ」
어원은 「다발」
『다발 〉 다바 〉 답 〉 닥 〉 다가 〉 드가 〉 つか』
「つか + ぬ(동사·접미어)」 → つかぬ → つかねる」.(하단화, 구어형)
「つかねる」: 다발로 묶다(=たばねる)

* 「답,닥」을 일본어로 표기하면 촉음 「たっ」으로, 「답,닥」은 일본어에서 같은 발음임.

☛ たばねる(束ねる, 묶다)와 같은 語源이다.

820. 浸かる(つかる) : 잠기다 [잠길 침(浸)]

어원은 「잠기다」(어간은 잠기)
『잠기 〉 자기 〉 즈기 〉 즈가 〉 つか』
「つか + る(동사·접미어)」
「つかる」: 잠기다

821. 接ぐ(つぐ) : 이어 붙이다, 접목하다 [이을 접(接)]

어원은 「돌쩌구」의 「쩌구」

『쩌구 〉 つぐ』

돌쩌구로 문짝과 문설주를 이어 붙이다.

「つぐ」 : 이어 붙이다, 접목하다

◂ 돌쩌구('돌쩌귀'의 방언)
   문짝을 문설주에 달아 여닫는 데 쓰는 두 개의 쇠붙이. 북한에서는 門쩌귀라 함.
   「돌」은 일본어 「と」(戸·門, 문)의 어원이다.(돌 〉 도 〉 と)

822. 尽(く)す(つくす) : 다하다, 진력하다 [다할 진(尽)]

어원은 「다하다」(어간은 다하)

『다하 〉 닿 〉 닷 〉 닥 〉 다구 〉 드구 〉 つく』

「つく + す(동사·접미어)」

「つくす」 : 다하다, 진력하다

* つきる(尽きる) : 다하다, 끝나다

◂ 「닷,닥」을 일본어로 표기하면 촉음 「たっ」으로, 「닷,닥」은 일본어에서 같은 발음임.

823. 償う(つぐなう) : 갚다, 보상하다, 속죄하다 [갚을 상(償)]

어원은 「속바치다」의 「속」

「속」은 '예전에, 죄를 씻으려고 벌 대신에 재물 등을 바치던 일(또는 재물)'

『속 〉 소구 〉 스구 〉 쓰구 〉 つぐ』

「つぐ + なう(동작을 나타냄)」
「つぐなう」 : 갚다, 보상하다, 속죄하다

---

824. 繕う(つくろう) : 고치다, 수선하다 [기울 선(繕)]

풀어 쓰면,
「つくり(作り, 만들다) + あう(合う, 서로 …하다)」
「つくりあう → つくろう」
서로 보완하면서 만들다(→고치다)
「つくろう」 : 고치다, 수선하다

---

825. 捏ねる(つくねる) : (손으로) 빚어 둥글게 하다, 빚다 [꾸밀 날(捏)]

문어형은 「つくぬ」
어원은 「둥글다」(어간은 둥글)
『둥글 〉 둥그 〉 두그 〉 두구 〉 드구 〉 つく』
「つく + ぬ(동사·접미어)」 → つくぬ → つくねる.(하단화, 구어형)
「つくねる」 : (손으로)빚어 둥글게 하다, 빚다

---

826. 告げる(つげる) : 고하다, 알리다 [알릴 고(告)]

어원은 「사뢰다」(어간은 사뢰)
「사뢰다」는 '웃어른에게 말씀을 올리다'.
『사뢰 〉 살 〉 슬 〉 스게 〉 쓰게 〉 つげ』
「つげ + る(동사·접미어)」
「つげる」 : 고하다, 알리다

☛ 우리말 종성 「ㄹ」이 일본어로 바뀔 때, 자음이 「ㄱ, ㅁ, ㅅ, ㅈ, ㅊ, ㄷ」으로 바뀌며 모음(ㅣ, ㅡ, ㅏ,ㅔ 등)이 붙는다.

827. つごもり(晦) : (음력으로) 월말, 그믐 [그믐 회(晦)]

어원은 「그믐」
『그믐 〉 그므 〉 고모 〉 ごも』
「つ(=つき. 月, 달) + ごも + り(접미어)」
「つごもり」 : (음력으로) 월말, 그믐

828. 蔦(つた) : 담쟁이덩굴 [담쟁이 조(蔦)]

어원은 「담쟁이」의 「담쟁」
『담쟁 〉 다재 〉 다자 〉 드자 〉 つぢゃ 〉 つちゃ 〉 つた』
 ① 탁음 ぢゃ → 청음 ちゃ
 ② 요음 ちゃ → 직음 た
「つた」 : 담쟁이덩굴

829. 拙い(つたない) : 서투르다 [옹졸할 졸(拙)]

어원은 「서툴다」(어간은 서툴). '서투르다'의 준말.
『서툴 〉 서투 〉 스타 〉 쓰타 〉 つた』
「つた + ない(정도가 심하다는 뜻)」
「つたない」 : 서투르다

830. 培う(つちかう) : 북주다, 배토하다, 기르다 [북 돋울 배(培)]

풀어 쓰면,
「つち(土. 땅, 흙) + かう」 → つちかう
뿌리에 흙을 북주어 기르다.
「つちかう」 : 북주다, 배토하다, 기르다

- つち(土) : 땅, 흙
  어원은 「양달」(陽달)의 「달」
  「양달」은 양지(陽地)로 「달」은 땅(地)을 의미함.
  『달 〉 다치 〉 드치 〉 つち』
  「つち」 : 땅, 흙

831. 筒(つつ) : 통, 총신, 포신 [대통 통(筒)]

어원은 「대통」(대통 筒)
『대통 〉 대토 〉 드토 〉 드トル 〉 드뜨 〉 つつ』
「つつ」 : 통, 총신, 포신

832. 慎む(つつしむ) : 삼가다, 조심하다 [삼갈 신(慎)]

「つつむ」(包む. 싸다, 포장하다)와 같은 어원이다.
「つつむ → つつしむ」
자신의 몸을 잘 싸서 조심하다.
「つつしむ」 : 삼가다, 조심하다

  * つつましい(慎ましい) : 조심성스럽다, 조신하다

833. 堤(つつみ) : 제방, 둑 [둑 제(堤)]

어원은 「둑」
『둑 〉득 〉든 〉드드 〉つつ』
「つつ + み(접미어)」
「つつみ」: 제방, 둑

☛ 「득,든」을 일본어로 표기하면 촉음 「っ」으로, 「득,든」은 일본어에서 같은 발음임.

834. 鼓(つづみ) : 장구, 북, 타악기의 총칭 [북 고(鼓)]

어원은 「두드리다」의 「두드리」
『두드리 〉두들 〉두드 〉드드 〉つつ 〉つづ』
「つづ + み(접미어)」
두드리는 악기(→타악기)
「つづみ」: 장구, 북, 타악기의 총칭

835. 約める(つづめる) : 줄이다, 짧게 하다, 요약하다 [맺을 약(約)]

어원은 「줄이다」(어간은 줄이)
『줄이 〉주리 〉줄 〉즐 〉즈즈 〉つづ』
「つづ + める(동사를 만듦)」
「つづめる」: 줄이다, 짧게 하다, 요약하다

☛ 우리말 종성 「ㄹ」이 일본어로 바뀔 때, 자음이 「ㄱ, ㅁ, ㅅ, ㅈ, ㅊ, ㄷ」으로 바뀌며 모음(ㅣ, ㅡ, ㅏ 등)이 붙는다.

836. 綴る(つづる) : 철하다, 깁다 [꿰맬 철(綴)]

어원은 「츩」('칡'의 옛말)

『츩 〉츨 〉츠즈 〉つづ』

「つづ + る(동사·접미어)」

옛날에는 칡덩굴로 철한 것에서

「つづる」: 철하다, 깁다

☞ 우리말 종성 「ㄹ」이 일본어로 바뀔 때, 자음이 「ㄱ, ㅁ, ㅅ, ㅈ, ㅊ, ㄷ」으로 바뀌며 모음(ㅣ, ㅡ, ㅏ 등)이 붙는다.

어원산책

ねだる(強請る) : 조르다, 치근거리다

「입에 달다」에서, 어원은 「달다」(어간은 달)

「입에 달다」는, '(어떤 말을) 자주 반복하다'.

『달 〉다루 〉だる』

「ね(音. 소리, 말) + だる」 → ねだる

말을 입에 달고 자꾸 요구하다(→조르다).

「ねだる」: 조르다, 치근거리다

쉬어 가는 곳(19)

연상암기 1

(※ 1~4번은 어원 설명이 되어 있지만 재미로 봐 주시기 바람.)

1. 肝(きも) : 간, 간장(肝臟)
   에스키모(Eskimo)인은 날 생선의 「간」도 잘 먹는다.

2. 滅びる(ほろびる) : 망하다
   호로자식은 「망해서」 빌어 처먹는다.

3. 遥か(はるか) : 아득히
   「はる(春, 봄) + 까마득하다」 → 봄이 오려면 까마득하게 남아 「아득하다」.

4. 恵む(めぐむ) : 은혜를 베풀다
   매구(천년 묵은 여우)를 없애, 마을에 「은혜를 베풀다」

5. むしばむ(蝕む, 虫食む) : 좀먹다, 침식하다
   「むし(虫, 벌레) + はむ(食む, 먹다)」 → むしはむ → むしばむ

6. 試みる(こころみる) : 시험해 보다, 시도해 보다
   「こころ(心, 마음) + みる(見る)」 → 마음을 시험해 보다.

7. 省みる(かえりみる) : 돌이켜보다, 반성하다
   「かえり(返り, 되돌아 가다) + みる(見る, 보다)」 → かえりみる

8. いとぐち(糸口, 緒) : 실마리, 단서
   「いと(糸, 실) + くち(口, 입)」 → いとぐち(실마리, 단서)

837. 集う(つどう) : 모이다, 회합하다, 집회하다 [모을 집(集)]

어원은「두루」(빠짐없이 골고루, 두루두루)
『두루 〉둘 〉들 〉드도 〉つど』
「つど + う(동사·접미어)」
두루두루 모여서 회합하다.
「つどう」: 모이다, 회합하다, 집회하다

* つどい(集い) : 모임, 회합

☛ 우리말 종성「ㄹ」이 일본어로 바뀔 때, 자음이「ㄱ, ㅁ, ㅅ, ㅈ, ㅊ, ㄷ」으로 바뀌며 모음(ㅣ, ㅡ, ㅏ, ㅗ 등)이 붙는다.

838. 夙に(つとに) : 아침 일찍, 일찍 [이를 숙(夙)]

어원은「첫차」의「첫」
『첫 〉철 〉처도 〉つと』
「つと + に(부사화)」
첫차는 아침 일찍 출발하는 차.
「つとに」: 아침 일찍, 일찍

839. 繋ぐ(つなぐ) : 매다, 잇다, 연결하다 [맬 계(繋)]

풀어 쓰면,
「つな(綱, 밧줄) + ぐ(동사·접미어)」
밧줄로 매다.
「つなぐ」: 매다, 잇다, 연결하다

* 繋がる(つながる) : 연결되다

371

◆ つな(綱) : 밧줄. <225번 참조>

840. つなみ(津波) : (지진) 해일 [나루 진(津)]

「つよい(強い, 강하다) + なみ(波, 파도)」
「つよ·なみ → つなみ」
강한 파도가 해일이다.
「つなみ」: (지진) 해일

841. 募る(つのる) : ①점점 심해지다 ②모집하다 [모을 모(募)]

(1) 뿔(つの, 角)이 나듯이 점점 심해지다.
　　「つのる」: 점점 심해지다

(2) 「つよく(強く, 강하게) + のる(宣る. 선언하다, 말하다)」
　　「つよく·のる → つのる」
　　널리 강하게 말하다(→모집하다)
　　「つのる」: 모집하다

842. 椿(つばき) : 동백나무 [참죽나무 춘(椿)]

어원은「동백나무」의 '동백」
(1) 동 :『동 〉도 〉드 〉つ』
(2) 백 :『백 〉박 〉바기 〉ばき』
　　「つばき」: 동백나무

843. 呟く(つぶやく) : 중얼거리다 [소리 현(呟)]

어원을 풀어 쓰면,
「つぶ(낱알) + ささやく(囁く, 속삭이다)」
「つぶ·(ささ)やく → つぶやく」
낱알같이 혼자 속삭이다(→중얼거리다).
「つぶやく」: 중얼거리다

844. 円ら(つぶら) : 둥근 모양 [둥글 원(円)]

어원은 「つぶ」(粒. 둥글고 작은 것, 낱알)
「つぶ + ら(접미어)」
「つぶら」: 둥근 모양

☞ つぶ(粒) : 낱알, 둥글고 작은 것. <232번 참조>

845. 瞑る(つぶる) : 눈을 감다(=つむる) [감을 명(瞑)]

어원은 (눈을)「다물다」(어간은 다물)
「다물 > 다무루 > 드무루 > つむる」
「つむる → つぶる」.(bmw 후진 변화, ㅁ → ㅂ)
눈을 다물다(→눈을 감다).
「つぶる」: 눈을 감다

846. 壺(つぼ) : 단지, 항아리 [병 호(壺)]

어원은 「독」(장독)
『독 > 돕 > 도보 > 드보 > つぼ』

「つぼ」: 단지, 항아리

↞ 「독,돕」을 일본어로 표기하면 촉음 「とっ」으로, 「독,돕」은 일본어에서 같은 발음임.

---

847. 坪(つぼ) : 평(땅의 면적) [들 평(坪)]

풀어 쓰면,
「つち(土, 땅) + きぼ(規模, 규모)」
「つち·きぼ → つぼ」
땅의 규모(크기)를 나타내는 단위.
「つぼ」: 평(땅의 면적, 1평≒3.3㎡)

↞ つち(土) : 땅. <1권 526번 참조>

---

848. 蕾(つぼみ) : 꽃봉오리 [꽃봉오리 뢰(蕾)]

어원은 「つぼむ」(蕾む, 꽃봉오리지다)의 명사형.
「つぼみ」: 꽃봉오리

↞ つぼむ(蕾む) : 꽃봉오리지다
  어원은 「つぼ」(壺, 항아리)
  「つぼ + む(동사·접미어)」
  꽃봉오리는 '항아리'처럼 둥근 모양인 것에서.
  「つぼむ」: 꽃봉오리지다

---

849. 窄む(つぼむ) : 오므라지다, 좁아지다 [좁을 착(窄)]

어원은 「좁아지다」의 「좁아」

『좁아 〉 조바 〉 조보 〉 즈보 〉 つぼ』
「つぼ + む(동사·접미어)」
「つぼむ」: 좁아지다, 오므라지다

---

850. 倹しい(つましい) : 검소하다, 알뜰하다 [검소할 검(倹)]

어원은 「짜다」의 명사형 「짬」
「짜다」는 인색하다(검소하다)의 뜻도 있다.
『짬 〉 짜마 〉 쯔마 〉 つま』
つま + しい(…하다, …스럽다)
「つましい」: 검소하다, 알뜰하다

<연상> 마누라(つま, 妻)는 「알뜰하다」 → つましい

---

851. 摘む(つまむ) : 집다, 집어먹다 [딸 적(摘)]

어원은 「집다」(어간은 집)
『집 〉 지바 〉 즈바 〉 즈마 〉 つま』.(bmw 변화, ㅂ→ㅁ)
「つま + む(동사·접미어)」
「つまむ」: 집다, 집어먹다

  * つまみもの(摘まみ物) : (양주나 맥주 따위에 곁들이는) 마른 안주
               「손으로 집어 먹는 것에서」

《일본 어원설》
「つめ(爪, 손톱) + む(동사·접미어)」
「つめむ → つまむ」
두 손톱으로 집다.

852. 摘む(つむ) : 뜯다, 따다 [딸 적(摘)]

어원은 「뜯다」(어간은 뜯)
『뜯 〉 뜨 〉 つ』
「つ + む(동사·접미어)」
「つむ」 : 뜯다, 따다

853. 紡ぐ(つむぐ) : 실을 뽑다, 잣다 [길쌈 방(紡)]

어원은 「길쌈」의 「쌈」
『쌈 〉 싸무 〉 쓰무 〉 つむ』
「つむ+ぐ(동사·접미어)」
「つむぐ」 : 실을 뽑다, 잣다

◆ 길쌈 : 실을 내어 옷감을 짜는 모든 일을 통틀어 이르는 말.

854. つむり(頭) : 머리 [머리 두(頭)]

어원은 「우두머리」의 「두머리」
『두머리 〉 두무리 〉 드무리 〉 つむり』
「つむり」 : 머리

* おつむ : 머리(='お+つむり'의 준말)

855. 露(つゆ) : 이슬 [이슬 로(露)]

어원은 「이슬」의 「슬」. 「이슬」의 「이」는 '물'을 의미.
『슬 〉 스을 〉 스으 〉 스유 〉 쓰유 〉 つゆ』

「つゆ」: 이슬

☛ 일본어에서 「서리」는 「しも」(霜)다. 이슬과 서리는 만들어지는 원리가 같지만, 「이슬」은 '수증기'가 '물'로 변한 것이고, 「서리」는 '물'로 변했다가 온도가 더 내려가서 '얼음'으로 변한 것이다(수증기 → 물 → 얼음).

856. 面(つら) : 얼굴, 낯짝, 표면 [낯 면(面)]

「탈」은 사람의 '얼굴'을 본뜬 것이고, 「탈」은 '얼굴'의 뜻도 있는 것에서.
어원은 「탈」
『탈 〉 타라 〉 트라 〉 뜨라 〉 つら』
「つら」: 얼굴, 낯짝, 표면

☛ 현대어에서는 「かお」(顔, 얼굴)에 비하여 멸시하는 뜻이 있음.

857. 連なる(つらなる) : 줄지어 있다 [잇닿을 련(連)]

풀어 쓰면,
「つら(連, 줄) + なる(成る, 되다)」
「つらなる」: 줄지어 있다

* つらねる(連ねる) : 줄지어 세우다

☛ つら(連, 列) : 줄, 열(列), 늘어선 것
  어원은 「줄」
  『줄 〉 주라 〉 즈라 〉 つら』
  「つら」: 줄, 열, 늘어선 것

858. 貫く(つらぬく) : 꿰뚫다, 관통하다 [꿸 관(貫)]

어원은 「뚫는다」(어간은 뚫는)
『뚫는 〉 뚤는 〉 뚜라는 〉 뜨라누 〉 つらぬ』
「つらぬ + く(동사·접미어)」
「つらぬく」: 꿰뚫다, 관통하다

859. 氷柱(つらら) : 고드름 [얼음 빙(氷)]

처마 밑의 고드름이 「주르르」 달려 있는 모습에서,
어원은 「주르르」
『주르르 〉 즈라라 〉 つらら』
「つらら」: 고드름

《일본 어원설》
어원은 「つらなる」(連なる, 나란히 줄지어 있다)
「つら + つら → つらら」
줄지어 늘어선 것(고드름)

860. 蔓(つる) : 덩굴, 넝쿨 [덩굴 만(蔓)]

어원은 「덩울」('덩굴'의 옛말)
『덩울 〉 덩웈 〉 더우루 〉 덩루 〉 더루 〉 드루 〉 つる』
「つる」: 덩굴, 넝쿨

861. つるべ : 두레박(줄을 길게 달아 우물물을 퍼 올리는 데 쓰는 도구)

어원은 「두레박」

『두레박 〉 두루바 〉 드루바 〉 드루베 〉 つるべ』
「つるべ」: 두레박(줄을 길게 달아 우물물을 퍼 올리는 데 쓰는 도구)

---

862. でこ(凸) : 불거짐, 불거진 것, 튀어나온 이마 [볼록할 철(凸)]

어원은 「툭」(어느 한 부분이 쑥 불거져 나온 모양)
『툭 〉 택 〉 태고 〉 대고 〉 でこ』
「でこ」: 불거짐, 불거진 것, 튀어나온 이마

* でこぼこ(凸凹) : 철요(요철), 울퉁불퉁함

☛ ぼこ(凹) : 우묵함, 우묵한 것
　어원은 「푹」(깊고 뚜렷이 팬 모양)
　『푹 〉 폭 〉 포고 〉 보고 〉 ぼこ』. [반탁음 포(ぽ) → 탁음 보(ぼ)]
　「ぼこ」: 우묵함, 우묵한 것

* 우묵 : 가운데가 둥그스름하게 푹 패거나 들어가 있는 모양.

---

863. 問う(とう) : 묻다 [물을 문(問)]

어원은 「こと」(言, 말)를 활용한 말이다.
「こと + う(동사·접미어)」 → ことう → とう
말로(口頭로) 묻다.
「とう」: 묻다

* とい(問い) : 물음, 질문

864. 尊い, 貴い(とうとい) : 소중하다, 귀중하다, 높다, 고귀하다
[높을 존(尊)]

풀어 쓰면,
「と(접두사) + ふとい(太い. 굵다, 크다)」
「と·ふとい → とうとい」
크다(→소중하다, 높다)
「とうとい」: 소중하다, 귀중하다, 높다, 고귀하다

  * たっとい(尊い, 貴い) =とうとい

865. どうやら : 그럭저럭, 간신히, 어쩐지, 어딘지, 아무래도, 아마

풀어 쓰면,
「どう(어떻게) + やら(불확실한 상상을 나타내는 말. …는지, …인지)」
「どうやら」: 그럭저럭, 간신히, 어쩐지, 어딘지, 아무래도, 아마

866. 科, 咎(とが) : 허물, 잘못 [허물 구(咎)]

어원은 「탈」('결함이나 허물')
『탈 〉톨 〉토가 〉とが』
「とが」: 허물, 잘못

☛ 우리말 종성 「ㄹ」이 일본어로 바뀔 때, 자음이 「ㄱ, ㅁ, ㅅ, ㅈ, ㅊ, ㄷ」으로 바뀌며 모음(ㅣ, ㅡ, ㅏ 등)이 붙는다.

867. 咎める(とがめる) : 나무라다, 책망하다, 비난하다 [허물 구(咎)]

어원은 「とが」(허물, 잘못)
「とが + める(동사를 만듦)」→ とがめる
허물을 추궁하다(→나무라다).
「とがめる」: 나무라다, 책망하다, 비난하다

868. 鴇(とき) : 따오기 [능에 보(鴇)]

어원은 「따오기」
『따오기 〉 또기 〉 とき』
「とき」: 따오기

☛ 따오기는 천연기념물로 지정된 조류이며, 경남 창녕군 우포늪 인근에 따오기 복원센터가 있음.

869. ときおり(時折) : 때때로, 가끔 [때 시(時)]

풀어 쓰면,
「とき(時. 시간, 때)+おり(折. 때, 시기)」
「ときおり」: 때때로, 가끔

870. ときめく : 가슴이 두근거리다

어원은 「두근두근」
『두근 〉 두그 〉 도기 〉 とき』
「とき + -めく(…인 듯하다, …경향을 띠다)」

「ときめく」: 가슴이 두근거리다

* どきどき : 두근두근

---

871. 研ぐ, 磨ぐ(とぐ) : 갈다 [갈 연(研), 갈 마(磨)]

풀어 쓰면,
「と(砥, 숫돌) + ぐ(동사·접미어)」
숫돌에 갈다.
「とぐ」: 갈다

☛ と(砥) : 숫돌(=といし,砥石)
　　어원은 「돌」
　　『돌 〉도 〉と』

---

872. 刺, 棘(とげ) : 가시 [찌를 자(刺)]

어원은 「とがる」(尖る, 뾰족해지다)
「とが → とげ」
바늘처럼 끝이 뾰족해진 것이 '가시'다.
「とげ」: 가시

☛ とがる(尖る) : 뾰족해지다. <241번 참조>

---

873. 遂げる(とげる) : 이루다, 성취하다 [이를 수(遂)]

문어형은 「とぐ」
「と(所. 곳, 장소) + ぐ(동사·접미어)」
「とぐ → とげる」.(하1단화, 구어형)

(목표로 정한) 곳에 이르다(→성취하다)
「とげる」: 이루다, 성취하다

* なしとげる(成し遂げる) : 완수하다

---

874. 床(とこ) : 잠자리, 마루, 바닥 [평상 상(床)]

어원은 「잠자리」의 「자리」
『자리 〉 잘 〉 졸 〉 조고 〉 ぢょこ 〉 ちょこ 〉 とこ』
① 탁음 ぢょ → 청음 ちょ
② 요음 ちょ → 직음 と
「とこ」: 잠자리, 마루, 바닥

☛ 우리말 종성 「ㄹ」이 일본어로 바뀔 때, 자음이 「ㄱ, ㅁ, ㅅ, ㅈ, ㅊ, ㄷ」으로 바뀌며 모음(ㅣ, ㅡ, ㅏ, ㅗ 등)이 붙는다.

---

875. 嫁ぐ(とつぐ) : 시집가다, 출가하다 [시집갈 가(嫁)]

어원은 「딸」
『딸 〉 똘 〉 또츠 〉 とつ 』
「とつ + ぐ(동사·접미어)」
딸이 시집가다.
「とつぐ」: 시집가다, 출가하다

《일본 어원설》
「と(戸, 문) + つぐ(継ぐ. 잇다, 계승하다)」→ とつぐ
남의 가문에 「시집가」 자손을 낳아 가문을 잇다.

876. どっぷり : 듬뿍, 담뿍

어원은 「듬뿍」
『듬뿍 〉 돔뿍 〉 도뿌 〉 돗뿌 〉 どっぷ 〉 どっぷり』
「どっぷり」: 듬뿍, 담뿍

877. 整える(ととのえる) : 정돈하다, 조정하다 [가지런할 정(整)]

어원은 「다듬다」(어간은 다듬)
『다듬 〉 도돔 〉 도돈 〉 도도노 〉 ととの』.(ん 음가 : ㄴ,ㅁ,ㅇ)
「ととの + える(동사를 만듦)」
잘 다듬어 정돈하다.
「ととのえる」: 정돈하다, 조정하다

878. 滞る(とどこおる) : 정체하다, 막히다 [막힐 체(滞)]

풀어 쓰면,
「とと(処処, 장소) + こおる(凍る, 얼다)」
「ととこおる → とどこおる」
어떤 장소에서 얼어붙다(→정체하다).
「とどこおる」: 정체하다, 막히다

☛ と(処, 장소) : 「터」(장소)가 「と」로 바뀐 말.
『터 〉 토 〉 と』

879. 轟く(とどろく) : 울려 퍼지다 [울릴 굉(轟)]

어원은 「とどろ」(울려 퍼지는 소리)

울려 퍼지는 소리로 대표적인 것은 북소리인 「퉁퉁, 통통」을 들 수 있다.
『통통 〉 토토 〉 토도 〉 토도로 〉 とどろ』
「とどろ + く(동사·접미어)」
「とどろく」: 울려 퍼지다

880. 唱える(となえる) : 외치다, 소리 높여 부르다 [노래 창(唱)]

문어형은 「となう」
어원은 「디ᄅᆞ다」(어간은 디ᄅᆞ). '지르다'의 옛말
'지르다'는 '목청을 높여 소리를 크게 내다'.
『디ᄅᆞ 〉 디르 〉 딜 〉 돌 〉 도올 〉 도오 〉 동 〉 돈 〉 도나 〉 とな』
「とな + う(동사·접미어)」→ となう → となえる.(하1단화, 구어형)
「となえる」: 외치다, 소리 높여 부르다

* ん 음가는 ㄴ, ㅁ, ㅇ

881. 殿(との) : 아내가 남편을 부르는 말, 주군·귀인에 대한 높임말 [전각 전(殿)]

「と(戸, 문) + な(名, 이름)」
어떤 가문을 나타내는 이름
「とな → との」
「との」: 아내가 남편을 부르는 말, 주군·귀인에 대한 높임말

쉬어 가는 곳(20)

연상암기 2

1. おおかみ(狼) : 이리
   「おお(大, 큰) + かみ(噛み, 물다)」 → 크게 무는 동물('이리')

2. おちいる(陥る) : 빠지다, 빠져들다
   「おちる(落ちる, 떨어지다) + いる(入る, 들어가다)」 → おちいる

3. くつろぐ(寛ぐ) : 유유자적하다, 편안히 지내다
   구두(くつ, 靴)를 벗고 누워 「유유자적하다」.

4. もっぱら(専ら) : 오로지, 한결같이
   다른 데는 **못 봐라**(보지 마라), 「오로지」 이곳에만 집중해라.

5. もはや(最早) : 벌써, 이미, 어느새
   「**も**っとも(最も, 가장) + **は**やい(早い. 이르다, 빠르다)」 → 벌써(어느새)

6. あやふや : 불확실한 모양, 모호한 모양
   「あ」인지 「ふ」인지 확실하지 않아 「모호한」 모양이다.

882. 扉(とびら) : 문, 문짝 [사립문 비(扉)]

어원을 풀어 쓰면,
「と(門, 문) + ひらく(開く, 열다)」
「と·ひらく → とひら → とびら」
「とびら」 : 문, 문짝

* 지하철 문을 「とびら」라고 함.

883. 乏しい(とぼしい) : 모자라다, 부족하다 [모자랄 핍(乏)]

본래 말은 「ともしい」
어원은 「달리다」(어간은 달리). '재물, 힘 등이 모자라다'의 뜻.
『달리 〉 다리 〉 달 〉 돌 〉 도모 〉 とも』
「とも + しい(…하다, …듯하다)」
「ともしい → とぼしい」.(bmw 후진 변화, ㅁ → ㅂ)
「とぼしい」 : 모자라다, 부족하다

➥ 우리말 종성 「ㄹ」이 일본어로 바뀔 때, 자음이 「ㄱ, ㅁ, ㅅ, ㅈ, ㅊ, ㄷ」으로 바뀌며 모음(ㅣ, ㅡ, ㅏ, ㅗ 등)이 붙는다.

884. 富(とみ) : 부, 재산 [부유할 부(富)]

어원은 「돈」
『돈 〉 돔 〉 도미 〉 とみ』.(ん 음가는 ㄴ,ㅁ,ㅇ)
「돈」은 '재물이나 재산을 달리 이르는 말'.
「とみ」 : 부, 재산

* 富む(とむ) : 재산이 많다, 풍부하다

885. 頓に(とみに) : 갑자기 [조아릴 돈(頓)]

어원은 「頓」의 우리 한자음 「돈」
「돈오」(頓悟)는 '갑자기 깨달음'이고, 「돈」(頓)은 '갑자기'의 뜻.
『돈 〉돔 〉도미 〉とみ』.(ん 음가는 ㄴ,ㅁ,ㅇ)
「とみに」: 갑자기

886. 弔う(とむらう) : 조상(조문)하다, 애도하다 [조상할 조(弔)]

본래 말은 「とぶらう」
어원은 「찾다」(어간은 찾)
『찾 〉촟 〉촙 〉초부 〉ちょぶ 〉とぶ』.(요음 ちょ → 직음 と)
「とぶ + らう(동사화)」→ とぶらう
「とぶらう → とむらう」.(bmw 변화, ㅂ → ㅁ)
상가(喪家)를 찾다(→조문하다)
「とむらう」: 조상(조문)하다, 애도하다

☛ 「촛,촙」을 일본어로 표기하면 촉음 「ちょッ」으로, 「촛,촙」은 일본어에서 같은 발음임.

887. 点す, 灯す(ともす) : =とぼす. 불을 켜다 [등 등(灯)]

어원은 「등」. 「등」은 「등 灯」으로 고유어이다.
『등 〉동 〉돔 〉도모 〉とも』.(ん음가는 ㄴ,ㅁ,ㅇ)
「とも + す(동사·접미어)」
「등」을 동사화한 말이다.
「ともす」: 불을 켜다

* ともる(点る, 灯る) : 불이 켜지다

388

> たいまつ(松明) : 횃불
> 「たき(焚き, 피우다) + まつ(松, 소나무)」
> 「たき·まつ → たいまつ」.(イ音便).
> 「たいまつ」: 횃불

888. 吃る(どもる) : 말을 더듬다 [말 더듬을 흘(吃)]

어원은 「더듬다」(어간은 더듬)
『더듬 〉 더드모 〉 덛모 〉 더모 〉 도모 〉 도모』
「ども+る(동사·접미어)」
「どもる」: 말을 더듬다

889. 響めく(どよめく) : (소리가) 울려퍼지다, 와글와글 떠들어대다 [울릴 향(響)]

어원은 의성어 「둥~」(북소리)
『둥 〉 동 〉 도요 〉 どよ』
「どよ + めく(동사화)」
「どよめく」: (소리가) 울려퍼지다, 와글와글 떠들어대다

890. 蕩ける(とろける) : 녹다, 황홀해지다 [방탕할 탕(蕩)]

어원은 「달구다」(어간은 달구)
『달구 〉 돌구 〉 도로구 〉 도로게 〉 とろけ』
「とろけ + る(동사·접미어)」
(쇠를) 불에 달구면 녹는다.
「とろける」: 녹다, 황홀해지다

891. 綯う(なう) : (새끼 등) 꼬다 [새끼 꼴 도(綯)]

어원은「나락」(벼)
'타작하고 난 나락'(짚)으로 새끼를 꼬다.
『나락 〉 나라 〉 날 〉 나 〉 な』
「な + う(동사·접미어)」
「なう」: (새끼 등) 꼬다

892. 萎える(なえる) : 쇠약해지다, 시들다 [마를 위(萎)]

어원은「늙다」(어간은 늙)
『늙 〉 늘 〉 날 〉 나알 〉 나아 〉 나에 〉 なえ』
「なえ + る(동사·접미어)」
늙어서 쇠약해지다.
「なえる」: 쇠약해지다, 시들다

893. なぎさ(渚, 汀) : (물결이 밀려오는) 물가(=みぎわ), 둔치 [물가 저(渚)]

어원을 풀어 쓰면,
「なみ(波. 파도, 물결) + きし(岸, 물가)」
「なみ·きし → なきし → なきさ → なぎさ」
「なぎさ」: (물결이 밀려오는) 물가(=みぎわ), 둔치

894. 薙ぐ(なぐ) : (낫으로 풀 등을)옆으로 후려 쳐 쓰러뜨리다 [깎을 체(薙)]

어원은「낫」

『낫 〉 나 〉 な』
「な + ぐ(동사·접미어)」
「낫」을 동사화한 말이다.
「なぐ」: (낫으로)옆으로 후려 쳐 쓰러뜨리다

895. 和ぐ(なぐ) : 평온해지다, 가라앉다 [화할 화(和)]

어원은 「나굿하다」(어근은 나굿)
『나굿 〉 나그 〉 なぐ』
나굿하게 되다
「なぐ」: 평온해지다, 가라앉다

896. 嘆く, 歎く(なげく) : 슬퍼하다, 한숨짓다 [탄식할 탄(嘆)]

어원은 「느끼다」(서럽거나 감격에 겨워 울다).
『느끼 〉 나끼 〉 나기 〉 나게 〉 なげ』
「なげ + く(동사·접미어)」
「なげく」: 슬퍼하다, 한숨짓다

897. 和む(なごむ) : 누그러지다, 온화해지다 [화할 화(和)]

어원은 「나굿나굿」(보드랍고 연한 모양)
『나굿 〉 나그 〉 나고 〉 なご』
「なご + む(동사·접미어)」
「なごむ」: 누그러지다, 온화해지다

* なごやか(和やか) : 부드러움, 온화함

☛ 아이치(愛知)현 현청 소재지가 「나고야」(名古屋, なごや)시인데 지명의 유래가 「和やかな地」이다. 「날씨가 온화하다는 의미가 아니고, 지형이 평탄하고 수해 등이 없는 지역」이라는 뜻이다.

898. なごり(名残) : 지난 뒤에도 그 영향이 아직 남음, 자취

풀어 쓰면,
「なみ(波. 파도, 물결) + のこり(残り, 남다)」
「なみ·のこり → なこり → なごり」
「なごり」: 지난 뒤에도 그 영향이 아직 남음, 자취

899. 情けない(なさけない) : 한심(寒心)하다, 무정하다 [뜻 정(淀)]

어원을 풀어 쓰면,
「なさけ(情け. 정, 인정) + ない(없다)」
「なさけない」: 한심(寒心)하다, 무정하다

<연상>   なさけ(情け) : 정, 인정
          나, (술) 사께(살게) → '정'(なさけ)이 있음

900. 梨(なし) : 배 [배나무 리(梨)]

풀어 쓰면,
「なか(中. 안, 속) + しろ(白, 흰색)」
「なか·しろ → なし」
「배」는 속이 흰 과일이다.
「なし」: 배

901. なじむ(馴染む) : 친숙해지다, 익숙해지다 [길들일 순(馴)]

풀어 쓰면
「なれる(慣れる·馴れる, 친숙해지다) + しむ(染む. 스며들다, 배다)」
「**なれ·しむ → なしむ → なじむ**」
「なじむ」: 친숙해지다, 익숙해지다

* 친숙하다 : 친하여 익숙하고 허물이 없다.

902. 詰る(なじる) : 힐책하다, 따지다 [물을 힐(詰)]

어원은 「なぜ」(왜, 어째서)
「なぜ + る(동사·접미어)」 → なぜる → なじる
왜 했는지 따지다.
「なじる」: 힐책하다, 따지다.

903. 鉈(なた) : 일종의 손도끼(장작 따위를 쪼개는 데 쓰는, 짤막하고 두꺼우며 폭이 넓은 날이 있는 연장) [짧은 창 사(鉈)]

어원은 「낫」
『낫 〉 낟 〉 나다 〉 なた』
「なた」: 일종의 손도끼

* 도끼 : おの(斧), よき(斧)
* かま(鎌) : 낫

904. 灘(なだ) : 육지에서 멀고 파도가 센 바다, 여울 [여울 탄(灘)]

풀어 쓰면,
「なみ(波, 파도) + たか(高, 높음)」
「なた → なだ」
「なだ」 : 육지에서 멀고 파도가 센 바다, 여울

905. 宥める(なだめる) : 달래다 [너그러울 유(宥)]

어원은 「なだらか」(완만함, 온화함)
「なだ(らか) + める(동사를 만듦)」 → なだめる
감정을 온화하게 하다(→달래다).
「なだめる」 : 달래다

◆ なだらか : 완만함, 온화함. <1권 540번 참조>

906. 懐く(なつく) : (친숙해져서)따르다, 친해지다 [품을 회(懐)]

어원은 「날」
「날」은 '길이 아주 잘 들어 익숙해진 버릇이나 짓'.
『날〉나츠〉なつ』
「なつ + く(동사·접미어)」
(개가) 길이 들어 잘 따르다.
「なつく」 : (친숙해져서)따르다, 친해지다

907. 靡く(なびく) : 옆으로 휘어지다, 나부끼다 [쓰러질 미(靡)]

어원은 「나부끼다」의 「나부」
『나부 〉 나비 〉 なび』
「なび + く(동사·접미어)」
「なびく」: 나부끼다, 옆으로 휘어지다

908. 嬲る(なぶる) : 놀리다, 희롱하다, 남을 괴롭히고 재미있어 하다 [희롱할 뇨(嬲)]

어원은 「놀리다」(어간은 놀리)
『놀리 〉 노리 〉 놀 〉 날 〉 나부 〉 なぶ』
「なぶ + る(동사·접미어)」
「なぶる」: 놀리다, 희롱하다, 남을 괴롭히고 재미있어 하다

☞ 우리말 종성 「ㄹ」이 일본어로 바뀔 때, 자음이 「ㄱ, ㅁ(ㅂ), ㅅ, ㅈ, ㅊ, ㄷ」으로 바뀌며 모음(ㅣ, ㅡ, ㅏ, ㅜ 등)이 붙는다.

909. 鉛(なまり) : 납 [납 연(鉛)]

어원은 「납」
『납 〉 나빠 〉 나마 〉 なま』.(bmw 변화, ㅂ → ㅁ)
「なま + り(접미어)」
「なまり」: 납

910. 訛る(なまる) : 사투리 발음을 하다 [그릇될 와(訛)]

어원은 「なま」(生, 가공하지 않음)
「なま + る(동사·접미어)」
가공되지 않은 말을 그대로 하다.
「なまる」: 사투리 발음을 하다

* なまり(訛り) : 사투리

911. 滑らか(なめらか) : 매끄러운 모양 [미끄러울 활(滑)]

엿을 핥으면(嘗める, なめる) 매끄럽게 되는 것에서,
「なめ(る) + らか(…와 같은 모양)」
「なめらか」: 매끄러운 모양

912. 嘗める(なめる) : 핥다, 맛보다, 혀끝으로 맛보다 [맛볼 상(嘗)]

어원은 「날름」(혀를 날쌔게 내밀었다 들이는 모양)
『날름 〉나름 〉나메 〉なめ』.(ㄹ 탈락)
「なめ + る(동사·접미어)」
혀를 날름거리며 음식을 맛보다.
「なめる」: 핥다, 맛보다, 혀끝으로 맛보다

913. 均す(ならす) : 고르게 하다, 고르다 [고를 균(均)]

어원은 「나라」(奈良)
일본 奈良(なら) 지방은 땅이 평평한(고른) 것에서
「ならす」: 고르게 하다, 고르다

* ならし(均し) : 고르게 함, 평균

← 奈良(なら)는 우리말 「나라」(國)에서 유래되었다.

---

914. 新(にい) : (명사 앞에 와서) 새… [새 신(新)]

어원은 「나다」(어간은 나)
「나다」는 '길 등이 새로 생기다'.
『나 〉 니아 〉 니이 〉 にい』
「にい」 : (명사 앞에 와서) 새…

* にいがた(新潟) : 현(県) 이름
  にいづま(新妻) : 새댁, 갓맞은 아내

---

915. 賑わう(にぎわう) : 번성하다, 번창하다, 활기차다, 흥청거리다 [구휼할 진(賑)]

어원은 「번성하다」의 유의어, 「늘다」(어간은 늘)
「늘다」의 뜻 가운데, '힘이나 기운, 세력이 이전보다 큰 상태가 되다'.
『늘 〉 닐 〉 니기 〉 にぎ』
「にぎ + わう(동사화)」 → にぎわう
「にぎわう」 : 번성하다, 번창하다, 활기차다, 흥청거리다

* 賑やか(にぎやか) : 활기참, 흥청거림, 번화함

← 우리말 종성 「ㄹ」이 일본어로 바뀔 때, 자음이 「ㄱ, ㅁ, ㅅ, ㅈ, ㅊ, ㄷ」으로 바뀌며 모음(ㅣ, ㅡ, ㅏ 등)이 붙는다.

916. 錦(にしき) : 비단 [비단 금(錦)]

어원은 「にしき」(二色, 두 색)
「비단」은 보통 붉은 색과 황색의 두 가지를 섞어 짜는 것에서.
「にしき」 : 비단

---

917. 滲む(にじむ) : 번지다, 스미다, 배다 [스며들 삼(滲)]

풀어 쓰면,
「に(…에, …으로) + しむ(染む. 스며들다, 배다)」 → にしむ
「にしむ → にじむ」
「にじむ」 : 번지다, 스미다, 배다

- しむ(染む)는 しみる(染みる)의 문어형.

---

918. 担う(になう) : 짊어지다, 메다 [멜 담(担)]

어원을 풀어 쓰면,
「に(荷, 짐) + なう(동작을 나타냄)」
「になう」 : 짊어지다, 메다

- に(荷) : 짐
  어원은 「니다」(어간은 니). '이다'의 옛말.
  『니 〉 に』
  「짐」을 머리에 '**니다**'.(예전에 여성은 짐을 머리에 이고 다녔다).
  「に」 : 짐

919. 睨む(にらむ) : 노려보다, 쏘아보다 [곁눈질할 예(睨)]

어원은「노려보다」의「노려」
『노려 〉 노라 〉 니라 〉 にら』
「にら + む(동사·접미어)」
「にらむ」: 노려보다, 쏘아보다

---

920. にわか(俄) : 갑작스러운 모양, 곧, 즉시, 당장 [아까 아(俄)]

어원은「냉큼」(머뭇거리지 않고 단번에 빨리, 즉각, 당장)
『냉큼 〉 닝큼 〉 닝크 〉 니와크 〉 니와카 〉 にわか』
「にわか」: 갑작스러운 모양, 곧, 즉시, 당장

* にわかあめ(にわか雨) : 소나기

---

921. 糠(ぬか) : 겨, 쌀겨 [겨 강(糠)]

껍질이 붙어 있는 벼 알갱이를「뉘」라 하며, 방아를 찧고 남은 껍질을「겨」라고 한다.「뉘겨」가「ぬか」로 바뀐 말이다.
『뉘겨 〉 누갸 〉 누가 〉 ぬか』
「ぬか」: 쌀겨, 겨

* 겨 : 벼, 보리, 조 따위의 곡식을 찧어 벗겨 낸 껍질.

---

922. ぬかずく(額突く) : 부복하다, 조아리다, 공손히 절하다

어원은「좃다」(어간은 좃, '조아리다'의 옛말)
『좃 〉 줏 〉 죽 〉 주구 〉 ずく』

「ぬか(額, 이마) + ずく」→ ぬかずく

이마를 조아리다.

「ぬかずく」: 부복하다, 조아리다, 공손히 절하다

☞ ぬか(額) : 이마

　어원은 「니맣」('이마'의 옛말)

　『니맣 〉 니맏 〉 니막 〉 누막 〉 누마가 〉 눔가 〉 누가 〉 ぬか』

　「ぬか」: 이마

※ 「맏,막」을 일본어로 표기하면 촉음 「まっ」으로, 「맏,막」은 일본어에서 같은 발음임

923. 温い(ぬくい) : 따뜻하다, 따스하다 [따실 온(温)]

어원은 「눅다」(어간은 눅)

「눅다」의 뜻 가운데, '날씨가 포근하고 따뜻하다'

『눅 〉 누구 〉 ぬく』

「ぬく + い(형용사·접미어)」

「ぬくい」: 따뜻하다, 따스하다

* ぬくもる(温もる) : 따뜻해지다(=ぬくまる, 温まる)
　ぬくもり(温もり) : 온기, 따뜻함

924. 主(ぬし) : 주인, 임자 [주인 주(主)]

어원은 「님자」(임자의 옛말)

『님자 〉 니자 〉 누자 〉 누지 〉 누시 〉 ぬし』

「ぬし」: 주인, 임자

어원산책

交わす(かわす) : 주고받다, 교환하다

어원은 「갈다」(어간은 갈). '이미 있는 사물을 다른 것으로 바꾸다'의 뜻.
『갈 〉가알 〉가아 〉가와 〉かわ』
「かわ + す(동사·접미어)」
「かわす」 : 주고받다, 교환하다

쉬어 가는 곳(21)

연상암기 3

1. 茨(いばら) : 가시나무
   가시나무가 주위 나무들에게 「**이봐라**」(여봐라) 하며 「가시」 돋친 말을 하다.

2. うっとうしい(鬱陶しい) : 음울하다
   「うっとう(鬱陶, 마음이 답답하고 울적함) + しい(…스럽다)」

3. ならう(倣う) : 모방하다
   다른 **나라** 제도를 「모방하다」 → ならう(모방하다)

4. あま(尼) : 여승
   아마, 무슨 사연이 있어 「여승」이 되었겠지 → あま(여승)

5. 苗(なえ) : 모종, (특히)볏모
   날씨가 가물어, 「모종」이 나오자마자 시들어(**なえ**る, 萎える) 버리다.

925. 沼(ぬま) : 늪 [못 소(沼)]

어원은 「늪」
『늪 〉 늡 〉 눕 〉 누바 〉 누마 〉 ぬま』.(bmw 변화, ㅂ → ㅁ)
「ぬま」: 늪

---

926. 値打ち(ねうち) : 값어치 [값 치(値)]

풀어 쓰면,
「ね(値. 값, 가치) + 어치(값어치의 '어치')」
『ね어치 〉 ね우치 〉 ねうち』
「ねうち」: 값어치

* ねだん(値段) : 가격

← ね(値) : 값, 가치
  어원은 「냥」(예전에, 엽전을 세던 단위)
  『냥 〉 냐 〉 나 〉 내 〉 ね』
  「ね」: 값, 가치

---

927. 労う(ねぎらう) : (노고에 대해) 치하하고 위로하다 [일할 로(労)]

어원은 「기리다」(어간은 기리)
「기리다」는 '뛰어난 업적이나 바람직한 정신 등을 칭찬하고 기억하다'
『기리 〉 기라 〉 ぎら』
「ね(音, 소리) + ぎら + う(동사·접미어)」
말(소리)로 업적을 기리다(→치하하다).
「ねぎらう」: (노고에 대해) 치하하고 위로하다

928. 粘る(ねばる) : 잘 달라붙다, 끈덕지게 버티다 [붙을 점(粘)]

어원을 풀어 쓰면,
「ねり(練り. 이기다, 반죽하다) + はる(張る, 뻗다)」
「ねり·はる → ねはる → ねばる」
(밀가루를) 반죽하면 글루텐 성분이 뻗어 잘 달라붙는다.
「ねばる」 : 잘 달라붙다, 끈덕지게 버티다

* 粘り強い(ねばりづよい) : 끈기 있다, 끈질기다

929. 練る(ねる) : 이기다, 반죽하다 [익힐 련(練)]

어원은 '이기다'의 옛말 「니기다」(어간은 니기).
『니기 〉 닉 〉 니 〉 내 〉 ね』
「ね + る(동사·접미어)」
「ねる」 : 이기다, 반죽하다

☛ 「니기다」는 영어 「knead」(반죽하다)와 동근(同根)으로 보인다.

930. 臨む(のぞむ) : 면(面)하다, 향하다, 당면하다 [임할 림(臨)]

「面하다」에서 面은 「낯 면」으로 '얼굴'을 뜻함.
어원은 「낯」
『낯 〉 낮 〉 나조 〉 노조 〉 のぞ』
「のぞ + む(동사·접미어)」 → のぞむ
「낯」을 동사화한 말이다. 낯을 대하다(面하다).
「のぞむ」 : 면하다, 향하다, 당면하다

931. のどか(長閑) : 편안하고 한가로운 모양 [한가할 한(閑)]

어원은 「느긋하다」(어근은 느긋)
「느긋하다」는 '마음에 흡족하고 여유가 있어 한가롭다'
『느긋 〉 느그 〉 늑 〉 녹 〉 논 〉 노도 〉 노도 〉 노드』
「のど + か(상태, 성질을 나타냄)」
「のどか」: 편안하고 한가로운 모양

☛ 「녹,논」을 일본어로 표기하면 촉음 「のっ」으로, 「녹,논」은 일본어에서 같은 발음임.

932. 罵る(ののしる) : 욕을 퍼부으며 떠들다, 떠들어 대다 [꾸짖을 매(罵)]

어원은 「노노하다」(구차한 말로 자꾸 지껄이다). <呶 : 지껄일 노>
『노노 〉 のの』
「のの + する(하다)」 → ののする → ののしる
「ののしる」: 욕을 퍼부으며 떠들다, 떠들어 대다

☛ 노노하다 : 「뇌다+뇌다」(한 번 한 말을 여러 번 거듭 말하다)에서, 「뇌+뇌」가 「노+노」로 바뀐 말로 볼 수 있다.

933. 蚤(のみ) : 벼룩 [벼룩 조(蚤)]

「벼룩」은 높이 뛰는 몸이다.(자기 몸의 100배 높이를 뛸 수 있음)
어원은 「높다」(어간은 높)
『높 〉 노 〉 の』
「の + み(身, 몸)」
「のみ」: 벼룩

934. のめる : 앞으로 기울어지다, 고꾸라질 뻔하다

어원은 「넘어지다」의 「넘어」
『넘어 〉 너머 〉 노머 〉 노메 〉 のめ』
「のめ + る(동사·접미어)」
앞으로 넘어지다.
「のめる」 : 앞으로 기울어지다, 고꾸라질 뻔하다

935. 宣る(のる) : 선언하다, 말하다 [베풀 선(宣)]

어원은 「뇌다」(어간은 뇌)
「뇌다」는 '한 번 한 말을 여러 번 거듭 말하다'.
『뇌 〉 내 〉 の』
「の + る(동사·접미어)」
「のる」 : 선언하다, 말하다

936. 呪う(のろう) : 저주하다 [빌 주(呪)]

어원을 풀어 쓰면,
のる(宣る. 말하다, 선언하다) + う(반복의 의미)
「のるう → のろう」
(악담을) 계속 말해 저주하다.
「のろう」 : 저주하다

937. 肺(はい) : 허파 [허파 폐(肺)]

어원은 「허파」
(1) 허 : 『허 〉 하 〉 は』

(2) 파 : 『파 〉 피 〉 히 〉 의 〉 い』
　　　　[반탁음 피(ぴ) → 청음 히(ひ) → 여린소리 이(い)]
「はい」: 허파

✦ 「肺」는 훈독이 없고 음독이 「はい」임. 순우리말을 '음독'으로 사용한 것으로 볼 수 있다.

---

938. 這う(はう) : 기다, 붙어서 뻗어 가다 [이 저(這)]

어원은 「발발」
「발발」은 '몸을 바닥 가까이 대고 작은 동작으로 기는 모양'
『발(발) 〉 바알 〉 바아 〉 바우 〉 하우 〉 はう』. [탁음 바(ば) → 청음 하(は)]
「はう」: 기다, 붙어서 뻗어 가다

---

939. 蠅(はえ) : 파리 [파리 승(蠅)]

어원은 「파리」
『파리 〉 팔 〉 파알 〉 파아 〉 파에 〉 하에 〉 はえ』
　[반탁음 파(ぱ) → 청음 하(は)]
「はえ」: 파리

*　蚊(か) : 모기

---

940. 映える(はえる) : 빛나다, 비치다 [비칠 영(映)]

어원은 「빛나다」의 「빛」
『빛 〉 밫 〉 밯 〉 바해 〉 하해 〉 하에 〉 はえ』. [탁음 바(ば) → 청음 하(は)]
「はえ + る(동사·접미어)」
「はえる」: 빛나다, 비치다

941. 捗る, 果取る(はかどる) : 진척되다 [거둘 보(捗)]

풀어 쓰면,
「はか(捗, 일이 되어가는 정도) + とる(取る. 잡다, 쥐다)」
「はかとる → はかどる」
「はかどる」: 진척되다

☛ はか(捗) : 일이 되어가는 정도, 일의 진도
　어원은 「はかる」(測る, 재다)
　「はかる → はか」
　「はか」: 일의 진도, 일이 되어가는 정도

※ はかる(測る) : 재다. <274번 참조>

---

942. 儚い(はかない) : 덧없다, 무상하다, 헛되다 [어두울 몽(儚)]

어원은 「헛되다」의 「헛」
『헛 〉핫 〉학 〉하가 〉はか』
「はか + ない(정도가 심하다는 뜻)」
「はかない」: 헛되다, 덧없다, 무상하다

☛ 「핫,학」을 일본어로 표기하면 촉음 「はっ」으로, 「핫,학」은 일본어에서 같은 발음임.

---

943. 履く(はく) : (신발 등을) 신다 [밟을 리(履)]

어원은 「발」
『발 〉바 〉하 〉は』. [탁음 바(ば) → 청음 하(は)]
「は + く(동사·접미어)」

발에 신발을 신다.
「はく」: (신발 등을) 신다

944. 剝ぐ(はぐ) : 벗기다 [벗길 박(剝)]

어원은 「벗기다」(어간은 벗기)
『벗기 〉 버기 〉 바기 〉 바구 〉 하구 〉 はぐ』. [탁음 ば(바) → 청음 は(하)]
「はぐ」: 벗기다

* 剝げる(はげる) : 벗겨지다
* 禿げる(はげる) : 머리가 벗어지다

945. 逸れる(はぐれる) : 일행과 떨어지다, 일행을 놓치다 [편안할 일(逸)]

어원은 「뿔뿔이」의 「뿔」
『뿔 〉 빨 〉 빠구 〉 하구 〉 はぐ』. [반탁음 빠(ぱ) → 청음 하(は)]
「はぐ + れる(동사를 만듦)」
홀로 뿔뿔이 되다(→일행과 떨어지다).
「はぐれる」: 일행과 떨어지다, 일행을 놓치다

☛ 우리말 종성 「ㄹ」이 일본어로 바뀔 때, 자음이 「ㄱ, ㅁ, ㅅ, ㅈ, ㅊ, ㄷ」으로 바뀌며 모음(ㅣ, ㅡ, ㅏ, ㅜ 등)이 붙는다.

946. 励む(はげむ) : 힘쓰다, 열중하다 [힘쓸 려(励)]

어원은 「빡세다」의 「빡」
『빡 〉 빠게 〉 하게 〉 はげ』. [반탁음 빠(ぱ) → 청음 하(は)]
「はげ + む(동사·접미어)」

409

빡세게 하다(→힘쓰다).
「はげむ」: 힘쓰다, 열중하다

* 励ます(はげます) : 격려하다

---

947. 化ける(ばける) : 바뀌다, 둔갑하다 [될 화(化)]

어원은 「바뀌다」(어간은 바뀌)
『바뀌 〉 바께 〉 ばけ』
「ばけ + る(동사·접미어)」
「ばける」: 바뀌다, 둔갑하다

* 化け物(ばけもの) : 도깨비

---

948. 恥(はじ) : 부끄러움, 수치 [부끄러울 치(恥)]

어원은 「붓그리다」의 「붓」. '부끄러워하다'의 옛말.
『붓 〉 밧 〉 밪 〉 바지 〉 하지 〉 はじ』. [탁음 바(ば) → 청음 하(は)]
「はじ」: 부끄러움, 수치

* はじらう(恥じらう) : 부끄러워하다

---

949. 弾く(はじく) : 튀기다, 퉁기다 [탄알 탄(弾)]

어원은 「활」
여기서의 「활」은 '찰현 악기(바이올린, 첼로)의 현을 켜는 데에 쓰는 도구'
『활 〉 할 〉 하지 〉 はじ』
「はじ + く(동사·접미어)」
활을 퉁겨 연주하다.

「はじく」: 퉁기다, 튀기다

☛ 우리말 종성 「ㄹ」이 일본어로 바뀔 때, 자음이 「ㄱ, ㅁ, ㅅ, ㅈ, ㅊ, ㄷ」으로 바뀌며 모음(ㅣ, ㅡ, ㅏ 등)이 붙는다.

---

950. 燥ぐ(はしゃぐ) : ①까불며 떠들다, 우쭐해져서 큰소리치다 ②마르다, 건조하다 [마를 조(燥)]

(1) 어원은 「우쭐」(의기양양하여 뽐내는 모양)
  『우쭐 〉 우쭈 〉 아짜 〉 아샤 〉 하샤 〉 はしゃ』
  「はしゃ + ぐ(동사·접미어)」
  우쭐대며 까불다.
  「はしゃぐ」: 까불며 떠들다, 우쭐해져서 큰소리치다

(2) 어원은 「바싹」(물기가 다 말라 버리거나 타들어 가는 모양).
  『바싹 〉 바싸 〉 하샤 〉 はしゃ』. [탁음 바(ば) → 청음 하(は)]
  「はしゃ + ぐ(동사·접미어)」
  「はしゃぐ」: 마르다, 건조하다

---

951. はた(端) : 가, 가장자리, 끝 [끝 단(端)]

「가」는 「'바깥쪽' 부분」을 뜻하는 것에서,
어원은 「바깥」
『바깥 〉 바까 〉 밖 〉 박 〉 받 〉 바다 〉 하다 〉 はた』. [탁음 바(ば) → 청음 하(は)]
「はた」: 가, 가장자리, 끝

※ 「박,받」을 일본어로 표기하면 촉음 「ばっ」으로, 「박,받」은 일본어에서 같은 발음임.

952. はだし(跣, 裸足) : 맨발, 도저히 따라 가지 못함 [맨발 선(跣)]

풀어 쓰면,
「はだか(裸, 맨몸) + あし(足, 발)」
「はだか·あし → はだし」
「はだし」: 맨발, 도저히 따라 가지 못함

953. 果す(はたす) : 다하다, 완수하다 [실과 과(果)]

어원을 풀어 쓰면,
「はた(端. 가, 가장자리, 끝) + す(동사·접미어)」
끝까지 하다.
「はたす」: 다하다, 완수하다

<연상> 밭(はた, 畑) 일을 「완수하다」 → はたす

954. はっと : 퍼뜩, 문득

어원은 「파뜩」(=퍼뜩)
『파뜩 〉 파뜨 〉 파또 〉 하또 〉 はっと』. [반탁음 파(ぱ) → 청음 하(は)]
「はっと」: 퍼뜩, 문득

955. 果てる(はてる) : 끝나다, 목숨이 다하다 [실과 과(果)]

어원을 풀어 쓰면,
「はて(果て. 끝, 끝장) + る(동사·접미어)」
「はてる」: 끝나다, 목숨이 다하다

* さいはて(最果て) : 맨 끝(의 장소), 땅 끝

☛ はて(果て) : 끝, 끝장, 종말
「はた」(端, 끝)가 「はて」로 바뀐 말
「はた → はて」
「はて」: 끝, 끝장, 종말

956. ばてる : 지치다, 녹초가 되다

어원은 「뻗다」(어간은 뻗)
「뻗다」는 '기진맥진하여 쓰러지다'.
『뻗 〉 빧 〉 빠데 〉 바데 〉 ばて』
「ばて + る(동사·접미어)」
「ばてる」: 지치다, 녹초가 되다

☛ 「ばてる」의 語頭가 탁음(濁音)인 것은, 야마토 고토바(大和言葉)에서 부정적인 뜻의 말은 語頭에 淸音이 아닌 탁음이 오는 경우가 있기 때문이다.

957. 花びら(はなびら) : 꽃잎, 꽃잎 하나 [꽃 화(花)]

풀어 쓰면,
「はな(花, 꽃)+-ひら(片·枚. 편, 조각)」
「はなひら → はなびら」
「はなびら」: 꽃잎

☛ -ひら(片, 枚) : 얇고 평평한 것의 수를 나타내는 말(편, 조각).
「ひら(平, 평평함)」와 같은 어원(語源)이다.

958. はばたく(羽ばたく) : 날개치다, 홰치다 [깃 우(羽)]

풀어 쓰면,
「はね(羽·羽根, 날개) + はたく(叩く. 털다, 털어내다, 치다)」
「はね·はたく → ははたく → はばたく」
「はばたく」: 날개치다, 홰치다

- はたく(叩く) : 털다, 털어내다, 치다
  「はね(羽, 날개) + たたく(叩く. 치다, 때리다)」
  「はね·たたく → はたたく → はたく」
  날개를 쳐서 (물기를) 털어내다
  「はたく」: 털다, 털어내다, 치다

959. 阻む(はばむ) : 방해하다, 저지하다 [막힐 조(阻)]

어원은 「말리다」(어간은 말리)
「말리다」는 '하고자 하는 어떤 행동을 못하게 방해하다'.
『말리 〉 마리 〉 말 〉 마바 〉 바바 〉 하바 〉 하바』
 ① bmw 후진 변화 : 마 → 바
 ② 탁음 바(ば) → 청음 하(は)
「はば + む(동사·접미어)」
「はばむ」: 방해하다, 저지하다

- 우리말 종성 「ㄹ」이 일본어로 바뀔 때, 자음이 「ㄱ, ㅁ(ㅂ), ㅅ, ㅈ, ㅊ, ㄷ」으로 바뀌며 모음(ㅣ, ㅡ, ㅏ 등)이 붙는다.

960. 浜(はま) : 해변의 모래밭 [물가 빈(浜)]

어원은 「펄」

「펄」은 '밀물 때는 물에 잠기고 썰물 때는 물 밖으로 드러나는 모래 점토질의 평탄한 땅'.
『펄 〉 팔 〉 파마 〉 하마 〉 はま』. [반탁음 파(ぱ) → 청음 하(は)]
「はま」: 해변의 모래밭

- 우리말 종성 「ㄹ」이 일본어로 바뀔 때, 자음이 「ㄱ, ㅁ, ㅅ, ㅈ, ㅊ, ㄷ」으로 바뀌며 모음(ㅣ, ㅡ, ㅏ 등)이 붙는다.

※ 「요코하마」(横浜, よこはま) : 神奈川県(かながわけん)의 현청 소재지로 해변에 있는 도시

961. 晴らす(はらす) : 풀다, 해소시키다 [갤 청(晴)]

어원은 「풀다」(어간은 풀)
『풀 〉 팔 〉 파라 〉 하라 〉 はら』. [반탁음 파(ぱ) → 청음 하(は)]
「はら+す(동사·접미어)」
「はらす」: 풀다, 해소시키다

* きばらし(気晴らし) : (울적한 마음의) 기분전환

962. 妊む(はらむ) : 임신하다, 품다 [임신할 임(妊)]

「배」(はら, 腹)를 동사화한 말이다.
「はらむ」: 임신하다

- はら(腹) : 배
  사람의 신체에서 벌판(はら, 原)같이 너른 곳이 「배」다.
  「はら」: 배

963. 貼る(はる) : 붙이다 [붙일 첩(貼)]

어원은 「바르다」(어간은 바르)
「바르다」는 '풀칠한 종이를 다른 물건의 표면에 고루 붙이다'
『바르 〉 바루 〉 하루 〉 はる』. [탁음 바(ば) → 청음 하(は)]
「はる」 : 붙이다

964. 遥か(はるか) : 아득하게 먼 모양, 아득히 [멀 요(遥)]

어원은 고어(古語) 「하다」의 활용 「할」
「하다」는 「많다, 크다, 높다」의 옛말.
『할 〉 하루 〉 はる』
「はる + か(상태, 성질을 나타냄)」 → はるか
(하늘이) 높아 '아득하게 멀리' 느껴지다.
「はるか」 : 아득하게 먼 모양, 아득히

  * はるかに : 몹시 차이가 있는 모양, 훨씬

965. はるばる(遥遥) : 아득히 먼 모양, 멀리서 오는 모양 [멀 요(遥)]

어원은 はるか(遥か, 아득히)
「はる(か) + はる(か)」 → はるはる → はるばる
「はるばる」 : 아득히 먼 모양, 멀리서 오는 모양

966. 腫れる(はれる) : 붓다 [종기 종(腫)]

문어형은 「はる」

어원은 「붓다」(어간은 붓)
『붓 〉부 〉바 〉は』. [탁음 바(ば) → 청음 하(は)]
「は + る(동사·접미어)」→ はる → はれる」.(하1단화, 구어형)
「はれる」: 붓다

---

967. ばれる : 발각되다, 탄로 나다

어원은 「발」(=발쇠)
「발」은 '남의 비밀을 캐내어 다른 사람에게 넌지시 알려 주는 짓'
『발 〉바래 〉ばれ』
「ばれ + る(동사·접미어)」
「ばれる」: 발각되다, 탄로 나다

---

968. ひいき(贔屓·贔負) : 후원함, 후원자 [힘쓸 비(贔)]

어원은 「벗바리」(뒷배를 보아 주는 사람)
(1) 벗 : 『벗 〉버 〉비 〉히 〉ひ』. [탁음 비(び) → 청음 히(ひ)]
(2) 바리 : 『바리 〉발 〉빌 〉비기 〉히기 〉이기 〉いき』
　　　[탁음 비(び) → 청음 히(ひ) → 여린소리 이(い)]
「ひいき」: 후원함, 후원자

☞ 우리말 종성 「ㄹ」이 일본어로 바뀔 때, 자음이 「ㄱ, ㅁ, ㅅ, ㅈ, ㅊ, ㄷ」으로 바뀌며 모음(ㅣ, ㅡ, ㅏ 등)이 붙는다.

---

969. 秀でる(ひいでる) : 빼어나다, 뛰어나다 [빼어날 수(秀)]

문어형은 「ひいづ」(秀づ)
어원은 「빼어나다의」의 「빼어」
『빼어 〉삐이 〉히이 〉ひい』. [반탁음 삐(ぴ) → 청음 히(ひ)]

「ひい+づ(동사·접미어)」→ ひいづ → ひいでる.(하단화, 구어형)
「ひいでる」: 빼어나다, 뛰어나다

---

970. 控える(ひかえる) : ①잡아끌다, 대기시키다 ②삼가다, 보류하다 [당길 공(控)]

(1) 「ひか(引か. 引く의 미연형, 당기다) + う(계속·반복의 뜻)」→ ひかう
「ひかう → ひかえる」.(하단화)
계속 당기다(잡아끌다).
「ひかえる」: 잡아끌다, 대기시키다

(2) 마음을 잡아 당겨(자제하여) 삼가다.
「ひかえる」: 삼가다, 보류하다

쉬어 가는 곳(22)

연상암기 4

1. うんざり : 진절머리가 남, 지긋지긋함
   운운하는(이러쿵저러쿵 말하다) **자리**는, 정말 「지긋지긋하다」.

2. あっさり : 담박하게, 산뜻하게, 간단하게, 깨끗이
   바지락(**あさり**, 浅蜊) 국을 「담백하게」 끓이다.

3. ありあり : 뚜렷이, 역력히, 똑똑히
   「아리아리하다」는 '여럿이 뒤섞여 <u>또렷하게 분간하기 어렵다</u>'
   <우리말과 반대임>

4. 姦しい(かしましい) : 시끄럽다
   가시나 셋만 모이면 **마**, 「시끄럽다」.

5. 辛うじて(かろうじて) : 겨우, 간신히
   과로(**かろう**, 過労)로 몸살이 났지만, 「겨우」 하던 일을 마무리하다.

6. 幸い(さいわい) : 행복, 다행
   「**사이** + **와이**프(wife, 아내)」 → 와이프와 사이가 좋아 「행복하다」

7. やしなう(養う) : 기르다, 양육하다, 사육하다
   집에 **야시** 같은 딸을 「기르다」 → やしなう

971. 僻む(ひがむ) : 비뚤어지게 생각하다, 곡해하다 [궁벽할 벽 (僻)]

풀어 쓰면,
「ひが-(僻, 비뚤어진) + む(동사·접미어)」
「ひがむ」: 비뚤어지게 생각하다, 곡해하다

☞ ひが-(僻) : 비뚤어진
　어원은「삐끼다」(어간은 삐끼). '삐뚤어지다'의 뜻.
　『삐끼 〉 히끼 〉 히기 〉 히가 〉 ひが』.
　[반탁음 삐(ぴ) → 청음 히(ひ)]
　「ひが-」: 비뚤어진

972. 率いる(ひきいる) : 거느리다, 이끌다, 인솔하다 [거느릴 솔 (率)]

어원은「이끌다」(어간은 이끌)
『이끌 〉 이끄리 〉 이끼리 〉 이끼이 〉 いきい』.(ㄹ 탈락)
「いきい + る(동사·접미어)」→ いきいる → ひきいる
「ひきいる」: 이끌다, 거느리다, 인솔하다

973. 歪む(ひずむ) : 비뚤어지다, 일그러지다, 뒤틀리다 [기울 왜 (歪)]

어원은「삐지다」(어간은 삐지)
「삐지다」는 '마음이 토라지다'(뒤틀리다).
『삐지 〉 삐즈 〉 히즈 〉 ひず』. [반탁음 삐(ぴ) → 청음 히(ひ)]
「ひず + む(동사·접미어)」
「ひずむ」: 비뚤어지다, 일그러지다, 뒤틀리다

974. 密か(ひそか) : 가만히 몰래 함 [빽빽할 밀(密)]

어원은 「몰래」
『몰래 〉 모래 〉 몰 〉 밀 〉 미소 〉 비소 〉 히소 〉 ひそ』
 ① bmw 후진 변화 : 미 → 비
 ② 탁음 비(び) → 청음 히(ひ)
「ひそ + か(성질, 상태를 나타냄)」
「ひそか」 : 가만히 몰래 함

☛ '일본 어원설'에 「みそか」(密か. 내밀, 비밀)가 변화했다는 설이 있음.

975. 潜む(ひそむ) : 숨다, 잠재하다 [무자맥질할 잠(潜)]

풀어 쓰면,
「ひそか(密か, 가만히 몰래 함) + む(동사·접미어)」
「ひそ·(か) + む」 → ひそむ
「ひそむ」 : 숨다, 잠재하다

976. 浸す(ひたす) : 담그다, 잠그다 [잠길 침(浸)]

어원은 「ひたひた」(무엇이 물에 잠길랑 말랑한 상태, 바특이)
「ひた + す(동사·접미어)」
바특이 물에 담그다.
「ひたす」 : 담그다, 잠그다

 * 浸る(ひたる) : 잠기다, 물속에 잠기다

 ☛ ひたひた : 무엇이 물에 잠길랑 말랑한 상태, 바특이
   어원은 「바특이」의 「바특」

『바특 〉 바트 〉 바타 〉 비타 〉 히타 〉 ひた』. [탁음 비(び) → 청음 히(ひ)]
「ひたひた」 : 바특이

977. ひたすら(只管) : 오로지, 그저, 일념(一念)으로, 한결같이

풀어 쓰면,
「ひた(直. 오로지, 다만)+すら(...조차)」
「ひたすら」: 오로지, 그저, 일념(一念)으로, 한결같이

☛ ひた-(直) : 오로지, 다만
  어원은 「ひと」(一, 하나)
  「ひと」가 「ひた」로 바뀜
  「ひた-」 : 오로지, 다만

978. 雛(ひな) : 날짐승의 새끼, 병아리 [병아리 추(雛)]

어원은 「삐아리」('병아리'의 방언)
『삐아리 〉 삐알 〉 삐아 〉 삥 〉 삔 〉 삐나 〉 히나 〉 ひな』.(ん음가 : ㄴ,ㅁ,ㅇ)
  [반탁음 삐(ぴ) → 청음 히(ひ)]
「ひな」 : 병아리, 날짐승의 새끼

☛ ひな祭り(ひなまつり)
  3월 3일의 여자 아이의 명절에 시내는 행사. 세단(祭壇)에 일본 옷을 입힌 직은 인형들을 진열하고 떡·감주·복숭아꽃 등을 차려 놓음.

979. 鄙(ひな) : 시골, 촌 [더러울 비(鄙)]

어원은 「스ㄱ불」의 「불」. '시골'의 옛말.
『불 〉 벌 〉 빌 〉 비일 〉 비이 〉 빙 〉 빈 〉 비나 〉 히나 〉 ひな』

[탁음 비(び) → 청음 히(ひ)]

시골은 「**불**」(벌, 原)에 있는 것이고, 「벌」은 땅이나 흙을 의미한다.

「ひな」: 시골, 촌

* ん음가 : ㄴ,ㅁ,ㅇ

---

980. ひなた(日向) : 양지, 양달 [날 일(日)]

풀어 쓰면,

「ひ(日, 해) + な(=の) + かた(方. 쪽, 방향)」

「ひな·かた 〉ひなた」

해의 쪽이 양지다.

「ひなた」: 양지, 양달

---

981. 姫(ひめ) : 여성에 대한 미칭 [여자 희(姫)]

어원을 풀어 쓰면,

「ひ(日, 해) + め(女, 여성)」

해 같은 여성

「ひめ」: 여성에 대한 미칭

☞ 우리말에도 「아지매, 할매」와 같이 여성명사 뒤에 「매」가 붙는다.

---

982. 秘める(ひめる) : 숨기다 [숨길 비(秘)]

풀어 쓰면,

「ひ(秘의 음독) + める(동사를 만듦)」

「ひめる」: 숨기다

* 秘密(ひみつ) : 비밀

983. 平(ひら) : 평평함, 보통 [평평할 평(平)]

어원은 「벌」(벌판, 넓고 평평하게 생긴 땅).
『벌 〉빌 〉비라 〉히라 〉ひら』. [탁음 비(び) → 청음 히(ひ)]
벌은 평평한 것에서.
「ひら」: 평평함, 보통

984. 閃く(ひらめく) : 번뜩이다, 순간적으로 번쩍이다 [번쩍일 섬(閃)]

풀어 쓰면,
「ひらひら(빛이 흔들리는 모양) + めく(…경향을 띠다, …처럼 보이다)」
불빛이 갑자기 흔들리며 번쩍이다.
「ひらめく」: 번뜩이다, 순간적으로 번쩍이다

- ひらひら : 깃발이 바람에 나부끼는 모양, 팔랑팔랑, 불·빛이 흔들리는 모양
  어원은 「팔랑팔랑」
  『팔랑 〉파라 〉피라 〉히라 〉ひら』. [반탁음 피(ぴ) → 청음 히(ひ)]
  (깃발이나 빛이) 팔랑팔랑거리다.
  「ひらひら」: 팔랑팔랑, 불·빛이 흔들리는 모양

985. 翻る(ひるがえる) : 갑자기 바뀌다, 뒤집히다, 나부끼다 [날 번(翻)]

풀어 쓰면,
「ひらひら(팔랑팔랑) + かえる(反る, 뒤집히다)」
「ひら·かえる → ひるかえる → ひるがえる」
팔랑팔랑 바람이 불어 「뒤집히다」
「ひるがえる」: 갑자기 바뀌다, 뒤집히다, 나부끼다

986. ひるむ(怯む) : 기가 죽다, 질리다, 겁먹다 [겁낼 겁(怯)]

어원은 「벌벌」(추위·두려움으로 몸을 크게 떠는 모양)
『벌(벌) 〉 빌 〉 비루 〉 히루 〉 ひる』. [탁음 비(び) → 청음 히(ひ)]
「ひる + む(동사·접미어)」
벌벌 떨며 기가 죽다.
「ひるむ」: 기가 죽다, 질리다, 겁먹다

987. ひれ(鰭) : 지느러미 [지느러미 기(鰭)]

물고기의 「발」(足)이 '지느러미'인 것에서, 어원은 「발」
『발 〉 빌 〉 비래 〉 히래 〉 ひれ』. [탁음 비(び) → 청음 히(ひ)]
「ひれ」: 지느러미

☞ 지느러미발 : 고래나 물개류 따위에서 볼 수 있는 지느러미 모양으로 된 다리.
평편(平便)하여 헤엄치기에 알맞게 되어 있다.

988. 噴く(ふく) : 뿜어 나오다, 내뿜다 [뿜을 분(噴)]

어원은 「뿜다」(어간은 뿜)
『뿜 〉 뿌 〉 후 〉 ふ』. [반탁음 뿌(ぷ) → 청음 후(ふ)]
「ふ + く(동사·접미어)」
「ふく」: 뿜어 나오다, 내뿜다

* 噴き出す(ふきだす) : 내뿜다, 분출하다

989. ふぐ(河豚) : 복어 [물 하(河)]

어원은 「복어」(복魚)의 「복」
『복 〉 보구 〉 부구 〉 후구 〉 ふぐ』. [탁음 부(ぶ) → 청음 후(ふ)]
「ふぐ」 : 복어

☛ フグ毒は青酸(せいさん)カリの500倍の強さがある猛毒(もうどく)です.
　(복어 독은 청산가리의 500배나 강한 맹독입니다.)

990. 膨れる, 脹れる(ふくれる) : 부풀다, 불룩해지다 [부풀 팽(膨)]

문어형은 「ふくる」(膨る)
어원은 「불룩해지다」의 「불룩」
『불룩 〉 부루 〉 불 〉 부구 〉 후구 〉 ふく』. [탁음 부(ぶ) → 청음 후(ふ)]
「ふく + る(동사·접미어)」 → ふくる → ふくれる.(하1단화, 구어형)
「ふくれる」 : 불룩해지다, 부풀다

* ふくらす(膨らす, 脹らす) : 부풀리다

☛ 우리말 종성 「ㄹ」이 일본어로 바뀔 때, 자음이 「ㄱ, ㅁ, ㅅ, ㅈ, ㅊ, ㄷ」으로 바뀌며 모음(ㅣ, ㅡ, ㅏ, ㅜ 등)이 붙는다.

991. ふけ : 비듬

어원은 「비듬」
『비듬 〉 비드 〉 빋 〉 붇 〉 북 〉 부게 〉 후게 〉 ふけ』. [탁음 부(ぶ) → 청음 후(ふ)]
「ふけ」 : 비듬

☛ 「붇,북」을 일본어로 표기하면 촉음 「ぶっ」으로, 「붇,북」은 일본어에서 같은 발음임.

992. 耽る(ふける) : 탐닉하다, 빠지다 [즐길 탐(耽)]

어원은 「혹하다」(어근은 혹)
「혹하다」는 '홀딱 반하거나 빠져서 정신을 못차리다'.
『혹 〉 호게 〉 후게 〉 ふけ』
「ふけ + る(동사·접미어)」
「ふける」: 탐닉하다, 빠지다

993. 房, 総(ふさ) : 술, 송이 [방 방(房)]

「술」은 '기(旗), 책상보, 옷 등에 장식으로 다는 여러 가닥의 실'.
어원은 「三묵실」(세 올로 드린 실)의 「묵실」
『묵실 〉 무시 〉 무사 〉 보사 〉 호사 〉 ふさ』
  ① bmw 후진 변화 : 무 → 부
  ② 탁음 부(ぶ) → 청음 후(ぶ)
여러 가닥으로 드린 실이 '술'이다.
「ふさ」: 술, 송이

994. ふさう(相応う) : 어울리다, 상응하다

어원은 「어울리다」의 유의어 「맞다」(어간은 맞)
『맞 〉 맛 〉 뭇 〉 무사 〉 보사 〉 호사 〉 ふさ』
  ① bmw 후진 변화 : 무 → 부
  ② 탁음 부(ぶ) → 청음 후(ふ)
「ふさ + う(동사·접미어)」
「ふさう」: 어울리다, 상응하다

* ふさわしい(相応しい) : 어울리다. 걸맞다

☛ 우리말 종성 「ㄹ」이 일본어로 바뀔 때, 자음이 「ㄱ, ㅁ, ㅅ, ㅈ, ㅊ, ㄷ」으로 바뀌며 모음(ㅣ, ㅡ, ㅏ 등)이 붙는다.

---

995. 札(ふだ) : 표, 팻말 [편지 찰(札)]

어원은 「팻말」의 「팻」
『팻 〉팓 〉패다 〉푸다 〉후다 〉ふだ』. [반탁음 푸(ぷ) → 청음 후(ふ)]
「ふだ」: 팻말, 표

---

996. 淵(ふち) : 강물의 깊은 곳, 깊은 못, 소(沼, 못) [못 연(淵)]

어원은 「못」
『못 〉믓 〉뭊 〉무지 〉부지 〉후지 〉ふち』
 ① bmw 후진 변화 : 무 → 부
 ② 탁음 부(ぶ) → 청음 후(ふ)
「ふち」: 깊은 못, 강물의 깊은 곳, 소(沼, 못)

《일본 어원설》
「ふかい(深い, 깊다) + ち(地, 땅)」→ ふち
(수심이) 깊은 땅이 소(沼, 못)이다.

---

997. 懐(ふところ) : 품, 호주머니 [품을 회(懐)]

풀어 쓰면,
「ふかい(深い, 깊다) + ところ(所·処. 곳, 장소)」
「ふかい·ところ → ふところ」
옷의 깊은 곳(품)

「ふところ」: 품, 호주머니

998. 文, 書(ふみ) : 서한, 문서 [글월 문(文)]

어원은「글발」의「발」. '적어 놓은 글'.
『발 〉 불 〉 부미 〉 후미 〉 ふみ』. [탁음 부(ぶ) → 청음 후(ふ)]
「ふみ」: 서한, 문서

☞ 우리말 종성「ㄹ」이 일본어로 바뀔 때, 자음이「ㄱ, ㅁ, ㅅ, ㅈ, ㅊ, ㄷ」으로 바뀌며 모음(ㅣ, ㅡ, ㅏ 등)이 붙는다.

999. −ベ(辺) : …가, 근처

「가」는 '경계에 가까운 바깥(밖) 쪽 부분'을 말함.
어원은「밖」
『밖 〉 바 〉 배 〉 ベ』
「−ベ」: …가, 근처

* うみべ(海辺) : 해변, 바닷가

1000. へつらう(諂う) : 아첨하다, 알랑거리다 [아첨할 첨(諂)]

어원은「따리」
「따리」는 '알랑거리면서 남의 비위를 맞추는 짓이나 말'
『따리 〉 뜨리 〉 뜨라 〉 つら』
「へ(=へへ, 웃는 소리) + つら + う(동사·접미어)」
헤헤거리며 알랑거리면서 아첨하다.
「へつらう」: 아첨하다, 알랑거리다

* 따리(를) 붙이다 : 남의 마음을 사려고 아첨하다.

1001. 箆(へら) : 주걱 [빗치개 비(箆)]

어원은 「빗」(머리 빗는 빗, 참빗)
『빗 〉 비 〉 배 〉 해 〉 へ』. [탁음 배(べ) → 청음 해(へ)]
「へ + ら(접미어)」
주걱은 참빗과 생긴 모양이 비슷한 것에서.
「へら」: 주걱

<출처> : 岩波古語辞典(大野 晋)

1002. 謙る, 遜る(へりくだる) : 겸양하다, 자기를 낮추다 [겸손할 겸(謙)]

풀어 쓰면,
「へり(減り, 줄다) + くだる(下る, 내리다)」
자기 자신을 줄이고 내리다.
「へりくだる」: 겸양하다, 자기를 낮추다

1003. 経る, 歴る(へる) : 지나다, 경과하다 [지날 경(経)]

어원은 「해」(日)
『해 〉 へ』
「へ + る(동사·접미어)」
해가 가다(세월이 가다).
「へる」: 지나다, 경과하다

1004. 穗(ほ) : 이삭, 이삭 모양의 것 [이삭 수(穗)]

「이삭이 패다」에서, 어원은 「패다」(어간은 패)
『패 〉 포 〉 호 〉 ほ』. [반탁음 포(ぽ) → 청음 호(ほ)]
「ほ」: 이삭

※ ほこ(矛, 미늘창) : 끝이 이삭 모양(ほ)의 꼬챙이(穗木).

1005. 帆(ほ) : 돛 [돛 범(帆)]

어원은 「돛」
『돛 〉 돟 〉 도호 〉 호 〉 ほ』.(두음 생략)
「ほ」: 돛

* 帆舟(ほぶね) : 돛배
  帆船(はんせん) : 범선

1006. 葬る(ほうむる) : 매장하다, 장사 지내다 [장사지낼 장(葬)]

어원은 「뼈묻다」(어간은 뼈묻)
(1) 뼈 :『뼈 〉 뽀 〉 뽀오 〉 호오 〉 ほう』. [반탁음 뽀(ぽ) → 청음 호(ほ)]
(2) 묻 :『묻 〉 무 〉 む』
「ほう·む + る(동사·접미어)」
「ほうむる」: 매장하다, 장사 지내다

1007. ぼかす(暈す) : 바림하다, 선염하다, 어물거리다, 애매하게 말하다 [무리 훈(暈)]

어원은 「바림하다」의 어근 「바림」
『바림 〉 보림 〉 보리 〉 볼 〉 보가 〉 ぼか』
「ぼか+す(동사·접미어)」
「ぼかす」: 바림하다, 선염하다, 어물거리다, 애매하게 말하다

* 바림 : 색깔을 칠할 때 한쪽을 짙게 하고, 다른 쪽으로 갈수록 차츰 엷게 나타나도록 하는 일.

☞ 우리말 종성 「ㄹ」이 일본어로 바뀔 때, 자음이 「ㄱ, ㅁ, ㅅ, ㅈ, ㅊ, ㄷ」으로 바뀌며 모음(ㅣ, ㅡ, ㅏ, ㅗ 등)이 붙는다.

1008. ほかほか : 따끈따끈, 후끈후끈

어원은 「후끈후끈」
『후끈 〉 후끄 〉 호끄 〉 호까 〉 ほか』
「ほかほか」: 후끈후끈, 따끈따끈

1009. 解す(ほぐす) : 풀다, 부드럽게 하다 [풀 해(解)]

어원은 「풀다」(어간은 풀)
『풀 〉 폴 〉 포구 〉 호구 〉 ほぐ』. [반탁음 포(ぽ) → 청음 호(ほ)]
「ほぐ+す(동사·접미어)」
「ほぐす」: 풀다, 부드럽게 하다

☞ 우리말 종성 「ㄹ」이 일본어로 바뀔 때, 자음이 「ㄱ, ㅁ, ㅅ, ㅈ, ㅊ, ㄷ」으로 바뀌며 모음(ㅣ, ㅡ, ㅏ, ㅜ 등)이 붙는다.

1010. 惚ける(ぼける) : (감각·의식) 흐려지다, 멍청해지다 [황홀할 홀(惚)]

어원은 「보얗게 되다」의 「보얗게」
「보얗다」는 '연기나 안개가 낀 것처럼 선명하지 못하다'.
『보얗게 〉 보야케 〉 보케 〉 ぼけ』
「ぼけ + る(동사·접미어)」
「ぼける」: (감각·의식 등이) 흐려지다, 멍청해지다

* ぼやける : 희미해지다, 부예지다
* とぼける(惚ける) : 얼빠지다, 정신 나가다

☛ 「ぼける」와 「ぼやける」의 차이
시각적으로는 「ぼける」와 「ぼやける」는 같은 의미다.
그러나, 「ぼける」에는 「멍청해지다」라는 뜻이 하나 더 있다.

1011. ぼこ(凹) : 우묵함, 우묵한 것 [오목할 요(凹)]

「우묵함」은 '가운데가 둥그스름하게 푹 패거나 들어가 있는 모양'.
어원은 「푹」('깊고 뚜렷이 팬 모양')
『푹 〉 푸고 〉 포고 〉 보고 〉 ぼこ』. [반탁음 포(ぽ) → 탁음 보(ぼ)]
「ぼこ」: 우묵함, 우묵한 것

* でこぼこ(凸凹, とつおう) : 철요(요철), 울퉁불퉁함

1012. 誇る(ほこる) : 뽐내다, 빼기다, 자랑하다 [자랑할 과(誇)]

어원은 「뻐기다」(어간은 뻐기)
『뻐기 〉 뽀기 〉 뽀고 〉 호고 〉 ほこ』. [반탁음 뽀(ぽ) → 청음 호(ほ)]

「ほこ + る(동사·접미어)」
「ほこる」: 뻐기다, 뽐내다, 자랑하다

1013. 綻びる(ほころびる) : 풀리다, (꽃이) 피기 시작하다 [터질 탄(綻)]

문어형은 「ほころぶ」
어원은 「풀리다」(어간은 풀리)
(1) 풀 : 『풀 〉폴 〉포고 〉호고 〉ほこ』. [반탁음 포(ぽ) → 청음 호(ほ)]
(2) 리 : 『리 〉로 〉ろ』
「ほこ·ろ + ぶ(동사·접미어)」 → ほころぶ → ほころびる」.(상1단화, 구어형)
「ほころびる」: 실밥이 풀리다, (꽃이) 피기 시작하다

◆ 우리말 종성 「ㄹ」이 일본어로 바뀔 때, 자음이 「ㄱ, ㅁ, ㅅ, ㅈ, ㅊ, ㄷ」으로 바뀌며 모음(ㅣ, ㅡ, ㅏ, ㅗ 등)이 붙는다.

1014. ほじくる(穿る) : 후비다, 쑤시다 [뚫을 천(穿)]

어원은 「후비다」(어간은 후비)
『후비 〉훕 〉홉 〉홎 〉호지 〉ほじ』
「ほじ + くる(刳る, 후벼 파다)」
「ほじくる」: 후비다, 쑤시다

◆ 「홉, 홎」을 일본어로 표기하면 촉음 「ほっ」으로, 「홉, 홎」은 일본어에서 같은 발음임.

◆ くる(刳る) : 후벼 파다. <624번 참조>

1015. ほじる(穿る) : 후비다, 쑤시다, 캐묻다 [뚫을 천(穿)]

어원은「후비다」(어간은 후비)
『후비 〉훕 〉홉 〉홋 〉호지 〉호지』
「호지 + る(동사·접미어)」
「ほじる」: 후비다, 쑤시다, 캐묻다

☛ 「홉, 홋」을 일본어로 표기하면 촉음「ほっ」으로, 「홉, 홋」은 일본어에서 같은 발음임.

1016. 絆す(ほだす) : 붙어 다니다, 붙들어 매다, 얽매다 [얽어맬 반(絆)]

어원은「붙들다」(어간은 붙들)
『붙들 〉부드 〉보드 〉보다 〉호다 〉호다』. [탁음 보(ぼ) → 청음 호(ほ)]
「ほだ + す(동사·접미어)」
「ほだす」: 붙들어 매다, 붙어 다니다, 얽매다

쉬어 가는 곳(23)

연상암기 5

1. もどかしい : 안타깝다, 초조하다
   「もどる」(戻る, 되돌아가다) → 고향에 되돌아갈 수 없어 「안타깝다」

2. さか(逆) : 거꾸로 된 모양, 거슬러 됨
   「さかな」(魚, 물고기) → 물고기는 물을 「거슬러」 올라간다

3. 嵌まる(はまる) : 꼭 맞다, 들어맞다
   마스크(mask)가 하도 커서, **하마**(河馬) 입에도 「꼭 맞겠다」.
   * 当て嵌まる(あてはまる) : 꼭 들어맞다, 적합하다

4. 妬む(ねたむ) : 질투하다
   남편이 시앗과 잔(**ねた**, 寝た) 것을 본처가 「질투하다」

5. 羊(ひつじ) : 양
   「ひと(人, 사람) + 젖(**저지**)」→ 사람의 젖 대신에 「양젖」을 아이에게 먹이다.

6. 室(むろ) : 방, 산허리에 판 암실(岩室)
   호텔이 너무 커서 '**물어** 물어' 「방」을 찾아 가다

7. ろくに(碌に) : (否定을 수반해서) 제대로, 충분히, 변변히
   나라의 **녹**(祿)을 받으며 「제대로」 일하지 않는 벼슬아치가 있나.(녹→록→로구)

1017. 解れる(ほつれる) : 흐트러지다, 풀리다 [풀 해(解)]

어원은 「흐트러지다」(어근은 흐트러)
『흐트러 〉 흐트래 〉 호뜨래 〉 ほつれ』
「ほつれ + る(동사·접미어)」
「ほつれる」: 흐트러지다, 풀리다

1018. 解く(ほどく) : 풀다, 알기 쉽게 풀이하다 [풀 해(解)]

어원은 「풀다」(어간은 풀)
『풀 〉 푸도 〉 포도 〉 호도 〉 ほど』. [반탁음 포(ぽ) → 청음 호(ほ)]
「ほど + く(동사·접미어)」
「ほどく」: 풀다, 알기 쉽게 풀이하다

*   解ける(ほどける) : 풀어지다

☛ 우리말 종성 「ㄹ」이 일본어로 바뀔 때, 자음이 「ㄱ, ㅁ, ㅅ, ㅈ, ㅊ, ㄷ」으로 바뀌며 모음(ㅣ, ㅡ, ㅏ, ㅗ 등)이 붙는다.

1019. 施す(ほどこす) : 베풀다, 주다, 시행하다 [베풀 시(施)]

어원을 풀어 쓰면,
「ほとけ(仏, 부처) + す(동사·접미어)」
「ほとけす → ほとこす → ほどこす」
부처님이 자비를 베풀다.
「ほどこす」: 베풀다, 주다, 시행하다

1020. 辺(ほとり) : 근처, 부근 [가 변(辺)]

어원은 「언저리」(근처, 주위)
(1) 언저 : 『언저 〉 어저 〉 엊 〉 옺 〉 옫 〉 오도 〉 호도 〉 호도 〉 호토』
(2) 리 : 『리 〉 り』
「ほとり」 : 근처, 부근

1021. 仄か(ほのか) : 어렴풋한 모양, 아련한 모양 [기울 측(仄)]

어원은 「훤하다」의 「훤」
훤하다는 「조금 흐릿하게 밝다」
『훤 〉 훠노 〉 허노 〉 호노 〉 ほの』
「ほの + か(성질, 상태를 나타냄)」
「ほのか」 : 어렴풋한 모양, 아련한 모양

* 仄めかす(ほのめかす) : 넌지시 말하다, 암시하다

☛ 「환하다」는 '빛이 비치어 밝다'. 「훤하다」는 '조금 흐릿하게 밝다'.

1022. 誉れ(ほまれ) : 명예, 자랑거리 [기릴 예(誉)]

어원은 「뽐」(빼어난 것)
『뽐 〉 뽀마 〉 호마 〉 ほま』. [반탁음 뽀(ぽ) → 청음 호(ほ)]
「ほま + れ(접미어)」
빼어난 것이 명예다.
「ほまれ」 : 명예, 자랑거리

1023. ぼやける : 희미해지다, 부예지다

어원은 「보얗게 되다」의 「보얗게」
『보얗게 〉 보야케 〉 ぼやけ』
「ぼやけ + る(동사·접미어)」
「ぼやける」 : 희미해지다, 부예지다

* 보얗다 : 연기나 안개가 낀 것처럼 선명하지 못하고 조금 하얗다.

1024. 洞(ほら) : 굴, 동굴 [골 동(洞)]

풀어 쓰면,
「ほり(掘り, 파다) + あな(穴, 구멍)」
「ほり·あな → ほりあ → ほら」.(호리아 → 호라)
파 들어간 구멍(→굴).
「ほら」 : 굴, 동굴

1025. 惚れる(ほれる) : 반하다, 넋을 잃다 [황홀할 홀(惚)]

어원은 「홀리다」(어간은 홀리)
「홀리다」는 '유혹에 빠져 넋을 잃고 정신을 차리지 못하다'.
『홀리 〉 호리 〉 호래 〉 ほれ』
「ほれ + る(동사·접미어)」
「ほれる」 : 넋을 잃다, 반하다

1026. 滅びる, 亡びる(ほろびる) : 멸망하다, 망하다 [꺼질 멸(滅)]

문어형은 「ほろぶ」

어원은 「세상베리다」(타계하다)의 「베리다」(어간은 베리).

『베리 〉보리 〉보로 〉호로 〉ほろ』. [탁음 보(ぼ) → 청음 호(ほ)]

「ほろ + ぶ(동사·접미어)」→ ほろぶ → ほろびる(상1단화, 구어형)

「ほろびる」: 멸망하다, 망하다

1027. まがごと(禍事) : 흉사, 재앙 [재앙 화(禍)]

풀어 쓰면,

「まが(禍. 화, 재앙, 불길)+こと(事. 일, 것)」

「まがごと」: 흉사, 재앙

- まが(禍) : 화, 재앙, 흉

  어원은 「멎다」(어간은 멎). '궂거나 흉하다'의 옛말.

  『멎 〉맞 〉막 〉마가 〉まが』

  「まが」: 화, 재앙, 불길

* 「맞,막」을 일본어로 표기하면 촉음 「まっ」으로, 「맞,막」은 일본어에서 같은 발음임.

1028. 賄う(まかなう) : 조달하다, (비용·물자 등을)마련하여 공급하다 [재물 회(賄)]

어원은 「마련하다」(어근은 마련)

『마련 〉마려 〉말 〉마가 〉まか』

「まか + なう(동작을 나타냄)」

「まかなう」: 조달하다, (비용·물자 등을) 마련하여 공급하다

- 우리말 종성 「ㄹ」이 일본어로 바뀔 때, 자음이 「ㄱ, ㅁ, ㅅ, ㅈ, ㅊ, ㄷ」으로 바뀌며 모음(ㅣ, ㅡ, ㅏ 등)이 붙는다.

1029. 薪(まき) : 장작 [섶 신(薪)]

어원을 풀어 쓰면,
「かま(窯, 가마) + き(木, 나무)」
「かまき → まき」
가마에서 때는 나무.
「まき」: 장작

1030. 牧(まき) : 목장 [칠 목(牧)]

어원은 「마구(간)」
'마구'는 말과 소를 기르는 곳이다.
『마구 〉 마기 〉 まき』
「まき」: 목장

* 牧場(ぼくじょう) : 목장

1031. 紛れる(まぎれる) : 헷갈리다, 분간 못하다 [어지러울 분(紛)]

문어형은 「まぎる」(紛る)
「ま(目, 눈) + きる(霧る, 안개가 끼다)」
「まきる → まぎる → まぎれる」.(하1단화, 구어형)
눈앞에 안개가 끼어 헷갈리다.
「まぎれる」: 헷갈리다, 분간 못하다

* 紛らわしい(まぎらわしい) : 헷갈리기 쉽다

☞ きる(霧る) : 안개가 끼다. <105번 참조>

1032. まごつく : 당황하다, 망설이다, 갈피를 못 잡다

풀어 쓰면,
「まごまご(망설이는 모양, 우물쭈물) + -つく(付く, 擬声語·擬態語에 붙어 소리·동작·모양이 그렇게 됨을 나타냄)」
「まごつく」: 당황하다, 망설이다, 갈피를 못 잡다

- まごまご : 망설이는 모양, 우물쭈물, 갈팡질팡
  어원은 「망설이다」(어근은 망설)
  『망설 〉 마서 〉 맛 〉 막 〉 마고 〉 마고』
  「まごまご」: 망설이는 모양, 우물쭈물, 갈팡질팡

* 「맛,막」을 일본어로 표기하면 촉음 「まっ」으로, 「맛,막」은 일본어에서 같은 발음임.

1033. 誠(まこと) : 진실, 진심 [정성 성(誠)]

풀어 쓰면,
「ま(真, 진실) + こと(事. 일, 것)」
「まこと」: 진실, 진심

- ま(真) : 진실
  진실은 「맘」에 있는 것이다.
  『맘 〉 마 〉 ま』
  「ま」: 진실

1034. 正しく(まさしく) : 틀림없이 [바를 정(正)]

어원은 「맞다」(어간은 맞)

『맞 〉맛 〉마사 〉마사』
「まさ → まさし → まさしく」
틀리지 않고 맞게
「まさしく」: 틀림없이

* 正に(まさに) : 바로, 틀림없이, 확실히, 정말로

☛ 「まさし」는 문어(文語) 형용사

1035. 勝る, 優る(まさる) : 낫다, 우수하다 [이길 승(勝)]

어원은 「맏」(제일 서열이 높은, 제일 손위)
『맏 〉맛 〉마사 〉まさ』
「まさ + る(동사·접미어)」
제일 손위인 맏형이 제일 낫다.
「まさる」: 낫다, 우수하다

1036. 交える(まじえる) : 섞다 [사귈 교(交)]

어원은 「맞」('서로'의 뜻)
『맞 〉마지 〉まじ』
「まじ + える(동사를 만듦)」→ まじえる
서로 하다, 즉 「섞다」라는 뜻이다.
「まじえる」: 섞다

* 交じる(まじる) : 섞이다(=交ざる)
  交ぜる(まぜる) : 섞다(=まじえる).[じえ 〉 じぇ 〉 ぜ]
  交わる(まじわる) : 사귀다, 교제하다

1037. まじなう(呪う) : 주술을 부리다, 주문을 외다 [빌 주(呪)]

어원은「빌다」(어간은 빌)
『빌 〉 발 〉 바지 〉 마지 〉 まじ』.(bmw 변화, ㅂ → ㅁ)
「まじ + なう(동작을 나타냄)」
빌면서 주술을 부리다.(빌 呪)
「まじなう」: 주술을 부리다, 주문을 외다

* まじない : 주술, 주문(呪文)

☛ 우리말 종성「ㄹ」이 일본어로 바뀔 때, 자음이「ㄱ, ㅁ, ㅅ, ㅈ, ㅊ, ㄷ」으로 바뀌며 모음(ㅣ, ㅡ, ㅏ 등)이 붙는다.

1038. 鱒(ます) : 송어 [송어 준(鱒)]

우리말에서「송어」를 한자로「松魚」라고 하는 것에서,
어원은「松」(훈독은 まつ)
「まつ → ます」
「ます」: 송어

1039. 升(ます) : 곡물, 액체의 양을 되는 그릇(되, 말) [되 승(升)]

어원은「말」(10되, 약 18리터)
『말 〉 마스 〉 ます』
「ます」: 되, 말

☛ 우리말 종성「ㄹ」이 일본어로 바뀔 때, 자음이「ㄱ, ㅁ, ㅅ, ㅈ, ㅊ, ㄷ」으로 바뀌며 모음(ㅣ, ㅡ, ㅏ 등)이 붙는다.

1040. 股(また) : 갈래, 가랑이 [넓적다리 고(股)]

「바지」에 「가랑이」가 붙어 있는 것에서,
어원은 「바지」의 옛말 「바디」
『바디 〉 바다 〉 마다 〉 また』.(bmw 변화, ㅂ → ㅁ)
「また」 : 가랑이, 갈래

☞ 우리말 종성 「ㄹ」이 일본어로 바뀔 때, 자음이 「ㄱ, ㅁ, ㅅ, ㅈ, ㅊ, ㄷ」으로 바뀌며 모음(ㅣ, ㅡ, ㅏ 등)이 붙는다.

1041. 跨がる·股がる(またがる) : 두 다리를 벌리고 올라타다, 걸치다 [걸터앉을 고(跨)]

풀어 쓰면,
「また(股, 가랑이) + がる(동사화)」
「またがる」 : (가랑이)걸치다, 두 다리를 벌리고 올라타다

 * またぐ(跨ぐ) : 가랑이를 벌리고 서다(넘다)

1042. 瞬く(またたく) : 깜박이다, 눈을 깜작이다 [깜짝일 순(瞬)]

풀어 쓰면,
「ま(目, 눈) + たたく(叩く, 두드리다)」
눈을 두드리다(→깜박이다)
「またたく」 : 깜박이다, 눈을 깜작이다

1043. 纏わる(まつわる) : 얽히다, 휘감기다, 달라붙다 [얽힐 전(纏)]

어원은 「말리다」(어간은 말리). '어떤 사건에 휩쓸려 들어가다'.
『말리 〉 마리 〉 말 〉 마츠 〉 まつ』
「まつ + わる(동사화)」→ まつわる
어떤 일에 휩쓸려 들어가서 얽히다.
「まつわる」: 얽히다, 휘감기다, 달라붙다

- 우리말 종성 「ㄹ」이 일본어로 바뀔 때, 자음이 「ㄱ, ㅁ, ㅅ, ㅈ, ㅊ, ㄷ」으로 바뀌며 모음(ㅣ, ㅡ, ㅏ 등)이 붙는다.

1044. 的(まと) : 과녁, 표적, 목표 [과녁 적(的)]

어원은 「맞다」(어간은 맞)
『맞 〉 맡 〉 마토 〉 まと』
맞는 표적이 「과녁」이다.
「まと」: 과녁, 표적, 목표

1045. まとう(纏う) : 감다, 몸에 걸치다, 얽히다, [얽힐 전(纏)]

어원은 「말다」(어간은 말)
「말다」는 '돌돌 감아 싸다'의 뜻.
『말 〉 마도 〉 まと』
「まと + う(동사·접미어)」
「まとう」: 감다, 몸에 걸치다, 얽히다

* 「マント」を肩(かた)にまとう(망토를 어깨에 걸치다).

- 우리말 종성 「ㄹ」이 일본어로 바뀔 때, 자음이 「ㄱ, ㅁ, ㅅ, ㅈ, ㅊ, ㄷ」으로 바뀌며 모음(ㅣ, ㅡ, ㅏ, ㅗ 등)이 붙는다.

1046. 惑う(まどう) : 망설이다, 어찌할 바를 모르다, 헤매다 [미혹할 혹(惑)]

어원은「망설이다」(어근은 망설)
『망설 〉 마서 〉 맛 〉 맏 〉 마도 〉 まど』
「まど + う(동사·접미어)」
「まどう」: 망설이다, 어찌할 바를 모르다, 헤매다

* とまどう(戸惑う) : 어리둥절해하다, 망설이다, 당황하다

<연상> 종합민원실 창구(まど, 窓)가 많아「헤매다」→ まどう(헤매다)

1047. 微睡む(まどろむ) : 졸다, 겉잠들다 [졸음 수(睡)]

어원은「드렁드렁」(짧고 요란하게 코를 자꾸 고는 소리)
『드렁 〉 드러 〉 도로 〉 どろ』
「ま(目, 눈) + どろ + む(동사·접미어)」→ まどろむ
눈 감고 드렁드렁 코를 골면서 졸다.
「まどろむ」: 졸다, 겉잠들다

1048. 免れる(まぬかれる) : 면하다, 모면하다, 벗어나다 [면할 면(免)]

문어형은「まぬかる」
어원은「면하다」(어근은 면)
『면 〉 만 〉 마누 〉 まぬ』
「まぬ + かる(동사화)」→ まぬかる → まぬかれる.(하1단화, 구어형)
「まぬかれる」: 면하다, 모면하다, 벗어나다

1049. まばゆい(目映い, 眩い) : 눈부시다 [어지러울 현(眩)]

풀어 쓰면,
「ま(目, 눈) + はゆ(映ゆ, 빛나다) + い(형용사·접미어)」
「まはゆい → まばゆい」
「まばゆい」: 눈부시다

☛ はゆ(映ゆ, 빛나다) : はえる(映える, 빛나다)의 문어형. <940번 참조>

1050. 疎ら(まばら) : 뜸, 성김 [성길 소(疎)]

어원을 풀어 쓰면,
「ま(間. 사이, 간격) + あばら(荒ら. 틈새기가 많은 모양, 황폐한 모양)」
「まあばら → まばら」
「まばら」: 뜸, 성김

> **あばら(荒ら) : 황폐한 모양, 틈새기가 많고 문단속이 허술한 모양**
> 어원은 「벌다」(어간은 벌). '틈이 나서 사이가 뜨다'
> 『벌〉발〉바라〉ばら』
> 「あら(荒. 거친, 황폐한) + ばら」→ あらばら → あばら
> 「あばら」: 황폐한 모양, 틈새기가 많고 문단속이 허술한 모양
>   * あばらぼね(あばら骨, 肋骨) : 갈빗대

1051. 塗す(まぶす) : (가루 따위를)온통 처바르다, 묻히다 [칠할 도(塗)]

어원은 「무티다」(어간은 무티). '묻히다'의 옛말.
『무티 〉 묻 〉 묻 〉 맏 〉 맙 〉 마부 〉 まぶ』
「まぶ + す(동사·접미어)」
「まぶす」: 묻히다, (가루 따위를)온통 처바르다

☛ 「맏,맙」을 일본어로 표기하면 촉음 「まっ」으로, 「맏,맙」은 일본어에서 같은 발음임.

1052. 幻(まぼろし) : 환상, 환영 [헛보일 환(幻)]

풀어 쓰면,
「ま(目, 눈) + ほれ(惚れ, 넋을 잃다) + し(접미어)」
「まほれし → まほろし → まぼろし」
눈이 넋을 잃고 헛보이는 것이 환상이다.
「まぼろし」: 환상, 환영

☛ ほれる(惚れる) : 넋을 잃다, 반하다. <1025번 참조>

1053. 塗れる(まみれる) : 투성이가 되다 [칠할 도(塗)]

문어형은 「まみる」
「-투성이」는 '그것이 너무 많은 상태'라는 뜻에서,
어원은 「많다」(어간은 많)
『많 〉 만 〉 맘 〉 마미 〉 まみ』.(ㄴ 음가는 ㄴ, ㅁ, ㅇ)
「まみ + る(동사·접미어)」 → まみる → まみれる.(하단화, 구어형)
「まみれる」: 투성이가 되다

1054. まめ(忠実) : 진실, 성실, 부지런함

어원은 「맘」(마음, 心)
『맘 〉 마메 〉 まめ』
진실은 마음에 있다.
「まめ」: 진실, 성실, 부지런함

1055. 眉(まゆ) : 눈썹 [눈썹 미(眉)]

풀어 쓰면,
「ま(目, 눈) + うえ(上, 위)」
「まうえ 〉 まう 〉 まゆ」
눈 위에 있는 것(눈썹).
「まゆ」: 눈썹

1056. まゆ(繭) : 고치, 누에고치 [고치 견(繭)]

「고치」의 모양이 사람의 '눈썹'을 닮은 것에서
어원은 「まゆ」(眉, 눈썹)
「まゆ」: 고치, 누에고치

1057. 幹(みき) : 나무의 줄기, 사물의 주요 부분 [줄기 간(幹)]

어원을 풀어 쓰면,
「み(身, 몸) + き(木, 나무)」
몸통이 되는 나무의 부분이 '줄기'다.
「みき」: 나무의 줄기, 사물의 주요 부분

1058. 見窄らしい(みすぼらしい) : 초라하다, 빈약하다 [좁을 착(窄)]

어원은「좁다」(어간은 좁)
『좁 〉 조보 〉 주보 〉 <u>す</u>ぼ 〉 <u>す</u>ぼ』.(탁음 ず → 청음 す)
「み(=みる. 見る, 보다) + すぼ + らしい(…답다)」→ みすぼらしい
보기에 좁다(→초라하다)
「みすぼらしい」: 초라하다, 빈약하다

1059. 魅する(みする) : 매혹하다, 반하게 하다 [매혹할 매(魅)]

「魅」의 음독은「み」로 오음(吳音)이다.
「みする」: 매혹하다, 반하게 하다

* 魅せられる(みせられる) : 매혹되다
  魅力(みりょく) : 매력

☛ 오음(吳音)은 한반도를 거쳐 일본에서 정착한 한자음으로, 우리의 한자음과 유사한 것이 많다.

1060. みずみずしい(瑞々しい) : 윤이 나고 싱싱하다, 신선하고 생기가 있다

어원은「みず」(水, 물)
「みず + みず + しい(…하다, …스럽다)」
물기가 있는 것이 싱싱해 보이다.
「みずみずしい」: 윤이 나고 싱싱하다, 신선하고 생기가 있다

쉬어 가는 곳(24)

복어 이야기

복어는 우리와 아주 친숙한 어류다. 필자도 복어가 복(福)을 가져다주는 생선으로 생각하고 福魚라고 알고 있었다. 그런데 오늘 이 복어 얘기를 하려고 사전을 찾아 보았더니 「복魚」라고 되어 있다. 그래서 일본어로 복어를 뭐라고 하는지 찾아보니 「ふぐ(河豚)」로 나와 있는데, 한자 의미는 강돼지이다.

복어는 공격을 받으면 배가 볼록해진다. 그래서 「복어」의 「복」도 「볼록하다」라는 뜻이다. 일본에서는 배가 부풀기(ふくらむ, 膨らむ) 때문에 복어를 「ふぐ」라고 하는데, 「ふく」가 「ふぐ」로 바뀌었다고 한다.[일부 지역에서는 복(福)을 의미하는 「ふく」라고 부르고 있음].

그러나, 복어는 우리말 「복어」의 「복」이 일본어로 바뀐 말이다.[복 〉 북 〉 부구 〉 후구 〉 ふぐ]

복어알(フグの卵)이나 피에는 테트로도톡신(tetrodotoxin)이라는 맹독이 있어 중독되면 호흡 마비로 사망에 이른다고 한다. 그럼에도 불구하고 사람이 복어를 즐기는 것은 복어 요리가 죽도록 맛있기 때문이다.

그러나 지금은 독을 제거한 「복어알집절임」(河豚の卵巣の糠漬け, ふぐのらんそうのぬかづけ)이라는 식품으로 개발되어 판매되고 있는데, 독이 있는 알집을 소금절임과 쌀겨절임으로 3년이 걸려 독을 제거한다고 한다.[이시가와현(石川県)의 향토요리]

- 糠(ぬか) : 쌀겨
  껍질이 붙어 있는 벼 알갱이를 「뉘」라 하며, 방아를 찧고 남은 껍질을 「겨」라고 한다. 「뉘겨」가 「ぬか」로 바뀐 말이다. 『뉘겨 〉 누갸 〉 누가 〉 ぬか』

1061. みそか(晦日, 三十日) : 그믐날 [그믐 회(晦)]

어원은「밑날」의「밑」
『밑〉밋〉미소〉みそ』
「みそ + か(日, 날)」→ みそか
달력 제일 밑에 있는 날(그믐날)
「みそか」: 그믐날

* おおみそか(大みそか, 大晦日) : 섣달 그믐날

《일본 어원설》
「み(三) + とおか(十日)」→ みとおか → みそか(그믐날)

1062. 溝(みぞ) : 도랑, 개천 [도랑 구(溝)]

풀어 쓰면,
「みず(水, 물) + そそぐ(注ぐ, 흘러 들어가다)」
「みず·そそぐ → みそ → みぞ」
물이 흘러 들어가는 곳.
「みぞ」: 도랑, 개천

← そそぐ(注ぐ) : 흘러 들어가다. <1권 506번 참조>

1063. 漲る(みなぎる) : 넘치다, 넘쳐 흐르다 [넘칠 창(漲)]

어원은「넘기다」(어간은 넘기)
『넘기〉너기〉나기〉なぎ』
「み(=みず. 水, 물) + なぎ + る(동사·접미어)」→ みなぎる
물을 넘기다(→넘치다)

「みなぎる」: 넘치다, 넘쳐 흐르다

1064. 源(みなもと) : 수원, 기원 [근원 원(源)]

풀어 쓰면,
「み(=みず. 水, 물) + な(=の) + もと(本, 근본)」
물의 근본
「みなもと」: 수원(水源), 기원

1065. 峰(みね) : 봉우리, 정상 [봉우리 봉(峰)]

어원은 「봉우리」의 「봉」
『봉 〉본 〉빈 〉비네 〉미네 〉みね』.(bmw 변화, ㅂ → ㅁ)
「みね」: 봉우리, 정상

* ん의 음가는 ㄴ, ㅁ, ㅇ

☛ 「봉우리」는 「봉 + 우리」합성어.

1066. 報いる(むくいる) : 보답하다, 갚다, 보복하다 [갚을 보(報)]

문어형은 'むくゆ'
어원은 「물다」(어간은 물)
「물다」는 '남에게 입힌 손해를 돈으로 갚아 주다'.
『물 〉무구 〉むく』
「むく + ゆ(동사·접미어)」 → むくゆ → むくいる.(상1단화, 구어형)
「むくいる」: 갚다, 보답하다, 보복하다

☛ 우리말 종성 「ㄹ」이 일본어로 바뀔 때, 자음이 「ㄱ, ㅁ, ㅅ, ㅈ, ㅊ, ㄷ」으로 바뀌며 모음(ㅣ, ㅡ, ㅏ, ㅜ 등)이 붙는다.

1067. むくげ(槿, 木槿) : 무궁화 [무궁화 근(槿)]

어원은 「무궁화」
무궁화(ムグンファ)에서 「むくげ」가 되었다.
「むくげ」: 무궁화

1068. むくむ(浮腫む) : 붓다, 부어오르다.

어원은 「붓다」(어간은 붓)
『붓 〉북 〉부구 〉무구 〉むく』.(bmw 변화, ㅂ → ㅁ)
「むく + む(동사·접미어)」
「むくむ」: 붓다, 부어오르다.

☛ 「붓,북」을 일본어로 표기하면 촉음 「ぶっ」으로, 「붓,북」은 일본어에서 같은 발음임.

1069. 惨い(むごい) : 비참하다, 끔찍하다 [참혹할 참(惨)]

어원은 「無語」(むご)
너무 끔찍한 상황이라 말로 표현할 수 없는.
「むご(無語) + い(형용사·접미어)」
「むごい」: 비참하다, 끔찍하다

1070. 貪る(むさぼる) : 탐하다, 욕심부리다 [탐낼 탐(貪)]

어원은 「몹시 + 바라다」
(1) 몹시 :『몹시 〉 모시 〉 무시 〉 무사 〉 무사』
(2) 바라(다) :『바라 〉 발 〉 볼 〉 보루 〉 ぼる』
「むさ + ぼる」→ むさぼる
「몹시 바라다」는 '탐하다'의 뜻
「むさぼる」: 탐하다, 욕심부리다

* よくばる(欲張る) : 지나치게 욕심을 부리다, 탐내다.

1071. 毟る, 挘る(むしる) : 쥐어 뜯다, 잡아 뽑다 [물어뜯을 모(毟)]

어원은 「뽑다」(어간은 뽑)
『뽑 〉 뿟 〉 뽀시 〉 뿌시 〉 부시 〉 무시 〉 むし』
 ① 반탁음 뿌(ぷ) → 탁음 부(ぶ)
 ② bmw 변화 : 부 → 무
「むし + る(동사·접미어)」
「むしる」: 잡아 뽑다, 쥐어 뜯다

☛ 「뽑,뿟」을 일본어로 표기하면 촉음「ぽっ」으로, 「뽑,뿟」은 일본어에서 같은 발음임.

1072. 憤る(むずかる) : (어린아이가)칭얼거리다, 보채다 [분할 분(憤)]

본래 말은 「むつかる」
어원은 「보채다」(어간은 보채)
『보채 〉 부채 〉 부츠 〉 무츠 〉 むつ』.(bmw 변화, ㅂ→ㅁ)
「むつ + かる(동사화)」→ むつかる

456

「むつかる → むづかる → むずかる」.(づ와 ず는 같은 발음임)
「むずかる」: 보채다, (어린아이가) 칭얼거리다

1073. 咽ぶ(むせぶ) : 목이 메다, 숨이 막히다, 목메어 울다 [목멜 열(咽)]

문어형은 「むす」
어원은 「메다」(어간은 메)
『메 〉마 〉무 〉 む』
「む + す(동사·접미어)」 → むす → むせる.(하1단화, 구어형)
「むせる」가 「むせぶ」로 바뀜.(る → ぶ)
「むせぶ」: 목이 메다, 숨이 막히다, 목메어 울다

1074. 無駄(むだ) : 쓸데없음, 헛됨, 보람 없음

어원은 「물거품」의 「물」
「물거품」은 '노력이 헛되게 된 상태를 비유적으로 이르는 말'
『물 〉 무다 〉 むだ』
「むだ」: 쓸데없음, 헛됨, 보람 없음

- 우리말 종성 「ㄹ」이 일본어로 바뀔 때, 자음이 「ㄱ, ㅁ, ㅅ, ㅈ, ㅊ, ㄷ」으로 바뀌며 모음(ㅣ, ㅡ, ㅏ 등)이 붙는다.

1075. 鞭(むち) : 채찍, 회초리 [채찍 편(鞭)]

「채찍으로 매질하다」에서, 어원은 「매질」
『매질 〉 매지 〉 무지 〉 むち』
「むち」: 채찍, 회초리

1076. 睦む(むつむ) : 화목하게 지내다, 친하게 지내다 [화목할 목(睦)]

어원은 「벗」(서로 친하게 지내는 사람, 친구)
『벗 〉 붓 〉 붖 〉 보츠 〉 모츠 〉 むつ』.(bmw 변화, ㅂ→ㅁ)
「むつ + む(동사·접미어)」
「벗」을 동사화한 말이다(→친하게 지내다).
「むつむ」 : 친하게 지내다, 화목하게 지내다

1077. 空しい, 虚しい(むなしい) : 덧없다, 허무하다 [빌 공(空)]

풀어 쓰면,
「む(몸) + なし(無し, 없음) + い(형용사·접미어)」
여기서, 「む」는 み(身, 몸)의 옛말.
몸이 없어지니(죽으니), 인생이 「덧없다」
「むなしい」 : 덧없다, 허무하다

- み(身) : 몸
  어원은 「몸」
  『몸 〉 모 〉 무 〉 む 〉 み』

1078. 旨(むね) : 뜻, 취지 [뜻 지(旨)]

「뜻」은 '무엇을 하겠다고 속으로 먹는 마음'을 말함.
어원은 「마음」
『마음 〉 맘 〉 뭄 〉 문 〉 무네 〉 むね』.(ん 음가 : ㄴ, ㅁ, ㅇ)
「むね」 : 뜻, 취지

1079. 斑(むら) : 얼룩 [아롱질 반(斑)]

어원은 「물들다」의 「물」
「물들다」는 '빛깔이 스미거나 옮아서 묻다'.
『물 〉 무라 〉 むら』
「얼룩」은 '본바탕에 다른 빛깔의 점, 줄 등이 섞인 자국'
「むら」: 얼룩

1080. 恵む(めぐむ) : 베풀다, 은혜를 주다 [은혜 혜(恵)]

어원은 「베풀다」(어간은 베풀)
『베풀 〉 베푸 〉 벱 〉 벱 〉 벡 〉 베구 〉 메구 〉 めぐ』.(bmw 변화, ㅂ → ㅁ)
「めぐ + む(동사·접미어)」
「めぐむ」: 베풀다, 은혜를 주다

* めぐまれる(恵まれる) : 혜택받다

☛ 「벱,벡」을 일본어로 표기하면 촉음 「べっ」으로, 「벱,벡」은 일본어에서 같은 발음임.

1081. 捲る(めくる) : 넘기다, (덮은 것을)벗기다 [거둘 권(捲)]

어원은 「벗기다」(어간은 벗기)
『벗기 〉 버기 〉 버구 〉 배구 〉 매구 〉 めく』.(bmw 변화, ㅂ → ㅁ)
「めく + る(동사·접미어)」
「めくる」: (덮은 것을)벗기다, 넘기다

* 책 페이지를 한장씩 벗기다('책장을 넘기다'의 뜻)

1082. めりこむ(めり込む, 減り込む) : 눌려서 깊이 들어가다, 박히다

어원은 「める」(=めいる. 減る, 빠져들다)
「めり(減り) + こむ(込む, 안으로 들어가다)」
「めりこむ」 : 눌려서 깊이 들어가다, 박히다

1083. 藻(も) : 말, 수초(水草)·해초(海草)의 총칭 [마름 조(藻)]

어원은 「말」
『말 〉마 〉모 〉も』
「も」 : 말, 수초·해초의 총칭

1084. 設ける(もうける) : 마련하다, 만들다, 설치하다 [베풀 설(設)]

본래 말은 「まうける」. 문어형은 「まうく」
어원은 「마련하다」(어근은 마련)
『마련 〉마려 〉말 〉마알 〉마아 〉마우 〉まう』
「まう + く(동사·접미어)」 → まうく → まうける.(하단화, 구어형)
「まうける → もうける」
「もうける」 : 마련하다, 만들다, 설치하다

1085. 詣でる(もうでる) : 신전·불전에 참배하다 [이를 예(詣)]

문어형은 「もうづ」
어원은 「뫼」(무덤)
『뫼: 〉 모: 〉 모오 〉 もう』
「もう + づ(동사·접미어)」 → もうづ → もうでる.(하단화, 구어형)

조상의 뫼에 참배하다.
「もうでる」: (신전·불전에)참배하다

* はつもうで(初詣で) : 정월의 첫 참배

1086. 萌える(もえる) : 싹트다 [움 맹(萌)]

풀어 쓰면,
「もえ(=め. 芽, 싹)+る(동사·접미어)」
「もえる」: 싹트다

* 「もえ」를 축약하면 「め」가 된다.(모에 〉 메 〉 め)

☛ 芽(め) : 싹. <353번 참조>

1087. もじもじ : 꾸물꾸물, 주저주저, 머뭇머뭇, 미적미적

어원은 「미적미적」
『미적미적 〉 미저미저 〉 모저모저 〉 모지모지 〉 もじもじ』
「もじもじ」: 미적미적, 꾸물꾸물, 주저주저, 머뭇머뭇

1088. もじる(捩る) : 비틀다, 비꼬다, 풍자적으로 비꼬아서 표현하다 [비틀 렬(捩)]

어원은 「비틀다」(어간은 비틀)
『비틀 〉 비트 〉 빝 〉 빋 〉 볻 〉 볻 〉 보지 〉 모지 〉 もじ』.(bmw 변화, ㅂ → ㅁ)
「もじ + る(동사·접미어)」
「もじる」: 비틀다, 비꼬다, 풍자적으로 비꼬아서 표현하다

1089. 擡げる(もたげる) : (머리)들다, 쳐들다, 대두하다 [들 대(擡)]

문어형은 「もたぐ」

어원은 「머리」

『머리 〉 모리 〉 몰 〉 모다 〉 もた』

「もた + ぐ(동사·접미어)」 → もたぐ → もたげる.(하단화, 구어형)

'머리'를 동사화한 말이다.

「もたげる」 : (머리)들다, 쳐들다, 대두하다

☛ 우리말 종성 「ㄹ」이 일본어로 바뀔 때, 자음이 「ㄱ, ㅁ, ㅅ, ㅈ, ㅊ, ㄷ」으로 바뀌며 모음(ㅣ, ㅡ, ㅏ 등)이 붙는다.

1090. もたらす : 가져오다, 초래하다

어원을 풀어 쓰면,

「もち(持ち, 가지다) + いたらす(至らす, 이르게 하다)」

「もち·いたらす → もたらす」

가지고 이르게 하다(→초래하다).

「もたらす」 : 가져오다, 초래하다

☛ 5단동사 「いたる」(至る. 이르다, 도달하다)의 사역형은 「いたらせる」
「いたらす」(至らす)는 「いたらせる」의 文語形.

1091. もつれる(縺れる) : 뒤얽히다, 엉클어지다 [실 얽힐 련(縺)]

문어형은 「もつる」

「뒤얽히다」의 뜻이 「마구 얽히다」에서, 어원은 「마구」

「마구」는 '아무렇게나 함부로'의 뜻.

『마구 〉 막 〉 목 〉 못 〉 모츠 〉 もつ』

「もつ + る(동사·접미어)」 → もつる → もつれる.(하1단화, 구어형)
「もつれる」: 뒤얽히다, 엉클어지다

☛ 「목,못」을 일본어로 표기하면 촉음 「もっ」으로, 「목,못」은 일본어에서 같은 발음임.

1092. 揉める(もめる) : 분쟁이 일어나다, 옥신각신하다, 근심되어 마음이 조마조마하다 [주무를 유(揉)]

어원은 「もむ」(揉む. 비비다, 문대다)의 하1단화.
「もむ → もめる」
서로 몸을 문대면서 분쟁이 일어나다.
「もめる」: 분쟁이 일어나다, 옥신각신하다. 근심되어 마음이 조마조마하다

☛ もむ(揉む) : 비비다, 문대다
  어원은 「비비다」(어간은 비비)
  『비비 〉 보보 〉 모모 〉 모무 〉 もむ』.(bmw 변화, ㅂ → ㅁ)
  「もむ」: 비비다, 문대다

1093. 催す(もよおす) : 개최하다, (기분 등)불러일으키다 [재촉할 최(催)]

어원은 「모여서」(모이다)
사람들이 「모여서」 행사를 개최하다.
『모여서 〉 모요스 〉 もよおす』
「もよおす」: 개최하다, (기분 등)불러일으키다

* 催し(もよおし) : 행사, 모임

1094. 漏る, 洩る(もる) : 새다, 누설되다 [샐 누(漏)]

어원은 「물」
『물 〉 몰 〉 모루 〉 もる』
물이 새다.
「もる」: 새다, 누설되다

1095. 漏れる, 洩れる(もれる) : 새다, 누설되다 [샐 누(漏)]

어원은 「몰래」('남이 모르게 살짝')
『몰래 〉 모래 〉 もれ』
「もれ + る(동사·접미어)」→ もれる
몰래 (비밀이) 새다.
「もれる」: 누설되다, 새다

* 漏らす(もらす) : 새게 하다, 누설하다

1096. 脆い(もろい) : 부서지기 쉽다, 무르다 [연할 취(脆)]

어원은 「몰랑하다」(어근은 몰랑). '무르고 약하다'
『몰랑 〉 모라 〉 모로 〉 もろ』
「もろ + い(형용사·접미어)」
「もろい」: 무르다, 부시지기 쉽다

1097. 矢(や) : 화살 [화살 시(矢)]

어원은 「화살」의 「살」
『살 〉 사 〉 さ 〉 や』

「や」: 화살

* 矢印(やじるし) : 화살표
* 화살촉 : やじり(矢じり, 矢尻), やさき(矢先)

☛ 「さ」는 「や」(矢, 화살)의 옛말이고, 어원은 「살」.

1098. やぎ(山羊) : 염소

「양」(羊, yang)을 일본어로 표기하면 「ヤング」(양구)
『양구 〉 야구 〉 야기 〉 やぎ』
양과 염소는 서로 닮은 것에서.
「やぎ」: 염소

☛ 런닝머신(running machine) : ランニングマシン

1099. やたら(矢鱈) : 함부로 하는 모양 [矢鱈는 취음(取音)]

어원은 「함부로」의 유의어, 「허투루」(아무렇게나 되는대로).
『허투루 〉 하타라 〉 아타라 〉 야타라 〉 やたら』
「やたら」: 함부로 하는 모양

* 함부로 : 조심하거나 깊이 생각하지 아니하고 마음 내키는 대로 마구.

1100. 奴(やつ) : 놈, 녀석 [종 노(奴)]

어원은 「녀석」
『녀석 〉 여석 〉 여서 〉 야서 〉 야스 〉 야쓰 〉 やつ』.(ㄴ → ㅇ)
「やつ」: 놈, 녀석

1101. やつれる(褻れる) : 초라해지다, 특히 여위다 [가난할 구(窶)]

문어형은 「やつる」
어원은 「야비다」(어간은 야비). '야위다'의 방언(경북, 강원)
『야비 〉얍 〉얃 〉야츠 〉やつ』
「やつ + る(동사·접미어)」 → やつる → やつれる(하단화, 구어형)
「やつれる」 : 초라해지다, 특히 여위다

* 여위다 : 몸의 살이 빠져 파리하게 되다.
  야위다 : 몸의 살이 빠져 조금 파리하게 되다.

☛ やせる(痩せる. 야위다, 살이 빠지다)와 같은 語源이다.

※ 「얍,얃」을 일본어로 표기하면 촉음 「やっ」으로, 「얍,얃」은 일본어에서 같은 발음임.

1102. 柳, 楊(やなぎ) : 버드나무 [버들 양(楊), 버들 류(柳)]

어원은 「버들 楊」의 「양」(楊)
『양 〉얀 〉야나 〉やな』.(ん 음가는 ㄴ, ㅁ, ㅇ)
「やな + き(木, 나무)」 → やなき → やなぎ
「やなぎ」 : 버드나무

《일본 어원설》
「や(矢, 화살) + の + き(木, 나무)」
버드나무는 화살을 만드는 재료였기 때문에, 이 말이 변해서 버드나무가 되었다.
『やのき 〉やなき 〉やなぎ』
「やなぎ」 : 버드나무

1103. やぶ(藪) : 덤불, 대숲 [늪 수(藪)]

「덤불」은 '어수선하게 엉클어진 숲(수풀의 준말)'이다.
어원은 「숲」
『숲 〉 숩 〉 삽 〉 사부 〉 아부 〉 야부 〉 やぶ』.(ㅅ→ㅇ)
「やぶ」 : 덤불, 대숲

1104. 疾しい(やましい) : 꺼림칙하다, 마음이 불안하다 [병 질(疾)]

「やむ」(病む. 앓다, 걱정하다)를 형용사화한 말이다.
「やま(病ま, 앓다) + しい(…듯하다, …스럽다)」
병인듯하여 꺼림칙하고 불안하다.
「やましい」 : 꺼림칙하다, 마음이 불안하다

◆ やむ(病む) : 앓다, 걱정하다 <1106번 참조>

쉬어 가는 곳(25)

2024년도 일본 성씨 순위

全国の名字ランキング						
順位	名字	読み方	順位	名字	読み方
1	佐藤	さとう	16	井上	いのうえ
2	鈴木	すずき	17	木村	きむら
3	高橋	たかはし	18	林	はやし
4	田中	たなか	19	斎藤	さいとう
5	伊藤	いとう	20	清水	しみず
6	渡辺	わたなべ	21	山崎	やまざき
7	山本	やまもと	22	森	もり
8	中村	なかむら	23	池田	いけだ
9	小林	こばやし	24	橋本	はしもと
10	加藤	かとう	25	阿部	あべ
11	吉田	よしだ	26	石川	いしかわ
12	山田	やまだ	27	山下	やました
13	佐々木	ささき	28	中島	なかじま
14	山口	やまぐち	29	石井	いしい
15	松本	まつもと	30	小川	おがわ

1. 1위부터 30위까지의 인구 합계는 2,285만명으로, 일본 총인구 1억2,541만 6,877명의 약 18%.(2023년)

2. 일본의 성씨가 많은 이유는 한자 2자를 조합해서 쓰기 때문이다. 예를 들어 상용한자 2,136자를 가지고 2자씩 조합하면, 2,136C2(2136 × 2135 ÷ 2 = 2,280,180). 약 228만 개의 두자 성씨를 만들 수 있다.

1105. 闇, 暗(やみ) : 어둠, 사리분별이 없음 [숨을 암(闇)]

어원은 「밤」
『밤 〉 바미 〉 하미 〉 아미 〉 야미 〉 やみ』
　[탁음 바(ば) → 청음 하(は) → 여린소리 아(あ)]
밤은 어두운 것에서
「やみ」: 어둠, 사려분별이 없음

* むやみ(無闇, 無暗) : 앞뒤를 생각하지 않고 하는 모양

《일본 어원설》
「よ(夜, 밤) + みえる(見える, 보이다)」
「よみ → やみ」
밤에 보이는 것이 「어둠」이다.

1106. 病む(やむ) : 앓다, 병들다, 걱정하다 [병 병(病)]

어원은 「앓다」(어간은 앓)
『앓 〉 알 〉 아알 〉 아아 〉 야 〉 や』
「や + む(동사·접미어)」
「やむ」: 앓다, 병들다, 걱정하다

* やまい(病) : 병, 나쁜 버릇

1107. ややこしい : 복잡해서 알기 어렵다, 까다롭다

풀어 쓰면
「ややこ(갓난아기) + しい(…하다, …스럽다)」
갓난아기는 달래기가 까다롭다.

「ややこしい」: 복잡해서 알기 어렵다, 까다롭다

☛ ややこ : 갓난아기
　어원은 아기의 우는 소리 「앙앙」
　『앙앙 〉 아아 〉 야야 〉 やや』
　「やや + こ(子, 아이)」
　「ややこ」: 갓난아기

1108. 槍(やり) : 창 [창 창(槍)]

어원은 「벼리다」(어간은 벼리)
「벼리다」는 '무디어진 연장의 날을 불에 달구어 두드려서 날카롭게 만들다'.
『벼리 〉 뱌리 〉 햐리 〉 야리 〉 やり』
　[탁음 뱌(びゃ) → 청음 햐(ひゃ) → 여린소리 야(や)]
창끝의 쇠촉은 벼려서 날카롭게 만든다.
「やり」: 창

1109. 柔い(やわい) : 부드럽다, 약하다, 여리다 [부드러울 유(柔)]

어원은 「여리다」(어간은 여리)
「여리다」는 '단단하거나 질기지 않아 부드럽거나 약하다'.
『여리 〉 야리 〉 얄 〉 야얄 〉 야아 〉 야와 〉 やわ』
「やわ + い(형용사・접미어)」
「やわい」: 여리다, 부드럽다, 약하다

1110. 結う(ゆう) : 매다, 묶다, 엮다 [맺을 결(結)]

어원은 「엮다」(어간은 엮)
『엮 〉 여 〉 유 〉 ゆ』

「ゆ + う(동사·접미어)」
「ゆう」: 엮다, 매다, 묶다

- ゆわえる(結わえる): 매다, 묶다
  「ゆわ(ゆう의 미연형, 부정형) + う(동사·접미어)」→ ゆわう
  「ゆわう → ゆわえる」.(하단화)

1111. 故(ゆえ) : 까닭, 이유, 연고 [연고 고(故)]

어원은 「앛」('까닭'의 옛말)
『앛 〉 앟 〉 아헤 〉 우헤 〉 우에 〉 유에 〉 ゆえ』
「ゆえ」: 까닭, 이유, 연고

1112. 歪む(ゆがむ) : 비뚤어지다, 일그러지다 [기울 왜(歪)]

어원은 「일그러지다」(어근은 일그러)
『일그러 〉 일글 〉 이그 〉 이가 〉 우가 〉 유가 〉 ゆが』
「ゆが + む(동사·접미어)」
「ゆがむ」: 일그러지다, 비뚤어지다

1113. ゆかり(縁) : 관계, 인연, 연고 [인연 연(縁)]

풀어 쓰면,
「ゆえ(故. 연고, 까닭) + かかり(係り, 관계)」
「ゆえ·かかり → ゆかり」
「ゆかり」: 관계, 인연, 연고

- ゆえ(故) : 연고, 까닭. <1111번 참조>

1114. 委ねる(ゆだねる) : 맡기다, 위임하다 [맡길 위(委)]

문어형은「ゆだぬ」
어원은「맛디다」(어간은 맛디). '맡기다'의 옛말.
『맛디 〉 마디 〉 무디 〉 무다 〉 우다 〉 유다 〉 ゆだ』.(ㅁ → ㅇ)
「ゆだ + ぬ(동사·접미어)」 → ゆだぬ → ゆだねる(하1단화, 구어형)
「ゆだねる」: 맡기다, 위임하다

* まかせる(委せる, 맡기다)와 같은 어원이다.

《ㅁ→ㅇ》 변화
① すみません → すいません(미안합니다)
② あたる(当る) : 맞다
   어원은「맞다」(어간은 맞)
   『맞 〉 앚 〉 앋 〉 아다 〉 あた』.(ㅁ → ㅇ)
   「あた + る(동사·접미어)」
   「あたる」: 맞다
③ 鰻(うなぎ) : 뱀장어, 장어
   어원은「むなが(身長)」
   장어는 몸이 긴 물고기다.
   「むなが 〉 むなぎ 〉 うなぎ」.(ㅁ → ㅇ)
   「うなぎ」: 뱀장어, 장어
 * 「むなぎ」는 古語(나라, 헤이안 시대)

1115. ゆとり : 여유

어원은「유들유들」
「유들유들」은 '살이 많이 찌고 번드르르하게 윤기가 있는 모양'
『유들 〉 유드리 〉 유도리 〉 ゆとり』

재산이 넉넉하여 잘 먹고 하면, 살도 찌고 얼굴에 윤기가 흘러 자연히 마음에
'여유'가 생긴다.
「ゆとり」: 여유

1116. 弓(ゆみ) : 활 [활 궁(弓)]

어원은 「활」
『활 〉 할 〉 하미 〉 후미 〉 우미 〉 유미 〉 ゆみ』
「ゆみ」: 활

- 우리말 종성 「ㄹ」이 일본어로 바뀔 때, 자음이 「ㄱ, ㅁ, ㅅ, ㅈ, ㅊ, ㄷ」으로 바뀌며 모음(ㅣ, ㅡ, ㅏ 등)이 붙는다.

1117. ゆり(百合) : 백합, 나리

어원은 「나리」
『나리 〉 아리 〉 우리 〉 유리 〉 ゆり』.(ㄴ → ㅇ, 'ㄴ 두음법칙'과 유사).
「ゆり」: 백합, 나리

1118. ゆるがせ(忽せ) : 소홀함, 허술함 [갑자기 홀(忽)]

풀어 쓰면,
「ゆるい(緩い. 느슨하다, 완만하다) + かせ(枷, 옛 형구인 칼)」
「ゆる(い)・かせ → ゆるかせ → ゆるがせ」
죄수의 목에 '칼'을 씌우는 것을 느슨하게 해서 허술한 모양이다.
「ゆるがせ」: 소홀함, 허술함

- かせ(枷) : 옛 형구인 칼
  어원은 「칼」

『칼 〉카세 〉かせ』
「かせ」: 옛 형구인 칼

1119. 緩む, 弛む(ゆるむ) : 느슨해지다 [느릴 완(緩)]

어원은 「ゆるゆる」(느슨함, 헐렁함)
「ゆる + む(동사·접미어)」
「ゆるむ」: 느슨해지다

* ゆるめる(緩める) : 늦추다, 완화하다
  ゆるやか : 느슨한 모양, 완만한 모양

☛ ゆるゆる : 느슨함, 헐렁함
  어원은 「헐렁헐렁」
  『헐렁 〉허러 〉후루 〉우루 〉유루 〉ゆる』
  「ゆるゆる」: 헐렁함, 느슨함

1120. 世, 代(よ) : 세상, 시대 [인간 세(世)]

어원은 「뉘」('세상·때'의 옛말)
『뉘 〉뉴 〉유 〉요 〉よ』.(ㄴ → ㅇ)
「よ」: 세상, 시대

1121. 宵(よい) : 초저녁, 저녁, 밤 [밤 소(宵)]

어원은 「저녁」의 「녁」
『녁 〉녹 〉욕 〉요옥 〉요오 〉요이 〉よい』.(ㄴ → ㅇ, 'ㄴ 두음법칙'과 유사)
「よい」: 초저녁, 저녁, 밤

* こよい(今宵) : 오늘 밤, 오늘 저녁

1122. よぎる(過る) : 지나가다, 스쳐가다 [지날 과(過)]

「옆으로 스쳐가다」에서, 어원은 「옆」
『옆 〉욮 〉욥 〉욕 〉요기 〉요기』
「요기 + る(동사·접미어)」
「요기る」 : 스쳐가다, 지나가다

* 「とおりすぎる」(通り過ぎる, 지나가다)의 좀 격식 차린 말.

☞ 「욥,욕」을 일본어로 표기하면 촉음 「よっ」으로, 「욥,욕」은 일본어에서 같은 발음임.

1123. 避ける(よける) : 피하다, 옆으로 비키다 [피할 피(避)]

어원은 「よこ」(横, 옆)
「よこ(옆) + える(동사를 만듦)」 → よこえる → よける
옆으로 하다(→피하다)
「よける」 : 피하다, 옆으로 비키다

1124. 横たえる(よこたえる) : 가로 놓다, (칼 따위) 옆으로 차다 [가로 횡(横)]

문어형은 「よこたう」(横たう)
어원은 「두다」(어간은 두). '일정한 곳에 놓다'
『두 〉다 〉た』
「よこ(横. 옆, 가로) + た + う(동사·접미어)」 → よこたう
「よこたう → よこたえる」.(하단화, 구어형)
「よこたえる」 : 가로 놓다, (칼 따위) 옆으로 차다

* よこたわる(横たわる) : (가로)눕다, 가로놓이다

1125. 装う(よそおう) : 치장하다, (아름답게)꾸미다, 가장하다 [꾸밀 장(装)]

어원은 「비스다」('꾸미다'의 옛말)
『비ᄉ 〉 비스 〉 비소 〉 보소 〉 호소 〉 오소 〉 요소 〉 요소오 〉 요소오』
  [탁음 보(ぼ) → 청음 호(ほ) → 여린소리 오(お)]
「よそお + う(동사·접미어)」
「よそおう」: (아름답게)꾸미다, 치장하다, 가장하다

* 装い(よそおい) : 치장, 단장

☛ ᄉ : 「반시옷, 가벼운시옷, 여린시옷, 반치음」 등으로 불리움.

1126. よそよそしい(余所余所しい) : 서먹서먹하다

어원은 「よそ」(余所. 다른 곳, 다른 사람의 집)
「よそ + よそ + しい(…듯하다, …스럽다)」
다른 곳이라 서먹서먹하다.
「よそよそしい」: 서먹서먹하다

1127. 淀(よど) : 웅덩이, 물이 흐르지 않고 괸 곳 [앙금 정(淀)]

어원은 「웅동」('웅덩이'의 경남 방언)
『웅동 〉 우도 〉 오도 〉 요도 〉 よど』
「よど」: 웅덩이, 물이 흐르지 않고 괸 곳

* 淀む(よどむ) : 괴다, 흐르지 않다

1128. 蘇る(よみがえる) : 소생하다, 되살아나다 [되살아날 소(蘇)]

풀어 쓰면,
「よみ(黄泉, 황천) + かえる(帰る, 돌아오다)」
「よみかえる → よみがえる」
황천에서 돌아오다(→소생하다)
「よみがえる」: 소생하다, 되살아나다

- よみ(黄泉) : 황천
  어원은 「염하다」의 「염」
  『염 〉욤 〉요미 〉よみ』
  죽어서 「황천」으로 보낼 때 '염'을 해서 보낸다.
  「よみ」: 황천

※ 주의사항
  「よみかえる」(読み替える) : 하나의 한자(漢字)를 다른 음으로 읽다
  · 訓(くん)で読み替える : (한자를) 훈으로 읽다.[훈독하다]

1129. 鎧(よろい) : 갑옷 [갑옷 개(鎧)]

「종요로이」는 '없어서는 안 될 정도로 매우 긴요하게'라는 뜻으로, 특이한 부사(副詞)다.
아무튼, 전쟁터에서 장수에게 없어서는 안되는 요긴한 것이 「갑옷」이다.
「종요로이」에서 '종'을 빼면 「요로이」, 「よろい」가 「갑옷」이라는 뜻이다.

《일본 어원설》
「よろ(諸, '여러'의 뜻) + い(衣, 옷)」

477

1130. 万(よろず) : 만, 수가 매우 많음, 모두 [일만 만(万)]

풀어 쓰면,
「よろ('여러'의 뜻) + かず(数, 수)」
「よろ·かず → よろず」
「よろず」: 만, 수가 매우 많음, 모두

- よろ : '여러'(수가 많은)의 뜻
  『여러 〉요로 〉よろ』

※ 예전에는 만(萬)이 매우 큰 수였음. 천자(天子)를 만승지존(萬乘之尊)이라고 했다.

1131. わかめ(若布) : 미역

어원은 「미역」의 「역」
『역 〉 약 〉 야가 〉 와가 〉 わか』
「わか + め(=も. 藻, 해초의 총칭)」
「わかめ」: 미역

- 「미역」의 異表記로 「메역」이 있는데, 첫음절 '미·메'는 '물'을 뜻함.

1132. 弁える(わきまえる) : 변별하다, 판별하다 [말씀 변(弁)]

문어형은 「わきまう」
어원은 「판가름」('사실의 옳고 그름 등을 판단하여 가름')
(1) 판가 :『판가 〉 파가 〉 파기 〉 하기 〉 아기 〉 와기 〉 わき』
　　　　　[반탁음 파(ぱ) → 청음 하(は) → 여린소리 아(あ)]
(2) 름 :『름 〉 믐 〉 마 〉 ま』.(ㄹ 탈락)

「わき·ま + う(동사·접미어)」 → わきまう → わきまえる.(하1단화, 구어형)
「わきまえる」 : 변별하다, 판별하다

1133. 枠(わく) : 테두리, 테, 틀 [벚나무 화(枠)]

어원은 「바쿠」('바퀴'의 방언)
「바퀴」는 「돌리거나 굴리려고 '테' 모양으로 둥글게 만든 물건」.
『바쿠 〉 하쿠 〉 아쿠 〉 와쿠 〉 わく』
　[탁음 바(ば) → 청음 하(は) → 여린소리 아(あ)]
「わく」 : 테두리, 테, 틀

1134. わざ(技, 術) : 기술, 기법 [재주 기(技)]

어원은 「띠 와치」(씌 와치)의 「와치」
「띠 와치」는 '띠를 만드는 기술자'
『와치 〉 와지 〉 와자 〉 わざ』
「わざ」 : 기술, 기법

* –아치 : '그 일에 종사하는 사람'의 뜻(벼슬아치, 장사아치, 동냥아치)

<연상> **와, 자**로 잰 듯이 「기술적」으로 썰었다 → わざ(기술, 기법)

1135. わざ(業) : 행위, 짓, 일 [업 업(業)]

어원은 「업」(하는 일이나 소행을 뜻함)
『업 〉 압 〉 앚 〉 아자 〉 와자 〉 わざ』
「わざ」 : 행위, 짓, 일

* 「압, 앚」을 일본어로 표기하면 촉음 「あっ」으로, 「압, 앚」은 일본어에서 같은 발음임.

1136. わざわい(災い, 禍) : 재앙, 재난, 화 [재앙 재(災)]

어원은 「재앙」
『재앙 〉 자앙 〉 자아이 〉 자와이 〉 ざわい』
「わ(접두사) + ざわい」
「わざわい」 : 재앙, 재난, 화

1137. 煩う(わずらう) : 고민하다, 걱정하다, 번민하다 [번거로울 번(煩)]

「つらい」(辛い. 고통스럽다, 괴롭다)를 동사화한 말이다.
「わ(접두사) + つら(い) + う(동사·접미어)」
「わつらう → わづらう → わずらう」.(づ,ず는 같은 발음임)
「わずらう」 : 고민하다, 걱정하다, 번민하다

* 煩い(わずらい) : 번거로움, 고민, 걱정, 근심
* 煩わしい(わずらわしい) : 번거롭다, 귀찮다

☛ 辛い(つらい) : 괴롭다, 고통스럽다
　어원은 「쓰라리다」(어간은 쓰라리). '마음이 몹시 괴롭다'
　「쓰라리 〉 쓰랄 〉 쓰라 〉 つら」
　「つら + い(형용사·접미어)」
　「つらい」 : 괴롭다

1138. 罠(わな) : 올가미, 올무, 덫 [낚싯줄 민(罠)]

어원은 「올무」
『올무 〉 오무 〉 옴 〉 온 〉 오나 〉 와나 〉 わな』.(ん의 음가는 ㄴ,ㅁ,ㅇ)
「わな」 : 올가미, 올무, 덫

1139. 侘しい(わびしい) : 쓸쓸하다, 외롭다 [낙망할 차(侘)]

어원은 「외롭다」(어간은 외롭)
『외롭 〉 와롭 〉 와비 〉 わび』.(ㄹ 탈락).
「わび + しい(…하다, …스럽다)」
「わびしい」 : 외롭다, 쓸쓸하다

☛ 『구름 → 구모 → くも』의 발음 변화와 유사.(ㄹ 탈락)

1140. 喚く(わめく) : 큰소리로 외치다, 크게 떠들다 [부를 환(喚)]

어원은 「와(わ)」(떠들거나 지르는 소리)
「わ + めく(동사화)」
「わめく」 : 큰소리로 외치다, 크게 떠들다

1141. 藁(わら) : 짚 [짚 고(藁)]

어원은 「나락」('벼'를 이르는 말)
'나락'을 수확해서 타작하면 「짚」이 된다.
『나락 〉 나라 〉 아라 〉 와라 〉 わら』.(ㄴ → ㅇ, 'ㄴ 두음법칙'과 유사)
「わら」 : 짚

1142. わらべ(童) : 동자, 어린애 [아이 동(童)]

어원은 「얼라」(어린아이의 방언)

『얼라 〉 알라 〉 아라 〉 와라 〉 わら』

「わら + べ(사람의 뜻)」

「わらべ」: 동자, 어린애

* しるべ(知るべ) : 아는 사람, 친지

쉬어 가는 곳(26)

일본어 발음수(日本語の音の数)

발음수(112개) : 청음 44, 탁음 20, 반탁음 5, 요음 42, 발음(撥音) 1

【직음(直音)】

청음(淸音)				
あ	い	う	え	お
か	き	く	け	こ
さ	し	す	せ	そ
た	ち	つ	て	と
な	に	ぬ	ね	の
は	ひ	ふ	へ	ほ
ま	み	む	め	も
や		ゆ		よ
ら	り	る	れ	ろ
わ				(を)

탁음(濁音)				
が	ぎ	ぐ	げ	ご
ざ	じ	ず	ぜ	ぞ
だ	ぢ	づ	で	ど
ば	び	ぶ	べ	ぼ

반탁음(半濁音)				
ぱ	ぴ	ぷ	ぺ	ぽ

(주) 발음(撥音) : ん, 「お」와 「を」는 같은 발음임.

【요음(拗音)】

きゃ きゅ きょ　ぎゃ ぎゅ ぎょ
しゃ しゅ しょ　じゃ じゅ じょ
ちゃ ちゅ ちょ　ぢゃ ぢゅ ぢょ
にゃ にゅ にょ
ひゃ ひゅ ひょ　びゃ びゅ びょ　ぴゃ ぴゅ ぴょ
みゃ みゅ みょ　りゃ りゅ りょ
くゎ(kwa)　くゐ(kwi)　くゑ(kwe)
ぐゎ(gwa)　ぐゐ(gwi)　ぐゑ(gwe)